El farmacéutico de Auschwitz

Investigación

Biografía

Patricia Posner durante treinta años colaboró en doce libros históricos con su esposo, Gerald Posner. Condujo entrevistas, leyó miles de páginas de documentos originales y trabajó en la edición y en las primeras versiones de los manuscritos. Como autora en solitario ha cubierto temas de la industria farmacéutica y la salud pública. *El farmacéutico de Auschwitz*, recibido con unánime aprobación de la crítica y los lectores, es la síntesis de ambas facetas de su carrera.

Patricia Posner

El farmacéutico de Auschwitz

Planeta

Título original: *The Pharmacist of Auschwitz.* The Untold Story of Victor Capesius.
Publicado originalmente en Reino Unido en 2017 por Crux Publishing Ltd.

Traducción: María Teresa Solana
Diseño de interiores: Grafía Editores
Diseño de portada: Estudio la fe ciega / Domingo Martínez
Imagen de portada: © Shutterstock / Sherry Yates Young

Bajo el sello editorial BOOKET M.R.
Avenida Presidente Masarik núm. 111,
Piso 2, Polanco V Sección, Miguel Hidalgo
C.P. 11560, Ciudad de México
www.planetadelibros.com.mx

Primera edición en formato epub: agosto de 2017
ISBN: 978-607-07-4240-8

Primera edición impresa en México en Booket: septiembre de 2020
Quinta reimpresión en México en Booket: mayo de 2022
ISBN: 978-607-07-7111-8

Impreso en los talleres de Impresora Tauro, S.A. de C.V.
Av. Año de Juárez 343, Colonia Granjas San Antonio, Iztapalapa
C.P. 09070, Ciudad de México.
Impreso y hecho en México –*Printed and made in Mexico*

Para Gerald, quien me alentó a
encauzar en este libro mi apasionada
convicción de que los crímenes
del Holocausto no deben olvidarse nunca.

Índice

Introducción

Tuve el honor y el privilegio de conocer y trabajar con Simon Wiesenthal, el cazador de nazis, durante cerca de 30 años. Como resultado de haber perdido a 89 miembros de su familia en el Holocausto nazi, y a causa de la innombrable barbarie y crueldad que Simon sufrió y atestiguó durante la Shoah, dedicó cada día desde el 5 de mayo de 1945 —cuando soldados estadounidenses lo liberaron más muerto que vivo del campo de concentración de Mauthausen—, a perseguir y rastrear a los asesinos en masa de su pueblo. Ayudó a cazar a cerca de 1,100 criminales nazis, incluyendo al hombre que arrestó a Ana Frank y a su familia.

«Justicia, no venganza» era su credo. «Necesitamos criminales condenados y no mártires para la causa neonazi», nos decía Simon en el Centro Simon Wiesenthal, que creó en 1977. Era un cruzado de la justicia, que trabajó infatigablemente casi solo y sin apoyo significativo durante los años de la Guerra Fría para garantizar que la memoria se preservaría y se haría justicia.

«Cada juicio será una vacuna contra el odio y una advertencia a las generaciones que aún no nacen sobre la capacidad del hombre para hacer el mal a sus semejantes», decía a los auditorios de las universidades estadounidenses en las décadas de 1970 y 1980.

Cuánta razón tenía este cruzado de la justicia. Vivimos en un mundo en el que el negar el Holocausto es una política de Estado por parte de los mulás en Irán; en donde los términos y los símbolos del Holocausto se invierten y son explotados por los extremistas que odian al Estado judío; en el que palabras como genocidio y, sí, aun Auschwitz, son cínicamente cooptadas por políticos, comentaristas e incluso académicos. Pero lo peor de todo es la propensión, 70 años después, a observar la Shoah por el espejo retrovisor de la historia, a declarar que Auschwitz ha perdido relevancia en nuestros días.

Esa es la razón por la que *El farmacéutico de Auschwitz* es un trabajo tan importante y tan pertinente. Rastrea la pista de un hombre instruido, Victor Capesius, que se tituló como farmacéutico, que era un popular vendedor de I.G. Farben y Bayer, que conocía y socializaba con judíos en su natal Rumania antes de la Segunda Guerra Mundial. Ese mismo hombre terminó al lado del Ángel de la Muerte en Auschwitz, enviando a veces a gente que conoció en época de paz —incluyendo a unas jóvenes gemelas judías— a una muerte inmediata en las cámaras de gas. También custodiaba la reserva nazi del gas Zyklon B y proporcionaba fármacos que eran empleados por médicos para llevar a cabo experimentos espantosos y mortales en mujeres embarazadas y niños. Fue un hombre que hurgaba en los cadáveres de los judíos en busca de empastes de oro, y llevado por la codicia arrastraba pesadas maletas llenas del oro extraído a miles de víctimas.

Tan importante como rastrear la carrera de Capesius en Auschwitz es la reconstrucción de la señora Posner del juicio a un grupo de criminales nazis en una corte de Alemania Occidental a principios de la década de 1960. Este incluyó al ayudante principal del comandante de Auschwitz, así como a doctores, dentistas e incluso *kapos*,* junto con Capesius. A lo largo del juicio, e incluso después de su condena y sentencia a nueve años, Capesius y los demás acusados nunca mostraron remordimiento. Los sobrevivientes que se atrevieron a testificar en la corte alemana fueron recibidos con miradas de desprecio por parte de los nazis que quedaban, quienes parecían desconcertados por el hecho de que alguna de sus víctimas hubiera sobrevivido. En el caso de

---

* *Kapo* era un término utilizado en algunos presos que trabajaban dentro de los campos de concentración nazis en labores administrativas más bajas (*N. de la T.*).

Capesius —el mentiroso, ladrón y atracador de muertos—, él siempre negó sus crímenes, se rehusó a responsabilizarse por sus actos o a pedir perdón a los judíos que asesinó. Se veía a sí mismo como una víctima, una buena persona que solo cumplía órdenes, un subalterno que nunca debió haber sido encarcelado.

El 24 de enero de 1968, a menos de haber cumplido dos años y medio de su sentencia de nueve años, Capesius fue liberado de la cárcel por el máximo tribunal alemán. Después de su liberación, la primera aparición pública de Capesius en Göppingen fue con su familia en un concierto de música clásica. Al entrar a la sala la concurrencia prorrumpió espontáneamente en un entusiasta aplauso. Para muchos, incluyendo tal vez a algunos de los jueces nazis que lo habían liberado, Capesius merecía simpatía y apoyo. Después de todo, para ellos no era más que un buen alemán que solo había cumplido órdenes.

Patricia Posner garantiza que las nuevas generaciones puedan comprender que el camino que él, y otros como él, escogieron, conduce directamente a las puertas del infierno y más allá.

Rabino Abraham Cooper
Decano asociado
Cofundador
Centro Simon Wiesenthal
Los Ángeles, California
Agosto de 2016

Mar del Norte
DINAMARCA
SUECIA
LETONIA
Mar Báltico
LITUANIA
REINO UNIDO
HOLANDA
ALEMANIA
UNIÓN DE REPÚBLICAS SOCIALISTAS SOVIÉTICAS
Berlín
ALEMANIA
POLONIA
BÉLGICA
Fráncfort
LUXEMBURGO
Auschwitz-Birkenau
SARRE
Göppingen
CHECOSLOVAQUIA
FRANCIA
Dachau
Viena
SUIZA
AUSTRIA
RUMANIA
HUNGRÍA
Sighisoara
ITALIA
Bucarest
REINO DE YUGOSLAVIA
Mar Negro
Mar Adriático
BULGARIA

Prefacio de la autora

En la primavera de 1986 asistí en el Hotel Plaza de Nueva York a una reunión que mi esposo, el escritor Gerald Posner, había organizado en Trader Vic's, un restaurante polinesio. El objetivo era continuar la investigación que llevábamos a cabo sobre el doctor Josef Mengele, el infame Ángel de la Muerte, responsable de atroces experimentos médicos en Auschwitz, el mayor campo de concentración nazi. Lo que había empezado como una demanda sin cobrar por parte de Gerald a favor de dos conejillos de Indias de Mengele sobrevivientes, se había convertido en una biografía del prófugo nazi. Durante esos años habíamos viajado a Alemania y a América del Sur en busca de la historia en archivos hacía mucho tiempo sellados, y nos introdujimos en los círculos neofascistas de la posguerra que habían ayudado a Mengele a mantenerse un paso adelante de los cazadores de nazis.

La reunión en Trader Vic's era ni más ni menos que con Rolf Mengele, el único hijo del tristemente célebre doctor. Gerald y yo esperamos en un pequeño reservado mal iluminado el arribo de Mengele, que en esa época tenía 42 años. Como judía británica sabía que, si mis abuelos maternos polacos no hubieran emigrado al Reino Unido a principios del siglo XX, habría sido muy probable que hubieran acabado en un campo de la muerte nazi. Tal vez hubieran muerto en Auschwitz, en donde hombres como Mengele tenían un dominio absoluto. Por ello, era comprensible que nuestra investigación sobre este personaje me pareciera surrealista.

Gerald había tenido un intercambio sumamente desagradable e irritante en Buenos Aires con Wilfred von Oven, asistente principal del jefe de propaganda nazi, Josef Goebbels, y editor de un periódico virulentamente antisemita de posguerra en Argentina. En otra ocasión vi una colección de recuerdos nazis, «regalo» de uno de los patrocinadores de Mengele en Paraguay para obtener la ciudadanía. Pero todo eso parecía bastante lejano ahora que estaba a punto de conocer a Rolf Mengele.

Gerald y yo lo discutimos muchas veces. Un hijo no es responsable de los pecados de su padre. Y por nuestro trabajo sabía que Rolf condenaba lo que su padre había hecho en Auschwitz y se esforzaba por enmendarlo al permitir que Gerald usara sus diarios y cartas, sin costo, para una próxima biografía. La visita a Nueva York era en parte para discutir si Rolf accedía a hablar sobre su padre en televisión en vivo (lo hizo ese verano, con Gerald, en el *Phil Donahue Show*). Sin embargo, mientras la parte racional de mi cerebro comprendía que el hombre que estaba a punto de conocer no tenía ninguna responsabilidad por los escalofriantes crímenes cometidos por su homónimo en Auschwitz, era un manojo de nervios y presa de emociones contradictorias. Gerald ya se había reunido con Rolf en Alemania durante varias semanas y los dos habían establecido una buena relación. Ahora yo era la que me encontraba en una situación incómoda.

No obstante, mi aprensión se disolvió tan pronto llegó Rolf. Parecía estar tan nervioso como yo, y de alguna manera esa inquietud ayudó a disminuir nuestra mutua ansiedad. Me impresionó su sinceridad al denunciar los crímenes paternos. Y en los días que siguieron descubrí que las atrocidades de Mengele habían abrumado a su hijo con una herencia que no comprendía cabalmente ni aceptaba y que deseaba desesperadamente evitar transmitirla a sus propios hijos.

En cierto punto, mientras hablábamos sobre cuando su padre se escapó de la justicia, recordamos los caóticos meses posteriores al final de la guerra en mayo de 1945. Mengele se encontraba todavía en Europa y las fuerzas estadounidenses y británicas lo estaban cazando. Pero resultó que tuvo muchos golpes de suerte. Uno que me impresionó vivamente fue que, en septiembre de 1945, ocho meses después de haber huido de Auschwitz con el Ejército Rojo Soviético pisándole los talones, Mengele llegó sin anunciarse a la casa en Múnich de un farmacéutico y su esposa. Ese farmacéutico no identificado había peleado con Mengele en el frente ruso en 1942, antes de que este último fuera transferido a Auschwitz. Pero, narró Rolf, el farmacéutico de Múnich conocía los crímenes de su padre por una amistad en común que trabajó con Mengele en el campo de la muerte: otro farmacéutico, Victor Capesius.

—Capesius —dijo Rolf—. Es el farmacéutico de Auschwitz. Mi padre y Capesius eran amigos.

Recuerdo ese momento como si fuera ayer. Mi primer pensamiento fue: «¿Auschwitz tenía un farmacéutico?».

A lo largo de los años, entre mis propios proyectos literarios y los muchos otros compartidos con Gerald, tuve la esperanza de algún día escribir sobre Capesius. Mi deseo aumentó con el tiempo en la medida en que comprendía que su historia —y el papel que desempeñó en Auschwitz junto con algunas de las mayores empresas farmacéuticas alemanas— era en gran parte desconocida, perdida en la cobertura de nazis más infames. Según fui reuniendo información con los años, descubrí un relato convincente de medicina degenerada y codicia. Esas escuetas palabras de Rolf Mengele hace 31 años plantaron una semilla que ahora fructifica. Lo que sigue es la historia singular, perturbadora, por momentos exasperante, del farmacéutico de Auschwitz.

Capítulo 1

«El tío farmacéutico»

Mayo de 1944. Auschwitz, el gran templo del genocidio nazi a escala industrial, operaba a toda su capacidad. En un delirante clímax en su guerra para erradicar a los judíos europeos, el Tercer Reich había emprendido la deportación de 800,000 judíos húngaros a las cámaras de gas de Auschwitz. El lugar que se convertiría en el sinónimo del asesinato en masa luchaba por seguirle el paso al flujo de nuevas víctimas. Este era el caótico escenario al que llegaron Mauritius Berner —un médico rumano—, su mujer y sus hijas. Los Berner y 80 de sus vecinos judíos procedentes de la Transilvania controlada por los húngaros, arribaron justo antes del amanecer, después de una tortuosa jornada de tres días hacinados en un vagón para ganado.

«Afuera, quitaron las cerraduras y cadenas, y se abrió la puerta», recordaría Berner más tarde. «Había enormes cantidades de maletas, miles de piezas de equipaje en un desorden inimaginable».

Una falange de tropas SS con perros pastor alemán que ladraban añadía un contorno surrealista al telón de fondo de unas luces cegadoras.

«No podía entender dónde estábamos, qué había ocurrido, el porqué de ese panorama de devastación total. Cuando miramos hacia delante entre los dos pares de vías del tren, pudimos ver dos chimeneas industriales que arrojaban grandes llamaradas, columnas de fuego... Al principio tuvimos la impresión de estar en una estación que había sido bombardeada... aquellas inmensas columnas de fuego que salían de las chimeneas me hicieron pensar que habíamos llegado a alguna fundición o a la entrada del Infierno de Dante».

A pesar de su miedo, el doctor Berner tranquilizó a su esposa e hijas: «Lo más importante es que los cinco permanezcamos juntos… no permitiremos que nadie nos separe».

En ese momento un oficial SS se detuvo delante de ellos.

—Los hombres a la derecha, las mujeres a la izquierda.

«En un instante me alejaron de mi mujer e hijas», recordaba Berner. Avanzaron arrastrando los pies, en dos líneas paralelas separadas por apenas unos metros.

—Ven, querido, besa a las niñas —gritó su esposa.

«Corrí hacia ellas. Besé a mi esposa y a mis hijas con lágrimas en los ojos y la garganta cerrada por la aflicción; miré los ojos de mi esposa, grandes, tristes, bellos y llenos de miedo a la muerte. Las niñas observaban en silencio y seguían a su madre. No podían entender lo que estaba pasando».

Un soldado empujó a Berner a la fila de los hombres. En unos cuantos minutos otro gritó: «Los doctores fórmense aquí». Berner se unió a un pequeño grupo que se congregaba cerca de varios camiones de la Cruz Roja. Desde ahí observó a un capitán SS de aspecto impecable que usaba unos guantes blancos y estaba de pie frente a los miles de recién llegados que se extendían a lo largo de unos 400 metros. Cada vez que uno se acercaba, el oficial SS hacía un ademán con el pulgar a la izquierda o a la derecha, volviendo a dispersar a la multitud. Solo más tarde Berner supo que ese oficial era Josef Mengele y que ser enviado a la izquierda significaba una sentencia de muerte inmediata.[1]

De pie, unos pasos detrás de Mengele, estaba otro oficial SS, un hombre bajo y fornido, que daba la espalda a Berner. Dirigía a los prisioneros después de que Mengele había hecho la selección. En un momento, el oficial se volteó. Berner estaba sorprendido; movía la cabeza y se restregaba los ojos para asegurarse de que no estaba equivocado. El comandante de la estación terminal de Auschwitz era ni más ni menos que Victor Capesius, un farmacéutico de la ciudad natal de Berner.

En la década de 1930 Capesius había sido un agradable representante de ventas de I.G. Farben, el gigantesco conglomerado químico e industrial alemán. También vendía medicinas para la subsidiaria farmacéutica de Farben, Bayer.[2]

«Una vez que empezó la guerra le perdí la pista», recordó Berner, «hasta que mi familia y yo llegamos a Auschwitz. ¿Y quién estaba ahí? El mismo doctor Capesius».[3]

Berner se abrió paso con lentitud y quedó lo suficientemente cerca para que Capesius pudiera escucharlo. Las palabras brotaron veloces.

—¿Me recuerda? —Le rogó a Capesius que le permitiera reunirse con su esposa, su hija de 12 años y las gemelas de nueve años.

—¿Gemelas? —Capesius pareció interesado.

Capesius y otro médico SS, el doctor Fritz Klein, recobraron a la esposa de Berner y a sus hijas. Llevaron a la familia a Mengele, que estaba totalmente concentrado en las largas hileras de nuevos prisioneros.

Klein le habló a Mengele sobre las gemelas.

Mengele estaba obsesionado con secuestrar gemelos para sus experimentos. Pero, puesto que la guerra recientemente había dado un vuelco en contra del Tercer Reich, sabía que ya no podría darse el lujo de apoderarse de cada par de gemelos que llegara.

—¿Idénticos o mellizos?

—Mellizos —respondió Klein.

—Después —lo ignoró Mengele—. No tengo tiempo en este momento.

—Tendrán que reincorporarse a su grupo —le dijo Capesius a un sollozante Berner—. No llore. Su esposa e hijas solo tomarán un baño. Las volverá a ver en una hora.[4]

Berner fue, en realidad, enviado a un subcampo de trabajos forzados de Auschwitz. Solo después de la guerra supo que su familia había sido gaseada una hora después de su arribo.

Otros dos reconocieron a Capesius en la rampa de selección ese mismo día. La doctora Gisela Böhm, pediatra, y su hija de 19 años, Ella, habían llegado en el mismo tren. Ella había reconfortado a las gemelas de Berner durante la espeluznante travesía. Ambas estaban sorprendidas de ver a Capesius en la estación.

La doctora Böhm también conoció a Capesius cuando era vendedor de Bayer. Había administrado una farmacia en Schässburg, su ciudad natal, y adquiría medicinas para su esposo, también médico. En una ocasión, incluso les mostró una película promocional de Bayer.[5]

Ella tenía gratos recuerdos de Capesius; cuando tenía 12 años, su padre se lo había presentado como su «tío farmacéutico». Él le había dado una libreta de Bayer como regalo. «Estaba orgullosa de mi libreta de Bayer», recordaría años después. «La presumía en la escuela».[6] A veces Capesius se relajaba con su familia en una alberca pública, y Ella recordaba que él había «sido agradable conmigo».

Cuando Ella lo vio, su primer pensamiento fue que él podría ayudarlas a su madre y a ella a separarse de los otros miles. Pero no pudo llamar su atención. «¿Qué hace aquí?», se preguntaba. «¿Qué hace un farmacéutico en un lugar desolado como este?».[7]

Capítulo 2

La conexión Farben

La respuesta a la pregunta de Ella no era sencilla. Para entender lo que un farmacéutico como Capesius hacía en Auschwitz es necesario conocer primero cómo el campo mismo llegó a existir como un centro de lucro para la experimentación médica, el trabajo forzado y el exterminio; el engendro mortal de una asociación militar, industrial y política entre los nazis e I.G. Farben, la compañía más grande de Alemania. Para Capesius en particular eso era más que solo cuestión de entender la oscura historia que condujo a Auschwitz. Antes de la guerra, Capesius trabajaba para Farben y su subsidiaria farmacéutica, Bayer. Era una afiliación que realzaba su posición entre muchos nazis que trabajaban con él en el campo.

Interessen-Gemeinschaft Farben (Sindicato de Intereses Comunes Farben) se fundó en diciembre de 1925, solo ocho años antes de que Hitler se convirtiera en canciller de Alemania. Seis compañías químicas y farmacéuticas líderes se fusionaron para conformar el enorme conglomerado. Entre ellas se encontraban los fabricantes de tinturas más grandes del mundo: Bayer, Hoechst, BASF y Agfa.[1]

En los 14 años desde su fundación hasta principios de la Segunda Guerra Mundial, Farben hizo alarde de un récord de cuatro premios Nobel en Química y Medicina. Tenía virtualmente el monopolio de patentes innovadoras en la vanguardia de la manufactura de materias primas sintéticas, incluyendo caucho y petróleo, así como revolucionarios fármacos para tratar la sífilis y la malaria, patentes de morfina y novocaína, e incluso los derechos exclusivos sobre la aspirina como analgésico. Farben también se vanagloriaba de la investigación de vanguardia sobre miles de productos extremadamente diversos, desde el endulzante artificial, sacarina, hasta potentes gases venenosos y prometedores combustibles para cohetes. Sus 250,000 empleados estaban mejor pagados y mejor calificados que los de la competencia. En un tiempo récord, con su compleja red de sociedades y subsidiarias, Farben se había convertido en la mayor compañía química del mundo y en el cuarto conglomerado industrial más grande, pisándole los talones a General Motors, US Steel y Standard Oil. Era, por un margen muy amplio, la empresa alemana más rentable.[2]

Incluso antes de que Hitler llegara al poder, él compartía una sólida creencia muy extendida en Alemania: el país había perdido la Primera Guerra Mundial porque poseía pocos recursos naturales necesarios para sostener una batalla militar prolongada. Sus industrias vitales se paralizaron virtualmente durante la guerra porque un bloqueo naval británico estranguló las líneas de abastecimiento, impidiendo que el caucho, el petróleo, el acero y los nitratos llegaran a Alemania. Esto resultó en una persistente escasez de todo, desde pólvora hasta combustible, lo que restringió a Alemania en los campos de batalla. Básicamente, fue la carencia de materias primas junto con la generalizada hambruna entre la población civil lo que quebrantó la voluntad alemana para combatir.[3]

Hitler, que fue condecorado en la Primera Guerra Mundial, estaba convencido de que el país tenía que ser autosuficiente militarmente. Las tecnologías de Farben le ofrecían una oportunidad única para reconstruir Alemania y dejar de depender de otros países para tener petróleo, caucho y nitratos. Pero el matrimonio entre los dos, los emergentes nacionalistas de derecha y la monolítica compañía, fue accidentado desde muy temprano. Ello se debía a que muchos de los mejores científicos de Farben, y cerca de un tercio de la dirección, eran judíos. Por tanto, había un elemento esquizofrénico en la danza de apareamiento entre Farben y el Tercer Reich. La literatura nazi y los comentaristas denigraban a Farben como un «instrumento del capital financiero internacional», palabras claves para la perspectiva nazi de que una pequeña camarilla judía controlaba y manipulaba los mercados financieros y las industrias mundiales. Algunas veces se ridiculizaba a Farben como I.G. Moloch, un dios canaanita en honor de quien se sacrificaban niños. Con ello se intentaba evocar la milenaria calumnia de que los judíos mataban a los bebés cristianos y utilizaban su sangre en rituales religiosos. El semanario virulentamente antisemita *Der Stürmer* publicaba viñetas de «Isidore G. Farber», una caricatura ofensiva en la que parecía una mezcla de Shylock y una prostituta.[4]

Algunas de las críticas más severas se dirigían a las divisiones farmacéuticas de Farben, ya que habitualmente empleaban animales de laboratorio para probar sus medicamentos. Sorprendentemente, los nazis eran activistas comprometidos con los derechos de los animales y Hitler era un vegetariano que esperaba algún día eliminar de Alemania los rastros. Incluso, los nazis aprobaron leyes para proteger a los animales de los cazadores, prohibieron su utilización en películas o circos y proscribieron a los carniceros *kosher*. Alemania fue el primer país que ilegalizó la vivisección. El castigo para los experimentos de laboratorio con animales era el confinamiento en un campo de concentración, y, en algunos casos, la pena de muerte. Uno de los principales científicos médicos de Farben, Heinrich Hörlein, argumentó que la experimentación con animales era crítica para probar con seguridad los medicamentos que salvaban vidas. Los nazis pensaron que esa opinión era sencillamente más evidencia de que Farben era «una organización internacional judía».[5]

Carl Bosch, el químico Premio Nobel que dirigía la compañía, no era un admirador de Hitler. Bosch consideraba a los nazis un poco más que pequeños matones que no sentían ningún aprecio por la innovación científica, que era la espina dorsal de Farben. Pero, a medida que Hitler empezó a escalar el poder, Bosch supo que la compañía tenía que transformarse de un extraño poco fiable en un socio indispensable.[6] Entonces Bosch abrió las arcas de Farben y se convirtió en el mayor patrocinador financiero en las elecciones de 1933, en las que Hitler obtuvo cerca de seis millones de votos y solidificó su posición como canciller.[7] Bosch también envió al secretario de prensa de Farben, alguien que presumía de sólidos contactos con los nazis, a Berlín, para defender el hecho de que la dirección de la compañía estaba compuesta en su mayoría por «hombres cristianos que se habían hecho a sí mismos».[8]

Hitler, entretanto, puso un intenso interés personal en las patentes de Farben de petróleo sintético. Cuando se reunió con dos altos directivos, el *Führer* los sorprendió al decirles que Farben se encontraba en el núcleo de sus planes para hacer a Alemania autosuficiente.[9] Cuando Bosch y Hitler sostuvieron una conferencia de alto nivel a fines de 1933, al principio los dos se sintieron identificados, ya que ambos compartían la pasión por un programa intensivo para lograr la independencia energética. Pero la reunión terminó con una nota amarga cuando Bosch planteó su creciente preocupación por la acelerada exclusión de los judíos de las ciencias por parte de los nazis. Bosch fue categórico. La química y la física sufrirían un retroceso de cien años si Alemania obligaba a sus científicos judíos a irse. Eso enfureció a Hitler. —Entonces trabajaremos cien años sin física ni química— gritó.

Ello colocó a ambos en un conflicto. Ese año los nazis habían aprobado la Ley Habilitante, que le confería a Hitler autoridad para proscribir a los judíos del ejercicio de la ciencia y la tecnología, enseñar en las universidades, desempeñar empleos en el servicio civil y proporcionar servicios al gobierno. Contra el consejo de sus colegas, Bosch continuó haciendo campaña a favor de los científicos judíos. Por ello, no es de extrañar que Hitler no volviera a aceptar coincidir en la misma habitación que Bosch.[10]

Tal vez los nazis hubieran desmantelado una empresa con menos poder e influencia, pero Hitler y sus secuaces sabían que necesitaban el conocimiento y músculo de Farben. Por tanto, yéndose a fondo, en 1937 hicieron lo único que podía ser aceptable para el Tercer Reich: Farben fue nazificada. Robert Ley, un químico de Bayer, se convirtió en ministro nazi encargado del Frente de Trabajo Alemán. Todos los funcionarios judíos fueron despedidos. Un tercio de su consejo supervisor de directores fue removido forzadamente de sus oficinas y se les prohibió cualquier contacto con la empresa. Los científicos judíos que dirigían las divisiones de investigación fueron hechos a un lado y reemplazados sumariamente.[11] Para el momento en que los judíos fueron eliminados de los puestos más altos de Farben, Carl Bosch se había convertido en el presidente honorario de la firma, una posición con poca influencia (cuando murió, tres años más tarde, entre las garras del alcohol y la depresión, pronosticó a sus médicos que Hitler conduciría a Alemania a la destrucción).

En julio de 1938, cuando el Tercer Reich decretó que un solo judío en la dirección la hacía una «empresa judía», las tensiones y traiciones entre los nazis y Farben eran historia. Muchos directivos de la empresa se habían convertido en miembros del partido nazi y algunos incluso se habían unido a las SS. Farben solicitó con éxito un certificado que atestiguaba que era una «empresa alemana» en total cumplimiento de las leyes raciales.[12] Para demostrar cuán en serio se tomaba la dirección convertirse en una empresa aria, Farben incluso despidió a 107 jefes de departamento que trabajaban en las divisiones internacionales fuera de Alemania.[13] Además, Farben había convertido exitosamente su empresa filial I.G., de propiedad totalmente estadounidense, en uno de los medios de espionaje nazi en Estados Unidos más efectivos. Al poseer las empresas Agfa, Ansco y General Aniline, sus «vendedores» conseguían todo, desde fotografías de instalaciones militares secretas hasta copias de estrategias clasificadas del ejército y la fuerza aérea.[14]

La anexión de Austria en marzo de 1938 por parte de Hitler proporcionó la primera evidencia de que la sociedad Farben-Tercer Reich estaba en pleno apogeo. En el lapso de unas semanas, Farben había tomado el control de Skodawerke-Wetzler, la empresa química más grande de Austria, en la cual la preeminente familia de banqueros europea, los Rothschild, tenía participación mayoritaria. Farben trasladó técnicos y directivos arios, pues todos los judíos que ocupaban puestos altos fueron apartados a la fuerza (Isador Pollack, el gerente general de Skoda, fue literalmente pateado hasta la muerte por una pandilla de tropas de asalto nazis).[15]

La toma de Skoda se convirtió en el patrón que se empleó en otros países víctimas de la agresión de Hitler. En 1938, durante un enfrentamiento entre Alemania y Checoslovaquia, Farben empleó la amenaza de una invasión nazi para comprar Aussger Verein, la mayor compañía química checa, a un precio de oferta. Para cuando los nazis iniciaron su guerra relámpago en Polonia, el 1 de septiembre de 1939, Farben ajustó sus lealtades al interior del Tercer Reich para maximizar sus botines de guerra. Antes de la guerra el jefe de la Luftwaffe, Hermann Göring, había sido el mayor defensor de Farben. Cuando Polonia cayó ante los nazis, Farben se alió más estrechamente con el jefe de las SS, Heinrich Himmler, que ostentaba el máximo poder cuando se trataba de la venta de compañías y propiedades. Ello permitió que se apoderara de las tres empresas químicas y de colorantes polacas más importantes.[16]

Para junio de 1940 los nazis habían conquistado Bélgica, Dinamarca, Noruega, los Países Bajos, Luxemburgo, y asombrosamente habían puesto de rodillas a Francia después de un feroz asalto de seis semanas. Muchos altos directivos de Farben recordaban con amargura que los franceses habían exigido, después de la Primera Guerra Mundial, enormes reparaciones de parte de la industria alemana. Más aún, la industria química francesa había sido durante mucho tiempo el mayor competidor de Alemania. Las empresas francesas pronto fueron arianizadas y, a través de una sociedad controladora, Farben se apoderó de la preciada industria química francesa.[17]

Las ambiciones del conglomerado crecían a la par de las victorias alemanas en los campos de batalla. Los directores trazaron planes para desmembrar las industrias no solo de los países ocupados, sino de conquistas futuras, incluyendo la neutral Suiza, después de los aliados de Alemania, Italia y la Unión Soviética, e incluso Gran Bretaña y Estados Unidos. Para ese momento la compañía suministraba un asombroso 85% de los insumos militares que los nazis empleaban en sus esfuerzos bélicos.[18]

La caída de Francia marcó el cenit del éxito militar alemán. Aunque los nazis llevaron a cabo una implacable guerra relámpago aérea contra Inglaterra, los británicos permanecieron indoblegables. Entonces, Hitler ignoró el consejo de sus generales y se preparó para abrir un segundo frente en el este con la invasión a Rusia. El alto comando nazi sabía que el primer año de lucha había consumido grandes abastecimientos de combustible y municiones. Incluso el caucho, necesario para todo, desde llantas hasta botas de combate, se estaba agotando, y una guerra de dos frentes implicaría demandas exponenciales de recursos. Hitler exigió que

Farben garantizara que podía duplicar su producción de caucho y petróleo sintéticos, lo que requirió la construcción de dos nuevas megaplantas. Farben envió a dos equipos a buscar emplazamientos, uno al sur de Noruega y otro al oeste de Polonia. Ambos países estaban bajo un sólido control alemán y a salvo de un ataque aliado.

Otto Ambros, de 39 años, un químico ampliamente reconocido como experto en caucho sintético de Farben, había supervisado la construcción de la primera gran planta de caucho de la empresa en Schkopau, al este de Alemania. Después de visitar Polonia, Ambros regresó a la oficina central en Fráncfort con la noticia de que había encontrado el sitio ideal para construir ambas plantas. Se trataba de la Silesia polaca, cerca del cruce de tres ríos. La producción de caucho y petróleo sintéticos requería de enormes suministros de agua por la química de alta presión que implicaban ambas tecnologías. Tres líneas ferroviarias abastecían la zona. No estaba lejos de la carretera y en un radio de 33 kilómetros se hallaban grandes distritos mineros. Otra ventaja, argumentó Ambros, era que se encontraba muy cerca de las caballerizas abandonadas que los nazis estaban convirtiendo en campo de concentración. Ello significaba que Farben podía tener acceso a una mano de obra forzada constante y barata.[19]

Los colegas directivos de Ambros rápidamente ratificaron el sitio, a lo que siguió la aprobación por parte del Tercer Reich. Farben decidió utilizar el nombre del pequeño pueblo polaco vecino a las instalaciones de la nueva división corporativa: I.G. Auschwitz.[20]

Capítulo 3

I.G. Auschwitz

Farben tenía grandes planes para I.G. Auschwitz. No solo podía ser el mayor complejo de la compañía, sino que por primera vez se incluiría una enorme instalación de hidrogenación para producir cantidades récord de caucho y petróleo sintéticos. La compañía esperaba que I.G. Auschwitz fuera un inmenso centro de lucro. Farben estaba tan confiada que declinó la oferta de financiamiento del gobierno alemán. Si hubiera aceptado el dinero del Tercer Reich, los nazis se habrían convertido automáticamente en sus socios. En lugar de eso, los directivos querían asumir todos los riesgos y cosechar todos los beneficios.

Farben destinó cerca de un billón de *Reichsmarks* (cerca de 55 billones en 2015) a su ambiciosa construcción.[1] Los planes exigían unas instalaciones de rápido crecimiento que ocuparan varios kilómetros cuadrados, que requerirían más electricidad que Berlín. El jefe de las SS, Heinrich Himmler, consideraba el éxito de I.G. Auschwitz tan importante que nombró a su confiable jefe de estado, el mayor general de las SS Karl Wolff, intermediario entre Farben y las SS.

El 20 de marzo de 1941, Wolff se entrevistó en Berlín con el químico y director de Farben, teniente coronel de las SS Heinrich Bütefisch, para planear la manera en la que el campo de concentración vecino a Auschwitz podía ayudar a Farben. Muchos obreros especializados estaban en el frente de combate como tropas nazis, por lo que la compañía se enfrentaba a una escasez de trabajadores calificados. Se proyectó llevar no solo alemanes, sino lo que eufemísticamente llamaban «trabajadores libres» —de Holanda, Bélgica, Francia, así como Polonia, a los que se pagaban salarios drásticamente bajos—. Himmler ordenó al inspector de los Campos de Concentración proporcionar hasta 12,000 presos. Puesto que campos como Auschwitz eran centros de lucro de las SS, Bütefisch sabía que Himmler insistiría en una compensación por cualquier preso que Farben empleara.

Después de medio día de duras negociaciones, Farben acordó pagar cuatro *Reichsmarks* (en esa época cerca de 1.60 dólares, 20 para 2015) diarios por presos no calificados y 1.50 (60 centavos) por niños. A cambio de ese dinero —que en total ascendía a más de cinco millones— las SS convenían en proporcionar transporte desde y hasta las barracas de Auschwitz, a unos 6.5 kilómetros del sitio de construcción, así como todas las raciones.[2] Unas semanas después de que se cerró el trato, algunos directivos de Farben le dieron a Himmler un *tour* privado por el sitio donde se construía I.G. Auschwitz. Quedó impresionado y prometió un abastecimiento constante de presos del campo como trabajadores.[3] Otto Ambros, de Farben, escribió en un memorando: «Nuestra nueva amistad con las SS está probando ser muy redituable».[4]

Farben sabía que el inmenso alcance del proyecto era un gran reto técnico y que las restricciones de la guerra dificultarían conseguir todas las materias primas. Sin embargo, desde el principio la construcción resultó ser incluso más problemática y su desarrollo pronto sufrió retrasos.[5] Pero I.G. Auschwitz también se vio afectado por un problema inesperado: Farben no había previsto que los salvajes castigos infligidos por las SS a los presos tendrían terribles consecuencias en su fuerza de trabajo.

Memorandos internos de la compañía registraban los incesantes abusos: los trabajadores eran «severamente azotados en el sitio de construcción» y a veces eran pateados y golpeados, incluso apaleados hasta la muerte. Un directivo anotó: «Estos [los golpes] siempre se aplican a los presos más débiles que realmente no pueden trabajar más duro»,[6] lo que no solo impedía que los más frágiles hicieran su trabajo, sino que generalmente tenía un «efecto desmoralizador entre los trabajadores libres, así como en los alemanes».[7] Más aún, el trayecto diario que hacían los presos desde Auschwitz mermaba gran parte de su fuerza incluso antes de que empezaran su jornada diaria. Calzados con suecos de madera que no eran de su medida y vestidos con delgados trajes de presidiario, padecían el calor extremo del verano y el frío invernal que calaba hasta los huesos. Los gerentes de la planta observaban con consternación cómo se necesitaban tres, a veces cuatro y hasta cinco malnutridos presos para levantar y acarrear sacos de cemento de 50 kilos.[8] Los ejecutivos de la compañía se quejaban internamente de que las SS no habían entendido qué era necesario hacer para que la «libre empresa» prosperara.

Pero los obsesivamente burocráticos nazis exigían a cada trabajador que salía del campo principal por la mañana después de pasar lista a las 4:00 a.m., que se presentara en la correspondiente de la noche. Ello provocaba escenas surrealistas al final de cada día de trabajo, con presos que arrastraban los cuerpos de sus compañeros muertos durante su turno para congregarse en su pabellón, de manera que los nazis pudieran contar a los muertos como «presentes». Varias veces a la semana, los nazis transportaban en camiones los cadáveres apilados a los crematorios. El extravagante ritual estaba basado en el lucro: los SS sacaban dinero de cada cuerpo, desde extrayendo el oro de los empastes dentales hasta empleando el cabello para rellenar colchones y hacer calcetines abrigadores para las tripulaciones de los submarinos y los pilotos de la Luftwaffe.[9] Eliminar a los trabajadores muertos en la planta de Farben los privaba de la oportunidad última de violar los cuerpos.

Los ejecutivos de Farben no se preocupaban por el maltrato a sus trabajadores presos por cuestiones humanitarias. Al contrario, les frustraba que se necesitaran tres prisioneros para llevar a cabo el trabajo que podría desempeñar un solo trabajador alemán bien alimentado. Esto generó un furioso debate interno acerca de cómo impulsar la estancada construcción. Los funcionarios temían que, si las plantas de caucho y petróleo sintéticos no abastecían plenamente al ejército de Hitler, las SS culparían a la compañía. Nadie quería correr el riesgo de incurrir en la ira de Hitler y Himmler respecto a proyectos bélicos que eran considerados fundamentales.

Entonces, en julio de 1942, a un año de una fiera lucha en el Frente Oriental, la junta directiva de Farben aprobó una notable propuesta que consolidó su descenso en la bancarrota moral: decidieron que la mejor manera de resolver el problema de la mano de obra de I.G. Auschwitz era construir su propio campo de concentración, con un costo de 20 millones. El sitio elegido colindaba con la construcción en obra y se localizaba justo al este del campo original de Auschwitz. Ernst *Fritz* Sauckel, ministro de Trabajo del Reich, dio luz verde a la propuesta de Farben, concluyendo que era la mejor manera de «explotar [a los presos] hasta el mayor grado posible, al mínimo punto concebible de inversión».

El nuevo campo se llamó Monowitz Buna-Werke, una combinación del nombre del pueblo polaco, Monowice (Monowitz en alemán), que se demolió para darle lugar, y *Buna* (caucho sintético). El acceso a un abasto constante de trabajadores esclavos finalmente animó a Farben y a otras compañías alemanas a construir 45 subcampos de minas de carbón, metalúrgicas, de productos químicos e industria ligera, e incluso procesamiento de alimentos, en un radio de 50 kilómetros, en la medida en que la impronta de Auschwitz se expandía por toda la campiña polaca.[10]

Para cualquier observador desprevenido, Monowitz parecía una mala copia de Auschwitz, rodeado de alambre de púas electrificado, torres de vigilancia con guardias armados, perros patrullando y reflectores que iluminaban el campo por las noches para evitar evasiones. Monowitz tenía sus propios patíbulos, estrechas celdas de confinamiento, y una falange de antiguos convictos que funcionaban como sádicos capataces de los trabajadores esclavos.[11] También había un burdel *(frauenblock)*, en el que las presas eran obligadas a trabajar como esclavas sexuales de los obreros alemanes. Farben incluso creó una copia del burlón letrero que estaba a la entrada de Auschwitz: *Arbeit Macht Frei,* «El trabajo os hará libres» (palabras tomadas del Inferno de Dante).

Además de invertir millones para construir el campo, Farben convino en cubrir todos los costos de alimentación y alojamiento, en tanto que las SS se hicieron responsables de la seguridad. La compañía hizo todo lo posible por aumentar sus ganancias reduciendo costos. En promedio, se obligaba a tres trabajadores a dormir en camastros de madera, diseñados originalmente para una sola persona. En las barracas se hacinaban hasta cinco veces más judíos que trabajadores alemanes libres.[12] El delgado relleno de paja de los camastros era una fuente constante de infección y enfermedades.[13] Además, la compañía experimentaba agresivamente para determinar la cantidad mínima de alimento requerido para evitar a los presos la inanición pero que les permitiera trabajar. La base de la dieta en Monowitz era una sopa aguada que los prisioneros llamaban burlonamente *Buna* porque tenía un regusto a caucho. El trabajador forzado promedio, que se alimentaba con no más de 1,200 calorías diarias, perdía cerca de nueve kilos a la semana antes de estabilizarse como un famélico esqueleto.[14]

Los memorandos de la compañía revelan que los funcionarios de Farben daban por sentado que los presos que morían por el riguroso trabajo podían fácilmente ser reemplazados con nuevos prisioneros del siguiente tren que llegara. Benjamin Ferecz, un importante fiscal estadounidense de crímenes de guerra después de la Segunda Guerra Mundial, observó que: «Los trabajadores judíos de los campos de concentración eran menos que esclavos. Los dueños de esclavos cuidaban su propiedad humana y trataban de conservarla; la intención y los planes de los nazis eran que los judíos fueran usados y después quemados».[15]

Un problema que Farben enfrentó fue que las SS enviaban a la mayoría de los prisioneros que llegaban a las cámaras de gas. Los ejecutivos de la compañía observaron, por ejemplo, que, de un embarque de 5,022 judíos, 4,092 fueron asesinados inmediatamente. Después de una queja formal, las SS convinieron en un extraño acuerdo mediante el cual algunos de los trenes serían descargados cerca de I.G. Auschwitz, con miras a encontrar trabajadores idóneos. En el primer tren descargado cerca de Monowitz, la mitad de los 4,087 prisioneros evitaron la cámara de gas y se convirtieron en trabajadores esclavos. Aun así, los directores de Farben hicieron notar su desilusión porque el tren contenía «muchas mujeres y niños, así como judíos viejos».[16]

A pesar de los inusuales obstáculos, los más altos ejecutivos consideraban que Monowitz era un modelo para proyectos futuros. Carl Krauch, el presidente, escribió a Himmler el 27 de julio de

1943 diciéndole que se encontraba «particularmente complacido» de saber que, en una discusión sobre una nueva fábrica de caucho sintético, las SS «continuarían patrocinándonos y apoyándonos... como se hizo en Auschwitz».[17]

Con el tiempo, cerca de 300,000 trabajadores esclavos pasaron por I.G. Auschwitz. Fue ahí donde Elie Wiesel y Primo Levi trabajaron de adolescentes (ambos sobrevivieron y se convirtieron en escritores aclamados que describieron lo que ocurrió ahí). Levi escribió que la fábrica Farben era una «enorme maraña de acero, concreto, lodo y humo, [es] la negación de la belleza [...] Dentro de sus límites no crece una brizna de hierba, y el suelo está impregnado con la venenosa savia del carbón y el petróleo; lo único con vida son las máquinas y los esclavos —y las primeras están más vivas que estos últimos—».[18]

Cerca de 25,000 de los trabajadores forzados fueron explotados hasta la muerte, con un promedio de vida de solo tres meses.[19] Sin embargo, para fines de la guerra, el ambicioso experimento de Farben de I.G. Auschwitz fue un fracaso estratégico. A pesar del enorme financiamiento de Farben y el increíblemente alto costo humano para la total consternación de Hitler, la planta solo consiguió producir una pequeña cantidad de combustible sintético y nada de caucho *Buna*. Su testamento perpetuo será solamente su papel asesino en la Solución Final.

CAPÍTULO 4

Capesius hace su entrada

Victor Ernst Capesius era en muchos aspectos alguien con muy pocas posibilidades de acabar en Auschwitz. No había nacido en Alemania ni en Austria, las nacionalidades que predominaban entre los soldados, médicos y funcionarios que dirigían los campos de concentración. Capesius nació el 2 de julio de 1907, hijo de padres alemanes fervientemente luteranos, en Reußmarkt, una ciudad de Transilvania conocida solo por su cercanía al lugar donde nació Vlad Drăculea. Su padre fue médico y funcionario público de salud.[1] El joven Capesius tuvo una niñez anodina. Fue un estudiante tranquilo y mediocre en la escuela luterana local en Sibiu, una ciudad rumana con un carácter alemán tan marcado que la mayoría de los habitantes de origen alemán la llamaban Hermannstadt. Capesius terminó en medio de 32 graduados. Obtuvo su diploma de licenciatura en farmacología general en la Universidad Rey Ferdinand I, que se localizaba en la ciudad de Cluj-Napoca —llamada Klausenburg por los alemanes—, el 30 de junio de 1930.[2] Su primer trabajo fue como asistente en la farmacia de su tío, la Apotheke Zur Krone (Farmacia Corona), en la cercana Sighişoara.[3] Su madre le dijo que algún día podría heredar el negocio.[4]

Estuvo ahí solo cinco meses, pues el ejército rumano lo reclutó en 1931 como primer teniente y lo asignó a Bucarest como asistente farmacéutico. Pronto se las arregló para obtener una baja ampliada para estudiar química en la Universidad de Viena.[5] Su estancia ahí coincidió con la ascensión al poder de Hitler en la vecina

Alemania, algo que no podía pasar desapercibido para el joven estudiante de origen alemán. Fue en Viena donde Capesius conoció a su futura esposa, Friederike Bauer, de 24 años. Fritzi, como la llamaba Capesius, también estudiaba en el Instituto de Farmacología, y ambos optaban por un doctorado con el mismo profesor, el doctor Richard Wasitzky.[6]

Fritzi encontró a Capesius fascinante. Cuando empezaron a salir, le comentó a sus amigas que era encantador. Le gustaba todo de él, desde su cabello castaño que se estaba volviendo prematuramente gris hasta sus ojos de un profundo color café. Algunas de sus amigas pensaban que era desgarbado, pero ella las corregía haciéndoles notar que era un maravilloso bailarín.[7] Establecieron un vínculo común, pues los padres de ambos eran médicos. Sus familias eran fervientes luteranos, aunque el padre de Fritzi era judío converso. En 1932, como su relación prosperaba, ella lo presentó a sus padres. Después Fritzi pasó sus vacaciones del semestre con él en Transilvania.

Mientras tanto, la disertación que presentó Capesius sobre el chenopodium, una hierba que se empleaba para tratar a las personas con lombrices parasitarias, lo hizo merecedor al doctorado en Farmacéutica por la Universidad de Viena el 30 de noviembre de 1933.[8] Cuando regresó a Sighişoara, pronto se convirtió en el gerente de la farmacia de su tío. Era un negocio lucrativo ya que ganaba 200,000 *Reichsmarks* anuales (aproximadamente 56,000 dólares, en una época en la que el ingreso anual promedio en Estados Unidos era de $1,601).[9]

Muchos alemanes de origen que vivían en Rumania se paralizaron cuando Hitler se convirtió en canciller de Alemania ese mismo año. Pero Capesius mostró muy poco interés en la agitación que envolvía al país vecino. Aunque se afilió a un club social nacionalista local, parecía estar más motivado por la posibilidad de establecer contactos de negocios que alimentar cualquier ardor político. En su tiempo libre se mantenía alejado de las noticias del día y en cambio se relajaba con amigos. Los domingos con frecuencia se le podía encontrar con las hermanas Mild, dos bellas muchachas de su edad, disfrutando de un pícnic en un jardín desbordante de flores silvestres. Le gustaban en especial los platillos tradicionales, como los pimientos rellenos y el pastel de crema de vainilla, y se enorgullecía de ser un buen bailarín, especialmente de valses. Capesius y su buen amigo, Roland Albert, junto con cerca de una docena de amigos, pasaban algunos fines de semana de primavera y verano nadando en un popular arroyo en las afueras de Sibu. En el otoño se iban en bicicleta a las montañas Hargitha. Capesius les platicaba sobre la bella estudiante de medicina alemana, Friederike, que había conocido en Viena. Pero, si esperaba darles celos a algunas de las chicas del pueblo, no tenía éxito. A sus espaldas ellas chismeaban sobre lo peludo que era, «fornido y pesado», incluso alguien llegó a pensar que «por sus venas corría sangre gitana». Se avergonzaban cuando cantaba en ciertas ocasiones, pues su voz era fuerte pero espantosa.[10]

A pesar de que trabajar en la farmacia familiar era seguro y cómodo, no era muy apasionante. Capesius empezó a buscar empleo en otra parte. En febrero de 1934 consiguió un trabajo dorado como representante nacional de ventas de Romigefa, SA, la filial rumana de Bayer, la subsidiaria farmacéutica más prestigiosa de I.G. Farben.[11] El mes anterior, él y Fritzi habían contraído matrimonio y estaban ansiosos por iniciar una familia. De hecho, antes de que se acabara el año, ella se embarazó. Ambos vieron en Farben muchas más oportunidades de desarrollo que quedarse estancados en la farmacia del tío.

La firma farmacéutica alemana a la que se incorporó Capesius era la más preponderante en el mundo en la década de los 1930. En realidad, la industria farmacéutica moderna era virtualmente una creación alemana. Sus orígenes se remontaban a casi cien años, 1827, con la empresa familiar Engel-Apotheke (Farmacia Ángel) en Darmstad, Alemania. Heinrich Emanuel Merck, el bisnieto del fundador, aisló los alcaloides puros, que eran los componentes de muchas drogas, incluyendo la codeína y la cocaína. Al mismo tiempo, Ernst Christian Friedrich Schering creaba Schering AG como un pequeño fabricante de productos químicos y un puñado de compuestos médicos en Berlín. Unos años más tarde, Friedrich Bayer estableció una fábrica en Wuppertal para producir colorantes a partir del alquitrán de carbón. En una década había patentado tecnologías de bajo costo para producirlas masivamente. Cuando Bayer descubrió que sus tintes poseían cualidades antisépticas, los vendió como medicinas.

Los científicos alemanes fueron responsables de casi todos los avances farmacéuticos. Un farmacéutico de 22 años, Friedrich Sertürner, purificó el ingrediente activo de la amapola y la llamó *Morpheus*, como el dios griego de los sueños. En 1898, uno de sus alumnos, cuando trabajaba para Bayer, agregó dos grupos de acetil a la molécula de la morfina y desarrolló la heroína (del alemán *heroisch,* o heroico). Al año siguiente, ese mismo químico aisló el ácido salicílico y, después de un animado debate interno, Bayer registró su nueva droga, *Aspirina*.

Capesius se sentía orgulloso de que Farben/Bayer no tuviera rival en el campo de la innovación en medicamentos. Se reveló como un empleado trabajador y leal, y se ganó una afable reputación al promover los productos de la compañía en consultorios médicos, farmacias y clínicas en todo Transilvania. Incluso vendía colorantes y productos químicos de Farben a los manufactureros textiles.[12]

La Segunda Guerra Mundial, como lo hizo con la mayoría de su generación en Europa central, interrumpió lo que con toda probabilidad hubiera sido una carrera exitosa, si bien prosaica. Rumania se había mantenido neutral en 1939 cuando los nazis invadieron Polonia. Pero al año siguiente, en noviembre de 1940, se alineó con el Tercer Reich después de un exitoso golpe del fascista con puño de hierro, el mariscal Ion Victor Antonescu. Después de que Hitler invadiera la Unión Soviética en junio de 1941, muchas tropas rumanas fueron secuestradas para hacer el trabajo sucio ahí.

Capesius tuvo suerte. Cuando el ejército le ordenó regresar a sus deberes, fue destinado brevemente a una farmacia hospital en Cernavodă, al este de Rumania, no lejos del Mar Negro.[13] Su mayor desilusión al ser llamado al servicio otra vez fue que lo separaron de sus tres hijas, Melitta, de seis años; Ingrid, de cuatro, y Christa, de uno. En enero de 1942 se le promovió a capitán y, por razones que no se aclaran en sus registros militares, se le concedió un permiso para reanudar su trabajo civil en Farben/Bayer. Viajaba tanto que a veces vivía a la vez en Klausenburg y Sighişoara, hasta que finalmente adquirió un condominio de seis pisos en la calle Brezoiano, en un barrio de clase alta de Bucarest. Se mudó con su familia ahí y sus ingresos era tan considerables que invirtió sus ahorros en un moderno departamento en la calle de Dr. Marcovici.

Capesius era asiduo a los mejores clubes de negocios de la ciudad y un personaje familiar en el escenario social.[14]

A pesar de que la línea del frente no había llegado a Rumania, había señales de guerra por todos lados, especialmente en los grandes centros ferroviarios. Decenas de miles de tropas alemanas y del Eje los atravesaban en su camino hacia Rusia. Capesius pensaba que era extraño que los trenes se dirigieran al este repletos de soldados y regresaran vacíos. No había permisos para nadie en el Frente Oriental.

El país en el que Capesius creció y trabajó se vio embargado por el fervor del nacionalsocialismo. Sus líderes e instituciones no solo habían abrazado el fascismo, sino que estaban completamente seducidos por la ideología de Hitler, virulentamente antisemita. Durante su ascensión al poder, Hitler había culpado a una «camarilla internacional de judíos» de haber esclavizado a Alemania después de su derrota en la Primera Guerra Mundial, y aseguraba que el país volvería ser grande si se libraba de los judíos. Este chivo expiatorio incendiario funcionaba muy bien en países satélites como Rumania, que querían imitar a Hitler y su manera enérgica de gobernar, con el objeto de incrementar su estatura en Europa. Los cristianos rumanos también eran susceptibles a esta demagogia, puesto que muchos creían que los judíos, que ejercían una influencia muy grande en sus propias economías, habían matado a Cristo.

La Transilvania de Capesius albergaba a una de las comunidades judías más antiguas de Europa, cuyas raíces se remontaban al año 87 dC. Históricamente había padecido explosiones de antisemitismo. En el siglo XI se prohibió el matrimonio entre judíos y cristianos. Durante los siglos XV y XVI a los judíos se les impidió que vivieran en sus principales ciudades. Durante la segunda mitad del siglo XVIII, los entonces reinantes Habsburgo decretaron una serie de impuestos draconianos sobre los judíos y los forzaron a vivir en guetos. Los falsos rumores de que los judíos mataban a los bebés cristianos para rituales religiosos se diseminaron como el fuego, incitando pogromos financiados por el gobierno y una extendida violencia justiciera. Cuando los rusos conquistaron Transilvania en el siglo XIX, los invasores llevaron consigo su propia marca eslava de antisemitismo, que incluía la idea de que los judíos formaban parte de una raza extraña.

A pesar de que gran parte de Europa se había beneficiado con las teorías liberalizadoras que se extendieron hacia el este después de la Revolución Francesa en 1789, Transilvania parecía de alguna manera refractaria a modernizar su punto de vista sobre los judíos. En 1866 una nueva constitución declaraba que solo los cristianos eran ciudadanos, y los derechos legales y de propiedad de los apátridas judíos fueron restringidos aún más. En 1940 el mariscal Antonescu inició la *rumanización*, un programa similar a la arianización de Hitler. Todos los capitales judíos se confiscaron y se distribuyeron entre los rumanos para apoyar el objetivo del régimen de expulsar a todos los judíos.

Algunos de los profesores y amigos cercanos de Capesius eran entusiastas partidarios del nuevo odio. Un profesor de ciencias a quien Capesius «reverenciaba» abrazó el punto de vista nacionalsocialista de que los alemanes de nacimiento debían ser protegidos de los «pueblos inferiores».[15] En 1940, cuando Antonescu asumió el control, Roland Albert, el amigo de Capesius, se unió a una milicia neofascista.[16] Y pronto empezó a repetir como loro las opiniones más desagradables, denigrando no solo a los judíos, sino a los gitanos y armenios de Rumania. «Desgraciadamente un alto porcentaje de los tontos e idiotas del pueblo y los débiles de todo tipo están contaminando nuestras estirpes», opinó Albert.[17]

En la nueva Rumania, los amigos con frecuencia tenían desavenencias respecto a cuestiones aparentemente inocuas. Albert recordaba una vez que él y Capesius fueron a un desván donde había un gramófono.

—¿Tienes algo clásico? —preguntó Albert—. ¿Schubert o Beethoven?

—No, prefiero escuchar charlestón o los valses de Strauss —le respondió Capesius.

—Filisteo —le dijo Albert con toda seriedad.[18]

Más tarde le confesó a un periodista que esas canciones «revelaban la diferencia esencial entre nosotros y los judíos… Todo ese jazz, esa música de asfalto americana está envenenando el mundo… esa música negra».[19]

No existe evidencia de si el joven Capesius, al cruzar el país para Farben/Bayer, abrazó o no los prejuicios de sus maestros y amigos. En el marco cultural e histórico dentro del cual un alemán de origen como Capesius se crió, se educó, vivió y trabajó, una opinión denigrante de los judíos era lo más que se podía esperar. Más tarde arguyó que «nunca fui hostil hacia los judíos».[20]

Cualesquiera que hayan sido sus verdaderos sentimientos, sabiamente antepuso los negocios. Dos de sus primeros supervisores en Farben era judíos, pero en 1939 tuvieron que abandonar la firma debido a la Ley [Racial] de Núremberg.[21] Muchos de los médicos, farmacéuticos, médicos clínicos y dueños de empresas a los que Capesius dio servicio para Farben/Bayer eran judíos. Nadie informó que mostrara alguna señal declarada de antisemitismo.

En realidad, los clientes judíos de Capesius eran sin duda una parte muy lucrativa de su lista. Su decidido enfoque en hacer dinero superaba cualquier escrúpulo que pudiera tener respecto a que eran judíos. Cuando Josef Glück, un fabricante textil judío, se quejó directamente a la matriz de Farben en Fráncfort por el retraso en la entrega de unas tinturas que había ordenado, Capesius lo visitó. Personalmente arregló el problema y supervisó de cerca la cuenta para asegurarse de que Glück continuara satisfecho. Asimismo, Capesius se desvió de su camino varias veces para surtir rápidamente las existencias de uno de sus clientes más grandes, Albert Ehrenfeld, un mayorista farmacéutico judío. También hizo un esfuerzo especial para mantener a dos médicos judíos, la doctora Gisela Böhm y el doctor Mauritius Berner, informados sobre los nuevos medicamentos de la cartera de Bayer.[22]

El trabajo en Farben de Capesius lo mantuvo alejado de la creciente guerra contra los judíos en su país de origen. Pero esto cambió en la primavera de 1943, cuando, gracias a que los bombarderos aliados finalmente alcanzaron Rumania, los nazis aceleraron el reclutamiento de alemanes de origen (*Volksdeutsche*). El interludio de 18 meses de Capesius como representante de Farben/Bayer llegó a su fin.

Capesius no se sorprendió completamente cuando fue llamado, el 1 de agosto de 1943, a servir en el ejército alemán.[23] Unos meses antes, los rusos habían dado un giro a la batalla más sangrienta de la guerra, Stalingrado, y él y muchos de sus contemporáneos pensaban que era solo cuestión de tiempo para que las tropas soviéticas avanzaran sobre Rumania y el resto de Europa Oriental. Karl Heinz Schuleri, un compañero de escuela de Capesius que había estado con él en el ejército rumano, recordaba que muchos de ellos no se alegraron de ser reclutados por los alemanes.[24] Sin embargo, Capesius se encontraba en franca minoría, ya que tenía una opinión muy baja del ejército rumano y pensaba que era «más honorable» servir directamente a Alemania.[25]

Fritzi no estaba tan contenta. Al igual que muchas esposas, ella agradecía que estuviera en las reservas y muy lejos de las líneas del frente. Pero, por su reclutamiento en el ejército alemán, temía que pronto lo enviaran a combatir. No deseaba convertirse en una más de las viudas de guerra y tener que criar a sus hijas de ocho, seis y tres años sola.[26] Esa preocupación la hizo mudarse con ellas de Bucarest otra vez a Sighişoara, donde vivieron con los primos de Capesius.[27]

A Capesius no le inquietaba entrar pronto en combate. En cambio, estaba preocupado por comprobar su ascendencia aria hasta el siglo XVIII, lo que lo hizo elegible para un entrenamiento de seis meses con las Waffen-SS (la unidad de combate de las SS). Sabiamente ocultó que Fritzi, por la interpretación nazi de la religión como sangre, era medio judía.[28]

«Debido a que la sastrería de las SS había sido bombardeada», recordó Capesius más adelante, «esperamos cerca de seis semanas para que nuestros uniformes fueran terminados en la sastrería de la policía. Unas muy agradables seis semanas en ropas civiles, con mucho teatro y cabaret. Y vivíamos en el Hotel Zentral con su jardín cerrado».[29]

Una vez terminado su entrenamiento, recibió el grado de *Hauptsturmführer* (capitán) y se le concedió el sello permanente de estatus SS, un pequeño tatuaje negro, cerca de la axila izquierda, que indicaba su tipo de sangre.[30] Una vez que llegaron los uniformes, Capesius dijo que los reclutas se «dispersaron a los cuatro vientos».[31] Él y una docena de otros alemanes de origen de Rumania fueron enviados a la Estación Médica Central de las SS en Varsovia.[32] Desde ahí sirvió durante breves lapsos como farmacéutico en los dispensarios médicos de las SS en dos campos de concentración fuera de Berlín y Múnich, Sachsenhausen y Dachau. Habían sido creados para prisioneros políticos, pero en la medida en que la guerra progresaba, albergó a grupos cada vez mayores de judíos. A pesar de que las condiciones en ambos eran brutales, ninguno era un centro de exterminio. Capesius, con su pedigrí Bayer, era una elección natural, puesto que Farben dirigía todos los dispensarios de los campos.

Capesius sabía que, como él, los alemanes de origen de Yugoslavia, Bulgaria y otros países de Europa Central y Oriental eran considerados por Himmler y otros jerarcas nazis como «alemanes de segunda clase». «Teníamos un complejo de inferioridad respecto a los alemanes del Reich, los verdaderos alemanes», observó su amigo Roland Albert.[33] Lo que Capesius no sabía entonces era que esa opinión entre la élite de las SS significaba que los alemanes de origen conseguían los destinos menos atractivos, lo que se traducía en un número desproporcionado asignado a los campos de concentración.[34]

Fue en Dachau donde a un médico, el coronel Enno Lolling, le agradó Capesius. Médico de campo de concentración durante siete años y antiguo adicto a la morfina, Lolling era el jefe de Servicios Médicos e Higiene del Campo por la época en la que conoció a Capesius. Eso significaba que era responsable de todos los médicos de las SS en todos los campos de concentración.

Lolling tenía una obsesión por lo macabro. Había ordenado que cientos de pieles humanas con tatuajes se recogieran en los campos de concentración. Los presos con tatuajes que se consideraban coleccionables eran asesinados con inyecciones de fenol en el corazón y su piel cuidadosamente retirada y secada antes de ser enviada a los lotes de Lolling con la leyenda «Materiales de Guerra-Urgente». Enviaba algunos especímenes al Instituto Kaiser Wilhelm, en Berlín, el preeminente centro de investigación del Tercer Reich sobre «Higiene racial» y eugenesia, una disciplina emergente. Pero las mejores muestras las transformaba en macabros regalos, como carteras o cigarreras para sus colegas oficiales.[35] Lolling llegó incluso a dar instrucciones a los médicos de las SS en el campo de concentración de Buchenwald para que investigaran cómo reducir cabezas humanas, una de sus fascinaciones mórbidas. Investigaron en libros sobre esta práctica entre los caníbales de los Mares del Sur y los indios de Centroamérica, pero su progreso llegó en un texto sobre técnicas que cazadores de cabezas aborígenes empleaban para dominar el arte. De 30 prisioneros que fueron asesinados en Buchenwald por sus cabezas, solo tres de ellas fueron exitosamente reducidas al tamaño de una manzana (una de las cuales el comandante del campo usaba como pisapapeles).[36]

En noviembre de 1943, Lolling informó a Capesius que lo iban a transferir a Auschwitz. Capesius sabía que, si bien los alemanes tenían cientos de campos de concentración, Auschwitz era especial por su gran tamaño y su brutal reputación. Mientras servía en Dachau y Sachsenhausen, oyó hablar del notable grupo de campos que operaban bajo el solo nombre de Auschwitz, a unos 50 kilómetros al oeste de Cracovia. Había empezado en abril de 1940 en un páramo como un campo penal. Las ruinosas barracas militares a la orilla de un pequeño pueblo —Oswiecim en polaco, Auschwitz en alemán— se convirtieron en un campo de prisioneros. Un año después tenía 10,000 prisioneros, casi todos disidentes políticos polacos.[37] Entonces fue cuando I.G. Farben decidió construir Monowitz a solo siete kilómetros al este. Puesto que las SS deseaban abastecer a Farben con trabajadores, ordenaron una expansión del campo original, triplicando el número de presos a más de 35,000.

Sin embargo, la lúgubre reputación del campo fue resultado de dos eventos posteriores independientes. La invasión nazi a la Unión Soviética en septiembre de 1941 resultó un éxito prematuro. En solo unos cuantos meses los alemanes tenían cerca de 1.5 millones de prisioneros de guerra y necesitaban lugares para confinarlos.[38] Por tanto, el jefe de las SS, Heinrich Himmler, ordenó la construcción de un inmenso segundo campo a un kilómetro y medio del pueblo vecino de Brzezinka, al cual los alemanes llamaban Birkenau. Ubicado al otro lado de la línea del ferrocarril, estaba previsto para albergar a 200,000 prisioneros, muchos de los cuales serían enviados a trabajar en Farben, Krupp, Siemens y otras empresas alemanas que reclamaban a gritos la apertura de campos de trabajo satélites alimentados con fuerza de trabajo esclava.

Pero el plan de que Birkenau solo fuera un gigantesco campo de prisioneros de guerra tuvo corta duración. Para enero de 1942, los nazis habían decidido oficialmente la Solución Final, su plan para exterminar a todos los judíos de Europa. Ello los impulsó a crear campos de exterminio en todas partes dentro de Polonia: Treblinka, Majdanek, Chelmno y Sobibor, pero estos no tenían capacidad para matar lo suficientemente rápido a los millones de judíos que vivían en las naciones conquistadas por los nazis. Por esa razón Birkenau se remodeló como campo de trabajadores y campo de la muerte con las más avanzadas cámaras de gas.

Capesius sabía que Auschwitz, que se había transformado en un híbrido entre prisión, campo de trabajo y de muerte, no se parecía a ningún otro, y también que era ahí donde los médicos SS y las compañías farmacéuticas alemanas tenían el mayor número de conejillos de Indias para ensayar los fármacos de laboratorio en espeluznantes experimentos médicos. Por la época en la que a Capesius se le transfirió ahí, las SS técnicamente se referían al campo original, ahora en su mayoría administrativo, como Auschwitz I; Birkenau era Auschwitz II, y Monowitz era Auschwitz III.

De acuerdo con Lolling, Adolf Krömer, el farmacéutico de Auschwitz desde 1941, necesitaba con urgencia un asistente competente. Krömer se había unido a las SS en 1933 y como resultado tenía un prestigioso número bajo de membresía. Pero, no obstante su buen pedigrí, evidentemente Krömer no podía cumplir con todas sus obligaciones sin ayuda. Lo que Lolling no le compartió a Capesius fue que Krömer estaba perdiendo la batalla frente a la depresión.

Capesius no deseaba ir a un lugar que el médico SS Heinz Thilo había calificado como «*anus mundi*» (el ano del mundo).[39] Intentó sortear a Lolling, cabildeando con un amigo de Dachau, el capitán doctor Hermann Josef Becker. Becker dirigía el Departamento de Medicina Aeronáutica de las SS, responsable de los brutales experimentos de alta y baja presión realizados con presos de los campos, supuestamente para desarrollar mejores equipos para los aviadores alemanes. Becker también era un respetable miembro del partido nazi y tenía influencia en Berlín. Capesius dijo que él prefería quedarse en Dachau. «Me gusta el lugar», en especial porque el campo «estaba bien gestionado».[40] Pero Becker no pudo ayudarlo.[41]

Capesius llegó a Auschwitz en diciembre, precisamente cuando la primera tormenta de nieve cubría el campo. Dachau y Sachsenhausen podrían haberle abierto los ojos al farmacéutico rumano, pero el bautizo de fuego de Capesius estaba aún por llegar.

Capítulo 5

Bienvenido a Auschwitz

Capesius se reportó con el doctor Eduard Wirths, un capitán de las SS de 34 años, que estaba a cargo de los 20 médicos de Auschwitz. En ese momento, aquellos médicos eran responsables de todo, desde atender la salud del personal SS del campo, mantener con vida a los trabajadores forzados, hasta supervisar experimentos médicos. Capesius sabía por sus colegas de Dachau que Wirths era diferente de cualquier otro médico con los que había trabajado. Un ferviente nazi, había peleado en el Frente Oriental, pero, después de sufrir un ligero ataque cardiaco en 1942, se recuperó como psiquiatra en jefe del campo de concentración de Neuengamme, en las afueras de Hamburgo. A los tres meses fue enviado como médico en jefe a Auschwitz.

Capesius había escuchado que a Wirths lo consumía la investigación tanto en la esterilización en serie como en el cáncer cervical. Pero lo que no sabía entonces era que para llevar a cabo esas obsesiones Wirths había autorizado experimentos en cientos de presas, destruyendo sus ovarios con radiación o extirpándolos mediante una cirugía rudimentaria, que resultaba en un 80% de muertes. Helmut, el hermano menor de Wirths, un notable ginecólogo de Hamburgo, fue a Auschwitz en 1943 para unírsele en los experimentos, pero al joven Wirths le repugnó tanto lo que presenció que pronto se marchó, después de haber tenido un violento pleito con su hermano.

A Wirths también le apasionaba la erradicación del tifo (fiebre maculosa), una enfermedad que contagiaba no solo a los guardias SS y capataces, sino que también mataba a miles de prisioneros hambreados y que había resultado resistente a todos los esfuerzos por controlarla. Wirths desplegó agresivos programas para eliminar, de barracas y presos, los piojos y otros parásitos que propagaban con facilidad la enfermedad en las perennes condiciones antihigiénicas de los campos. Evidentemente no le resultaba chocante a Wirths que muchos de los presos a quienes se esforzaba por salvar del flagelo del tifo, con toda probabilidad acabarían en las cámaras de gas.

Capesius sabía que Wirths tenía la reputación de excéntrico. Le gustaba dar vueltas en un auto enarbolando banderas de la Cruz Roja, como una manera de burlarse de la organización internacional de ayuda, que ocasionalmente inquiría sobre las condiciones en los campos de concentración. Como un remanente de su temporada de dos meses como psiquiatra no calificado en Neuengamme, Wirths proporcionaba, sin costo, terapia matrimonial y sobre estrés al personal SS de Auschwitz.

Seis meses antes de la llegada de Capesius, Wirths realizó un cambio que modificaría para siempre la historia de Auschwitz y la manera en que las generaciones futuras juzgarían a los médicos que sirvieron en él. Hasta principios de 1943, los SS designados por Rudolf Höss, comandante de Auschwitz —un asesino convicto—, llevaban a cabo las selecciones de vida y muerte de los presos recién llegados en la vía del ferrocarril. A la mayoría de los prisioneros que se juzgaban no aptos para el trabajo —incluyendo ancianos, niños y embarazadas— se le dirigía a la izquierda, que significaba la muerte en las cámaras de gas (al final, 1.1 millones de 1.5 millones de deportados a Auschwitz murieron inmediatamente). Sin embargo, puesto que los trabajadores del campo morían a un ritmo muy rápido debido la malnutrición, las golpizas, las enfermedades y las ejecuciones, existía una necesidad constante de reemplazarlos.

A los que se elegían en la rampa se les hacía un tatuaje en el antebrazo, con el objetivo de identificarlos y vigilarlos (Auschwitz era el único campo que hacía esto). Más allá de los asignados a

Monowitz, los trabajadores forzados también se desempeñaban como carpinteros, electricistas, barberos y en la cocina. A veces, vigilados por guardias armados, trabajaban fuera del campo en canteras, cavando túneles, paleando nieve en los caminos y limpiando los escombros de los ataques aéreos. A las mujeres en su mayoría se les ponía a trabajar en la selección de las toneladas de artículos personales arrebatados a los prisioneros recién llegados, y en la preparación de los objetos de valor para ser embarcados de vuelta a Alemania. A algunas mujeres se les obligaba a trabajar como esclavas sexuales. Los profesionales médicos con frecuencia se libraban de la muerte y se les destinaba a llevar a cabo muchas de las más espeluznantes labores como asistentes presos de los médicos, farmacéuticos y dentistas SS. A los dentistas prisioneros se les obligaba a arrancar el oro de las bocas de los cadáveres. Y los prisioneros más sanos, a los que se seleccionaba para vivir, con frecuencia eran asignados a los *Sonderkommando*, que tenían la espantosa responsabilidad de sacar los cadáveres de las cámaras de gas.

Wirths deseaba que la selección de los presos recién llegados en las vías estuviera bajo su control. Por lo que a él concernía, solo los médicos debían tomar las decisiones de vida y muerte. Si Auschwitz representaba una oportunidad sin precedentes para el avance de la ciencia nazi, argumentaba Wirths, los médicos debían seleccionar a sus propios conejillos de Indias. Ese punto de vista se había visto reforzado con la llegada, esa primavera, del doctor Josef Mengele, un condecorado veterano del Frente Oriental de 32 años. Mengele era un protegido del doctor Otmar Freiherr von Verschuer, uno de los genetistas más importantes de Europa, a la cabeza de la pseudociencia racial nazi. Cuando fue estudiante de medicina, Mengele se desempeñó como el asistente de investigación favorito de Von Verschuer en el afamado Instituto para la Pureza Hereditaria, Biológica y Racial del Tercer Reich de la Universidad de Fráncfort.

El trabajo de Mengele con Von Verschuer lo había situado en el epicentro de una emergente filosofía nazi que postulaba que era posible seleccionar, manipular, mejorar y, por tanto, «purificar» a los humanos.[1] En su investigación, Von Verschuer dedicó la mayor parte de sus esfuerzos a estudiar a los gemelos. Para entonces era el jefe del ilustre Instituto de Antropología, Enseñanza sobre la Herencia Humana y Genética Kaiser Wilhelm. Fue Von Verschuer quien influyó en el nombramiento de Mengele en Auschwitz y le aseguró fondos para algunos experimentos médicos. Una médica presa en el campo, Ella Lingens, que trabajó bajo las órdenes de Mengele, más tarde concluyó: «Con el liderazgo de Otmar von Verschuer, las consecuencias finales, fatales, de la ciencia e investigación basadas en el racismo revelaron que para ellas bajo el nacionalsocialismo no había límites».[2]

Una vez que llegó al campo, Mengele no perdió el tiempo. Lo que necesitaba para su investigación eran gemelos, muchos. Pero encontrarlos entre los miles de prisioneros exhaustos, sucios y desorganizados que llegaban no era algo —le comentó a Wirths— que se pudiera dejar a los ojos inexpertos de guardias SS ordinarios. Esta era una razón más, pensó Wirths, por la que la vigilancia médica de las selecciones era fundamental.

A todos los médicos del campo, incluso a Wirths, se les encomendaba llevar a cabo las selecciones en turnos de 24 horas. Dos médicos recibían a los trenes que llegaban. No a todos les gustaban sus nuevas tareas. Algunos, Hans Köning y Werner Röhde, por ejemplo, se emborrachaban. Capesius más tarde observó que el notablemente sádico doctor Fritz Klein «casi siempre estaba borracho». Otro más, Hans Münch, se negó a cumplir con el encargo, por lo que fue degradado y asignado la mayor parte del tiempo al campo de Farben, Monowitz, donde procesaba muestras de sangre. El doctor Johann Paul Kremer llevó un diario durante su encargo de varios meses en Auschwitz. Escribió que el campo hacía que «el Infierno de Dante fuera casi una comedia», y observó que los «hombres compiten para tomar parte en tales selecciones [porque] obtienen raciones adicionales —la quinta parte de un litro de vodka, cinco cigarros, 100 gramos de salchicha y pan—».[3]

La mayoría de los médicos no necesitaba un incentivo adicional; para algunos era simplemente su deber. Pero unos cuantos disfrutaban «las medidas especiales». Nadie más que Mengele, que incluso se proponía como voluntario para turnos extras. Fue en las vías del tren donde se convirtió en el nazi que decenas de miles de prisioneros que llegaban vieron primero. La imagen de ese oficial SS vestido impecablemente, a veces silbando una aria de ópera, que llevaba una lustrada fusta con la cual dirigía a los prisioneros a la izquierda y a la derecha, se convirtió en un recuerdo indeleble para muchos de los sobrevivientes de los campos.[4]

A la larga, cerca de 5,000 gemelos, muchos de ellos niños, pasaron por lo que los presos llamaban el *zoológico* de Mengele: la Barraca 14 del Campo F. Allí llevó a cabo algunos de los más espeluznantes experimentos durante la guerra. Mengele tenía, al igual que los otros médicos SS, un abasto virtualmente ilimitado de «ratas de laboratorio» humanas. Su intención era usarlas para descubrir el secreto del nacimiento de gemelos para que cualquier buena madre aria pudiera tener dos hijos, con lo que se sustituiría más rápidamente a los muertos en la guerra. También le interesaba alterar a las «razas inferiores», en su afán de que los gitanos y los judíos se vieran más arios. Mengele se enfrascaba en cualquier teoría médica que despertara su interés, sin importarle lo poco convincente que fuera la ciencia, o lo cruel o mortal del procedimiento.

En una ocasión una presa, Vera Kriegel, fue conducida a un cuarto donde se encontraba uno de los laboratorios de Mengele. Se quedó impresionada al ver un muro totalmente cubierto con globos oculares. Más tarde recordaría: «Estaban prendidos con un alfiler como mariposas. Pensé que había muerto y que estaba en el infierno». Mengele enviaba esos ojos a su maestro, Von Verschuer, para que uno de los investigadores del profesor en Berlín pudiera terminar un trabajo acerca de si la pigmentación era un marcador biológico útil.

Por entonces, en su primer día, Capesius no tenía idea de que su empleador de preguerra, Farben/Bayer, había financiado muchos de los experimentos médicos del campo. Tampoco sabía que Farben también se beneficiaba del uso pionero en Auschwitz del Zyklon B, un pesticida a base de cianuro empleado por sus efectos mortales en sus cámaras de gas. Muchas décadas antes de que alguien hubiera escuchado el nombre de Auschwitz, Farben había adquirido el control de la patente de Zyklon B. Bayer era la responsable principal de su venta y distribución.[5] Se empleó originalmente en Auschwitz para fumigar las barracas y las ropas de los prisioneros. Pero, unos 18 meses antes de que Capesius se reportara en el campo, cumplió un papel más importante y mortífero, cuando altos oficiales SS y los jefes de los ministerios del Reich se reunieron en una conferencia en Wannsee, un suburbio de Berlín. Ahí planearon cómo coordinar la «Solución Final de la Cuestión Judía». Los nazis habían abandonado todos los planes de expulsión y reubicación de los judíos europeos. El jefe de las SS, Himmler, convocó al comandante del campo a Berlín y le informó que el *Führer* había dado la orden del exterminio total.[6] Poco después de la Conferencia de Wannsee, Hitler dio una de sus más infames arengas sobre el destino de los judíos europeos. En un discurso enloquecido prometió: «¡Los judíos serán exterminados por lo menos durante mil años!».[7]

Para ese momento, más de un millón de judíos habían sido asesinados por los pelotones de fusilamiento ambulantes (*Einsatzgruppen*), principalmente en Polonia, Ucrania y Rusia. En septiembre de 1941, en el campo de Chelmno, al noroeste de Varsovia, los judíos fueron gaseados con monóxido de carbono suministrado en camionetas construidas ex profeso. En los primeros campos en Polonia, como Treblinka, Belzec y Sobibor, los nazis empleaban en la mayor parte monóxido de carbono, que generalmente bombeaban en cuartos sellados por medio de motores de diésel. Pero en Auschwitz la tecnología del asesinato en masa había evolucionado. Después de muchos experimentos, Höss y su personal se decidieron por el Zyklon B. Sus económicos gránulos gris azulado se transformaban en un gas mortal cuando se exponían al aire. La primera cámara de gas totalmente funcional empezó a operar en Auschwitz en marzo de 1942, solo un mes después de que Hitler hubiera prometido liquidar a todos los judíos del continente europeo.

Las patentes de la fórmula química del Zyklon B eran propiedad de una compañía alemana, Degesch (Deutsche Gesellschaft für Schädlingsbekämpfung, Corporación Alemana para el Control de Plagas). Farben poseía 42.5% de Degesch y tenía el control de su consejo directivo. El director de Degesch durante la guerra era un director de Farben.[8] La compañía tenía también una patente distinta sobre un irritante de ojos que se añadía al Zyklon B, una manera de advertir a las personas de la presencia del gas, que de otra manera sería incoloro y venenoso.

Kurt Gerstein, el jefe SS de su División Técnica de Desinfección, insistió a Degesch que eliminara el irritante de advertencia de todo el Zyklon B que se vendía a las SS. Cuando los ejecutivos de Degesch se resistieron, temerosos de abrirse ellos mismos a la competencia genérica, Gerstein les comunicó los macabros detalles de cómo su producto se empleaba como el agente exterminador preferido. Era necesario, les informó, eliminar el irritante de manera que aquellos a punto de ser gaseados no tuvieran ninguna advertencia de último minuto que pudiera provocar un pánico masivo. En lugar de horrorizarse de que las SS querían su insecticida para asesinar a más de varios millones de personas, los ejecutivos de Degesch convinieron en eliminar el irritante de advertencia y elevaron su producción a niveles récord. (Fue aproximadamente en la época de los primeros grandes pedidos de las SS de Zyklon B, cuando Gerstein, acosado por las macabras imágenes de un fallido intento de gasear a 800 judíos con monóxido de carbono, confesó a un obispo alemán los detalles del asesinato masivo nazi que estaba en marcha en Europa del Este. Fue la primera vez que un oficial de alto rango de las SS confirmaba la Solución Final. La confesión de Gerstein se envió al Vaticano en una valija diplomática sellada y se mantuvo en secreto durante la guerra).[9]

A principios de 1942, como resultado de los inmensos pedidos de las SS, las ganancias de Degesch por el Zyklon B se dispararon. Solo Auschwitz ordenó unas impactantes 23 toneladas del insecticida. Para 1943, el Zyklon B representaba un notable 70% de las utilidades de Degesch.

En su primer día en Auschwitz, Capesius todavía estaba por conocer la arraigada utilización del Zyklon B. Wirths le dio solo un panorama superficial del campo. La introducción a su papel médico se lo dejó al doctor Adolf Krömer en el dispensario. Ese era el lugar al que Capesius llamaría hogar durante el resto de la guerra.

No le llevó mucho tiempo a Capesius determinar que el problema de su nuevo jefe era mucho más que una leve depresión. De hecho, Krömer parecía estar al borde de un colapso mental. A pesar de que algunos médicos, incluyendo a Wirths y Mengele, florecían en Auschwitz, algunos se sentían desbordados por la barbarie sin fin. Evidentemente Krömer era uno de esos. Un farmacéutico preso, Jan Sikorski, confió a Capesius que Krömer había dicho: «La guerra ya no puede ganarse».[10] Capesius se rehusaba a creer que Krömer fuera tan tonto de decirle a un prisionero algo tan imprudente, por lo que confrontó a Krömer.

—Sí, fui yo —admitió este.

Capesius pronto descubrió que Krömer hablaba muy a la ligera con muchos de los presos que trabajaban en el dispensario. «Se te saldrán los ojos de las órbitas, esto es Sodoma y Gomorra», le advirtió Krömer a Capesius. «El infierno en el inframundo no es nada comparado con esto».[11]

Capesius llevaba en Auschwitz menos de dos meses cuando Krömer fue arrestado, juzgado sumariamente y ejecutado por «propagar el derrotismo». En un recuento de posguerra, Capesius hizo una descripción banal de los convulsos acontecimientos: «Fui destacado en Auschwitz por el *Sturmbannführer* Lolling, puesto que el farmacéutico del dispensario SS en ese lugar, el doctor Krömer, se había enfermado... Me reporté con el doctor de la guarnición, el doctor Wirths, en Auschwitz. El doctor Krömer me recibió en el dispensario. Después, él se fue a la enfermería y murió el 18 de febrero de 1944. Se me nombró su sucesor». (En 2010, durante la renovación de una casa privada cerca de Auschwitz, se descubrió un escondite con documentos originales del campo. Entre ellos se encontraba el certificado de defunción de Krömer. Las SS, para no revelar que habían tenido que ejecutar a uno de sus superiores, inocuamente anotaron como causa de muerte un «ataque cardiaco»).[12]

Capesius estaba orgulloso de su ascenso como farmacéutico en jefe. Después de la guerra pudo afirmar que «las horribles cosas» que vio en el campo eran «tan deprimentes que te hacían sentir ganas de vomitar. Sentías como si fueras a hacerlo en cualquier momento. Al principio. Después te acostumbrabas».[13] Pero nunca titubeó o mostró algún malestar a sus colegas. De hecho, estos admitieron que Capesius parecía estar libre de las dudas y cargos de conciencia que habían abrumado a su predecesor. Estaba decidido a sacar el máximo provecho de sus servicios en el mayor campo nazi de la muerte.

Capítulo 6
El dispensario

El alojamiento de Capesius se encontraba en una barraca de madera cerca del comedor de oficiales. Compartía ese espacio con la mayoría de los médicos, incluyendo a Josef Mengele y Fritz Klein, con el que entabló una temprana amistad. El lugar de trabajo de Capesius era el dispensario del Bloque 9 del campo de Auschwitz original, parte de una red autónoma de hospitales y clínicas de las SS. La primera enfermería se construyó en 1940. Desde entonces el grupo médico había añadido pabellones para prisioneros, consultorios y clínicas ambulatorias para los SS, consultorio dental, así como una farmacia. El hospital, apodado por los presos «la antesala del crematorio», había iniciado como una enorme sala.[1] Para la época en la que llegó Capesius, ocupaba cuatro bloques de edificios, incluyendo uno reservado solo para experimentos médicos.[2]

«El dispensario SS se localizaba en un edificio de ladrillo afuera del campo principal de Auschwitz», recordaba Capesius después de la guerra. «El edificio tenía una planta baja, un segundo piso y una buhardilla. El dispensario estaba en la planta baja, donde también había una habitación en la cual se seleccionaban los medicamentos y equipos que llegaban a la rampa en Birkenau. A veces había también instrumental médico. Esos artículos estaban destinados exclusivamente a los prisioneros. Esta tarea era mi responsabilidad, pero el trabajo real era efectuado por el farmacéutico preso polaco llamado [Jan] Sikorski».[3] Sikorski, un antiguo prisionero, había llegado en junio de 1941.[4]

Capesius trabajaba en una espaciosa oficina en la planta baja. Era espartana: tres mesas de metal sin recubrimiento, unas cuantas sillas, algunos archiveros y cajas de almacenamiento apilados a lo largo de la pared. Compartía la habitación con el contador del dispensario. Una oficina contigua era ocupada por los asistentes farmacéuticos presos. Un tercer cuarto en la parte posterior estaba destinado al médico de la guarnición y a los dentistas del campo. Una pequeña enfermería en el segundo piso tenía seis camas para pacientes SS. Y en el último piso, una buhardilla inclinada, se almacenaban las medicinas y los artículos personales sustraídos a los prisioneros recién llegados.[5]

«Mi labor como *Apotheker* [farmacéutico]», recordaba Capesius, «era ordenar los suministros médicos que se requerían para el personal SS y los prisioneros a la estación médica central en Berlín, con esto quiero decir a la estación central de las Waffen-SS. También tenía que solicitar dotaciones para el campo principal de Auschwitz y los demás campos auxiliares, incluyendo Birkenau y Monowitz».[6]

Capesius guardaba los medicamentos que ordenaba en el sótano. También ahí se almacenaban miles de latas del pesticida DDT, enviadas por la Cruz Roja para despiojar. El sótano tenía regaderas separadas y casilleros, así como una peluquería, disponibles solo para el cuerpo médico de las SS.

«Había cerca de 12 prisioneros que trabajaban para mí en el dispensario SS», recordaba Capesius. «Con excepción del contador, todos los prisioneros eran farmacéuticos de varios tipos».

Sikorski, el asistente principal de Capesius, supervisaba al resto de los farmacéuticos presos. «Yo era una especie de *Oberhäftling*, un prisionero supervisor», rememoró más tarde Sikorski. «El comando era muy pequeño para un *kapo* (un prisionero capataz). Algunas veces me llamaban así, *kapo*».

La oficina albergaba a prisioneros de toda Europa, lo que el escritor alemán Bernd Naumann llamó «un abigarrado elenco reunido por el destino en el escenario de la muerte de Auschwitz».[7]

«Aparte de mí, trabajaba un judío alemán de Silesia llamado Strauch», evocaba Sikorski. «Había sido compañero de escuela del farmacéutico Krömer antes de la guerra. Había también un contador llamado Berliner, un hombre viejo; dos mujeres de Hungría

—de las cuales solo conocía su primer nombre, Piroska y Eva—; un fornido y bien parecido farmacéutico de Transilvania, Grosz, también judío; un griego, de nombre Aaron. Y otro húngaro, un hombre grande y gordo, Altmann, que creo era comerciante de vinos. Había dos farmacéuticos más de Polonia, Prokop y Jozef Gorzkowski, de Cracovia, y otros dos, Szewczyk y Swiderski. También estaba un joven y pequeño asistente, Sulikowski. Era colega de mi hermano, por eso lo conocía.

»La gente hablaba en polaco, ruso, húngaro, pero también en alemán y yidis, así como en el lenguaje especial de los prisioneros, el llamado *lagerszpracha** de Auschwitz... Nuestro farmacéutico Capesius, el jefe, actuaba como si no escuchara cuando sus prisioneros hablaban en *lagerszpracha*».[8] Además de llamarlo *jefe*, a sus espaldas los prisioneros lo apodaban el 1.75, Capesius *Mopsel* de 90 kilos (cara de perro pug o rechoncho).[9]

En la burocracia nazi, Sikorski no reportaba directamente a Capesius, sino a varios oficiales SS que también eran farmacéuticos y compartían la oficina contigua. Uno era el sargento Kurt Jurasek; otro, el primer teniente Gerhard Gerber, y el tercero, Boleslaw Frymark.

El dispensario tenía la responsabilidad de dar servicio a todo el vasto complejo de Auschwitz. A pesar de que Monowitz tenía una farmacia independiente, mensualmente ordenaba medicinas y abastecimientos a Capesius. Si algún producto se agotaba, una farmacia especializada en la calle Jósefińska, en Cracovia, surtía las provisiones temporalmente.

Capesius se enfocó primero en tener medicinas suficientes para los SS. Sin embargo, en el extravagante mundo de Auschwitz, los prisioneros que habían sido indultados en las vías del tren y asignados a las cuadrillas de trabajadores o usados como conejillos de Indias en los experimentos médicos eran supuestamente tratados mientras los SS los querían mantener con vida. No obstante, dada la limitación en los suministros médicos durante la guerra, sobraban muy pocos medicamentos para los prisioneros. Ludwig Wörl, un enfermero alemán preso, acusó a Capesius de que

* Que podría traducirse en español como «jerga del campo» *(N. de la T.)*.

deliberadamente se rehusaba a reservar *ninguno* de sus suministros médicos para los prisioneros enfermos. Por esa razón, «tenía muchos miles de muertos en su conciencia».[10]

Ya sea que negarle medicinas a los presos fuera una estrategia sádica o el simple resultado de darle prioridad al personal SS, lo que es innegable es que muchos prisioneros que no fueron gaseados inmediatamente murieron de enfermedades que se podían tratar. Los medicamentos que hubieran podido prolongar sus vidas nunca salieron de la farmacia de Capesius.

Poco después de convertirse en el farmacéutico en jefe, Capesius decidió hacer un inventario completo del dispensario, puesto que «no fue puesto bajo mi cargo de una manera ordenada».[11] Eso revelaba una importante escasez de medicamentos.

«Hasta esa fecha, las medicinas y los instrumentos eran robados en "Canadá"», manifestó Sikorski, refiriéndose al apodo que daban a las grandes bodegas de Birkenau, donde se almacenaban las pertenencias de los judíos recién llegados. Los prisioneros polacos consideraban «Canadá» una lejana tierra de riquezas. «El dispensario recibía solo lo peor. Por esa razón, el doctor Capesius fue a la oficina del comandante y obtuvo permiso oficial para recoger las maletas él mismo».[12]

De esta manera, varias veces a la semana el chofer de Capesius lo llevaba, junto con dos presos asistentes, a la rampa de la estación del ferrocarril en Birkenau. Capesius describió lo que vio: «El aparato de exterminio trabajaba satisfactoriamente. El funcionamiento de los transportes se preparaba con cuidado. Los comandantes del campo eran notificados de la llegada de un transporte por medio de telegramas y mensajes de radio, y ellos a su vez giraban instrucciones a los dirigentes de los campos de detención, el Departamento Político, la oficina del médico SS de la guarnición, la unidad de conductores de camiones, el destacamento de la guardia y la oficina de despliegue de trabajo. Cada una de estas unidades involucradas en el "manejo" de un transporte tenía un registro de su operación en "acciones especiales" en la rampa de descarga».[13]

Para el momento en el que Capesius llegaba a la rampa, miles de prisioneros habían sido sacados a jalones de los trenes. A cada uno se le había permitido llevar 50 kilos de pertenencias para el viaje, la mayor parte sus posesiones más preciadas, envueltas en bolsas de tela. Todos esos artículos personales se apilaban en un enorme espacio abierto que corría a lo largo de la orilla de la vía. La labor de Capesius era buscar instrumentos que pertenecieran a médicos, dentistas o farmacéuticos, así como medicinas, en particular polvo sulfamídico para las heridas y yodo, que escaseaban. Un guardia de seguridad SS generalmente llevaba a cabo la búsqueda bajo la dirección de Capesius. Puesto que esos bienes pertenecían a prisioneros recién llegados, muchos de los cuales serían gaseados de inmediato, no se hacía un inventario.[14]

Capesius mencionó que a veces encontraba medicamentos suficientes como para «abastecer una farmacia».[15] Se llevaba todo al dispensario. «Ahí hacíamos una selección previa y almacenábamos el equipaje de los médicos y farmacéuticos que llegaban en los transportes de judíos... Yo vaciaba el contenido de cualquier envase que tuviera un código o una etiqueta ilegible en una tina de zinc. Todo lo que estuviera en su envase original, o cuyos efectos farmacológicos fueran especialmente poderosos, o de los cuales yo no estuviera totalmente seguro, lo conservaba en un gran cajón blanco en el sótano. Dicho cajón estaba asegurado con dos llaves».[16]

Pero los medicamentos de los prisioneros recién llegados no eran todo lo que Capesius guardaba en su dispensario. El fenol, empleado por algunos médicos SS para matar a los prisioneros, también se almacenaba ahí. Sikorski recordó más tarde que Capesius, que firmaba todas las requisiciones, solamente era responsable de las órdenes procedentes de Berlín de *phenol pro injectione* (fenol para inyección).[17] Ludwig Wörl, el enfermero preso, calculó que cerca de 20,000 reclusos fueron asesinados por medio de inyecciones de fenol en el corazón. En esos casos, los médicos querían extraer muestras de órganos de cadáveres que no habían sido dañados. Muchas de las inyecciones eran administradas por un médico, el sargento Josef Klehr (después de la guerra, Klehr alegó que era «el calumniado más grande del que se hubiera tenido noticia» y que solo había matado —«claro que obedeciendo órdenes»— de 250 a 300 prisioneros con inyecciones de fenol).[18]

Pero había un producto aún más letal en el dispensario bajo el control de Capesius. Un día llegó una caja procedente de Berlín. Al abrirla, Sikorski observó que estaba atiborrada de abrelatas con filosos dientes de metal.[19] Pronto supo que se habían diseñado para facilitar la apertura de las latas de Zyklon B y minimizar el riesgo de que los venenosos gránulos se desparramaran.

No mucho después de que llegaron los abrelatas, un grupo de oficiales SS se apareció en el dispensario con un cargamento de cajas de cartón selladas, procedentes de Berlín. Estas contenían docenas de latas de 500 gramos de Zyklon B. Capesius, que para ese momento estaba completamente consciente de cómo se empleaba el Zyklon B en Auschwitz, le comentó a Sikorski que «no quería tener nada que ver con él».[20] La indecisión de Capesius no se debía a que rechazara el veneno y su mortal utilización, sino más bien porque no deseaba asumir la responsabilidad de ese inventario letal. Manejar los requerimientos de la farmacia del campo lo había presionado al límite. Hubiera preferido devolverla a la administración central, pero eso era imposible. En cambio, docenas de cajas de cartón que contenían el insecticida venenoso se colocaron en unas alacenas amarillas en un búnker cerrado —que antes había servido como uno de los crematorios de Auschwitz—, justo enfrente del dispensario.[21] De acuerdo con Capesius, otros artículos que se guardaban ahí incluían «petróleo, criolina, ácido carbólico, cloruro de calcio y posiblemente otros líquidos en botellas de mimbre».[22]

Las llaves de acceso al búnker estaban bajo la responsabilidad de Capesius, resguardadas en un cajón de su escritorio, junto con las llaves de todos los cuartos del dispensario. Cuando alguno de los SS quería entrar a esos espacios, el protocolo exigía que firmara la salida de las llaves de manos de Capesius.[23] A pesar de que Capesius más tarde negó haber tenido algún papel en la administración del Zyklon B, varios testigos los unen a él y al pesticida: de acuerdo con el doctor Fejkiel Wladyslaw, de los primeros prisioneros de 1940, «el farmacéutico del campo estaba a cargo del gas venenoso».[24] El enfermero Ludwig Wörl confirmó que Capesius era responsable del «almacenaje, distribución y aplicación» del Zyklon B.[25] El farmacéutico Szewczyk vio unas latas de Zyklon B en el sótano del dispensario. Los oficiales SS Kurt Jurasek y Tadeusz Dobrzanski le dijeron que Capesius les había dado la orden de recoger las latas venenosas y llevarlas a las cámaras de gas.[26]

Peor aún, de acuerdo con el relato de Fritz Peter Strauch, un farmacéutico judío prisionero que era uno de los asistentes de Capesius de mayor confianza, el Zyklon B que Capesius almacenaba no tenía elementos disuasivos ni etiquetas de advertencia. Era el lote fabricado por Degesch solo para gasear humanos.[27]

Pero Capesius era más que solo el guardián de las llaves del almacén del veneno. Otros testigos lo vieron desempeñar un papel mucho más directo en la maquinaria asesina, al transportar personalmente el mortal pesticida a las cámaras de gas. Zdzislaw Mikolajski, un prisionero político polaco, una vez vio a Capesius y a los dentistas SS, los doctores Frank y Schatz, cargar cajas de Zyklon B en una ambulancia y empacar sus propias máscaras antigás, antes de dirigirse a Birkenau y a las cámaras de gas.[28]

El relato de Mikolajski fue corroborado por otros dos testigos. Por una ironía del destino, uno era Roland Albert, el amigo de la infancia de Capesius. Albert también había sido destacado en Auschwitz y era el teniente SS encargado de una unidad de guardia. Una vez fue testigo de un incidente cuando un camión con el símbolo de la Cruz Roja estaba estacionado cerca de las cámaras de gas.

«El doctor Capesius y el sargento mayor Josef Klehr salen», recordó Albert. «Klehr tiene cuatro pequeñas latas verdes en la mano. Ambos cruzan la verde franja de pasto hacia la cámara de gas, se suben al techo, se colocan sus máscaras, y entonces Klehr levanta la trampilla, pero solo después de que Capesius le ordena hacerlo, porque tiene que ser un médico SS el que da las órdenes de muerte. Klehr rompe el sello de la lata y agita el contenido, una masa grumosa de color violeta, en la abertura: el Zyklon B».[29]

En otra ocasión, Dov Paisikovic, asignado al *Sonderkommando*, también vio a Capesius llegar al crematorio en un camión de la Cruz Roja. Cuando se dirigía a la cámara de gas, el cabo SS, Karl-Fritz Steinberg, con una máscara antigás colgando de su mano, le preguntó:

—¿Dónde está la lata? ¿Dónde está el Zyklon B?

—Solo traje una —respondió Capesius.

Steinberg empezó a gritarle, que llevara otra rápidamente.

«La gente estaba en la cámara de gas y aún no había sido gaseada», recordó Paisikovic.

Cualquier retraso en gasear a esos judíos alteraba el programa diario de asesinatos minuciosamente planeado. Capesius le ordenó a su chofer que fuera apresuradamente por otra lata a la farmacia. Cuando la segunda lata llegó, Steinberg esperó a que Capesius diera la orden antes de dejar caer los granos.

Cada crematorio tenía integrada una cámara de gas. En los Crematorios I y II, el Zyklon se vertía en tubos que desembocaban en la cámara sellada, en tanto que en los Crematorios III y IV, los SS tenían que subir una escalera y verter los gránulos a través de una pequeña ventana. Cuando a Paisikovic se le preguntó después de la guerra «¿Con qué frecuencia vio a Capesius en el crematorio?», no titubeó en responder: «Muchas veces».[30]

A pesar de que siempre negó su participación en las cámaras de gas o en los crematorios, en sus notas de posguerra Capesius reveló un conocimiento de ellos exhaustivo y carente de toda emoción.

«De acuerdo con su diseño técnico, los crematorios tenían la capacidad de incinerar 4,756 cuerpos al día. Pero esto realmente solo era una cifra teórica, que incluía tiempo de mantenimiento y limpieza de los hornos. De hecho, hasta 5,000 cuerpos se incineraron al día en los Crematorios II y III, y hasta 3,000 en los Crematorios IV y V. La capacidad de las piras al lado de los búnkeres era ilimitada. En el verano de 1944, durante las deportaciones de los judíos húngaros, las SS se hicieron cargo otra vez de la operación del Búnker II. En este periodo, hasta 24,000 personas podían ser asesinadas e incineradas diariamente. Las cenizas de los muertos se empleaban como fertilizantes en los campos, como relleno de tierras pantanosas, o simplemente eran arrojadas en los ríos y arroyos cercanos, en su mayoría en el vecino río Sola».[31]

Después de la guerra, Wilhelm Prokop describió cómo una vez escuchó a su jefe hablar sobre la posibilidad de emplear cantidades más pequeñas de gas venenoso para matar a los judíos.[32] En una ocasión, Capesius entró al búnker donde se guardaba el Zyklon B, acompañado de los sargentos Josef Klehr y Kurt Jurasek. Klehr era el primer oficial SS en Auschwitz a cargo del eufemísticamente llamado Comando de Desinfección. Corriendo un riesgo considerable, Prokop se paró afuera de una puerta ligeramente entreabierta. Capesius le ordenó a Klehr disponerse a recibir «muchas latas [de Zyklon B]». Se necesitaban, dijo Capesius, ya que «una gran operación» estaba planeada para ese día. Las existencias de Zyklon B eran constantemente monitoreadas para evitar que escasearan en el campo. Para aprovechar al máximo el inventario existente del veneno y reducir gastos —ya que cada lata costaba 5 *Reichsmarks* (alrededor de 2 dólares)—, las SS habían empezado a experimentar con emplear menos durante los gaseos. En lugar de las 20 latas que se requerían para matar hasta 2,000 prisioneros, las SS disminuyeron la cantidad a 15. A nadie le molestó que esto prolongara unos espeluznantes 20 minutos la agonía de algunos.

Un día que Capesius se topó con el doctor Miklós Nyiszli, un médico rumano preso que trabajaba para el doctor Mengele, supo en qué momento los nazis se dieron cuenta de que habían disminuido demasiado el Zyklon.[33]

«Klehr, que estaba al frente del comando que gaseaba, irrumpió agitadamente en el cuarto de Nyiszli», relató más tarde Capesius, «y le dijo que una adolescente había sido encontrada aún con vida bajo una montaña de cuerpos en la cámara de gas, que todavía se movía. Nyiszli entró corriendo a la cámara con su maletín y, ahí, junto al muro —todavía semicubierto de cuerpos— yacía la muchacha, desnuda como todos, pero maravillosamente hermosa, como un ángel que exhalaba su último aliento».[34]

Nyiszli rememoró los dramáticos minutos siguientes: «La liberamos de debajo de los cadáveres. Llevé el ligero cuerpo de la jovencita al cuarto de al lado [de la cámara de gas] donde los hombres del comando se cambiaban. La deposité en una de las bancas. Debe haber tenido cerca de 15 años. Tomé una jeringa y le apliqué a la jadeante muchacha tres inyecciones, instantáneamente, una después de la otra. Los hombres cubrieron su helado cuerpo con sus gruesos abrigos. Todo mundo quería ayudar, como si estuvieran luchando por la vida de su propia hija».[35]

Cuando los nazis descubrieron a Nyiszli tratando de reanimar a la muchacha, temieron que, si contaba a los demás «todo lo que había experimentado, dónde había ocurrido y lo que había visto, las noticias se esparcirían instantáneamente en todo el campo».[36]

Concluyeron que era un riesgo muy grande. «La chica fue conducida», refiere Nyiszli, «o más bien transportada, a la antecámara, donde fue asesinada con una bala detrás de la cabeza».[37]

Con el tiempo, en los últimos días de Auschwitz, dado que las reservas de Zyklon B habían disminuido, un testigo recordaba que el comandante Rudolf Höss ordenó que ya no se gaseara a los niños, sino que «debían ser quemados hasta la muerte [vivos] en hogueras alimentadas por los cuerpos sacados de las cámaras de gas y rociados con gasolina».[38] El campo de I.G. Farben en Monowitz tuvo que aumentar su producción de metanol para poder quemar todos los cuerpos.[39]

Prokop recordaba: «Fue más tarde cuando escuché que había sido una operación tan grande que, debido a la falta de espacio en los hornos de incineración, los cuerpos de las víctimas gaseadas fueron incinerados en zanjas y piras. La quema de tantos cuerpos al aire libre provocó un desagradable olor dulzón que impregnó toda el área. Entonces trataron de encontrar la manera de neutralizarlo. A Jurasek, también farmacéutico, se le eligió para tratar de resolver el problema. Sospecho que lo hizo por órdenes de Capesius. Jurasek me preguntó, puesto que yo era farmacéutico, qué naftalina [un pesticida] se empleaba para el efecto. Le expliqué que esta era una sustancia que podía neutralizar olores desagradables tanto en interiores como exteriores».[40]

Capesius era insensible cuando tenía que resolver encargos como «neutralizar el olor» de los cuerpos en combustión. Para él se trataba solo de un problema técnico. A Prokop no le sorprendía que su jefe no parecía flaquear cuando hablaban de cómo enmascarar mejor el olor a muerte. «Lo veía como un hombre para quien un prisionero no era más que una cifra, cuya única finalidad era la extinción».[41]

CAPÍTULO 7
«Conocer al demonio»

Un día, a principios de 1944, el médico SS Werner Röhde entró a la oficina de Capesius. Lo acompañaban el doctor Bruno Weber y cuatro desnutridos prisioneros que habían sacado del hospital. Röhde le dijo a Capesius que se le había asignado la tarea de contaminar café o té, con objeto de dejar inconsciente a un agente británico que la inteligencia alemana había identificado y planeaba secuestrar. Röhde necesitaba morfina y Evipan, un barbitúrico hipnótico de acción rápida. Él sabía que ambas drogas podían ser fatales, ya que provocaban un rápido descenso de la presión sanguínea. De hecho, otra médica de Auschwitz, la doctora Herta Oberhauser, frecuentemente empleaba inyecciones de Evipan para matar a niños en su laboratorio antes de extraerles los órganos o los miembros para enviarlos a un centro de pruebas genéticas en Berlín. (Cuando Oberhauser fue más tarde transferida al campo de Ravensbrück, se especializó en simular heridas de combate en los presos usando vidrio, clavos y desarmadores para causar las laceraciones. Vergonzosamente solo cumplió una sentencia de siete años después de la guerra antes de abrir un consultorio médico en Alemania).

Rhöde quería estar seguro de que no se corría el riesgo de matar al agente británico. Capesius despachó la morfina y el Evipan. Después de que a los cuatro presos se les administraran grandes dosis, Röhde más tarde informó: «Tuvieron una muerte agradable».[1]

A Capesius no le afectó cuando supo que los prisioneros habían muerto de lo que los archivos de las SS registraban como «ataques cardiacos».[2] Parecía ser indiferente respecto a su papel, puesto que se consideraba a sí mismo solo un farmacéutico que proporcionaba las drogas fatales, no el médico que mataba. Había aprendido que en Auschwitz los medicamentos se empleaban en formas que nunca hubiera podido imaginar cuando era vendedor de Bayer. También había adoptado por completo el punto de vista de sus amigos médicos SS de que los experimentos del campo eran «un asunto realmente importante y, como no había ningún otro lugar donde se pudiera realizar investigación de ese modo, no había problema».[3]

El lado despiadado de Capesius contrasta con la forma en la que unos cuantos lo describieron cuando recién llegó a Auschwitz. Roland Albert, su buen amigo, dijo que al farmacéutico «le gustaba la gente, era amable… era la bondad misma».[4] Jan Sikorski, su asistente preso, recordó que «tenía una buena reputación entre los prisioneros. De hecho, así era».[5] Pero, después de que Capesius estuvo en Auschwitz durante solo unos meses, ya no hubo buenos reportes sobre él. Se había «acostumbrado», como admitió más tarde, y también había hecho el compromiso intelectual de justificar su labor.

La evidencia más dramática de su declive moral fue su participación en las selecciones que decidían cuáles de los prisioneros que llegaban vivirían o morirían. A fines de la primavera de 1944, el doctor Wirths llamó a Capesius a su oficina para informarle que, desde ese momento, una de sus responsabilidades sería asistir a las selecciones en la estación de ferrocarril. Auschwitz se estaba preparando para lo que pronto sería su época más atareada, con las deportaciones masivas de judíos de Hungría y Transilvania. El grado farmacológico de Capesius era suficiente como entrenamiento médico. De hecho, Wirths también había puesto al asistente farmacéutico SS de Capesius, Gerhard Gerber, y a los dos dentistas del campo, los doctores Frank y Schatz, en la labor de selección.[6] Wirths le informó que, ocasionalmente, incluso oficiales SS que no eran médicos debían ayudar.

En algunas ocasiones anteriores, Capesius había llevado a cabo selecciones, incluyendo un transporte de 5,007 judíos en el mes de marzo, del gueto de Theresienstadt en Checoslovaquia. Solo 14 sobrevivieron.[7] Erich Kulka, un judío checo asignado como cerrajero en el equipo de mantenimiento de Birkenau, fue testigo de la llegada de muchos trenes y señaló a Capesius como uno de los oficiales SS que llevaron a cabo las selecciones de Theresienstadt.[8] Capesius, que ya había tratado de eludir la responsabilidad de vigilar el Zyklon B, no estaba contento de que este nuevo encargo lo hiciera una parte más responsable de la maquinaria de muerte del campo. Su objeción no era de orden moral; sencillamente no quería la responsabilidad extra. Sin embargo, quedaba absolutamente claro que Wirths de ninguna manera haría una excepción. Un par de semanas posteriores a la orden, Capesius ya no se trasladaba a la estación solo para recoger las pertenencias de las víctimas, sino que ocupaba su lugar junto con otros médicos, incluyendo a los doctores Mengele y Klein.[9]

Una vez que los transportes repletos de húngaros y rumanos empezaron a llegar esa primavera, un acontecimiento extraordinario tuvo lugar en la estación de trenes de Auschwitz. Muchos de los nuevos presos estaban sobrecogidos al reconocer a Capesius en la rampa. Ello se debía a que habían hecho negocios con él antes de la guerra, cuando era el agente rumano de Farben/Bayer. Estos testimonios presenciales son muy importantes porque después de la guerra, Capesius, increíblemente, negó haber llevado a cabo una sola selección.[10]

Ese fue el caso de los doctores rumanos Mauritius Berner y Gisela Böhm. Berner estaba con su esposa y tres hijas, y Böhm con su hija, Ella, quien de niña había llamado a Capesius su «tío farmacéutico». Lo mismo ocurrió con Paul Pajor, nacido en Klausenburg, un farmacéutico judío que llegó a Auschwitz un domingo en la primavera de 1944.[11] «Cuando llegué al frente [de la fila], vi a un oficial que señalaba a la gente a la izquierda y la derecha... Este oficial era el doctor Victor Capesius. Lo conocí antes de 1940. En esa época era el principal representante de ventas de Bayer y nos visitaba con frecuencia. Fue a mi farmacia varias veces, siempre era agradable, platicaba conmigo mientras su chofer colocaba los exhibidores con los productos de Bayer. A veces decía: "Le voy a dejar papel para envolver de Bayer para que no tenga que preocuparse por eso", y así por el estilo. Me parecía increíble que fuera él».

Capesius lo miró un momento y le preguntó:

—¿No es usted farmacéutico?

—Sí, soy farmacéutico —respondió Pajor.

—¿No tiene una farmacia en Oradea?

—Sí.

Capesius indicó con la mano a Pajor que se moviera a la derecha. Pajor no tenía idea de que en ese breve encuentro Capesius le había salvado la vida con un simple movimiento de su mano.[12]

Tener poder sobre la vida y la muerte en la estación pudo haber sido algo que Capesius en un principio deseó evitar. Pero controlar quién viviría y quién moriría pronto se convirtió en algo embriagador. En Auschwitz, la decisión estándar era enviar a la mayoría de los prisioneros a la muerte. Sin embargo, el verdadero poder era la posibilidad de algunas veces jugar a ser Dios: salvar una vida, incluso si ello era una tregua temporal y brutal de la cámara de gas.

Adrienne Krausz atestiguó de primera mano la manera arbitraria en la que Capesius elegía quién iba a vivir o a morir. Ella llegó en junio de 1944 con sus padres y hermana. Sus padres, médicos, habían conocido a Capesius por su trabajo en Bayer.

«Cuando mi madre vio al oficial que llevaba a cabo el proceso de selección, dijo: "Bueno, es el doctor Capesius de Klausenburg el que está ahí".

»Creo que él también reconoció a mi madre porque la saludó con la mano. Mi madre y mi hermana fueron enviadas a la izquierda por él, a la cámara de gas, pero yo fui a la derecha y sobreviví. Más tarde me encontré a un amigo que había estado con mi padre durante la selección. Me contó que mi padre saludó a Capesius y le preguntó dónde estaban su esposa y su hija de 11 años. Capesius supuestamente le contestó: "Lo estoy enviando al mismo lugar donde se encuentran su esposa y su hija, es un buen lugar"».[13]

Aparentemente, Capesius separaba a las familias por ninguna otra razón que su propio capricho. Ese fue el caso de Sarah Nebel, quien llegó a Auschwitz con 5,000 judíos húngaros una medianoche de junio. Conocía a Capesius de Bucarest antes de la guerra (1935 a 1938). «Vivíamos en el mismo edificio», recordó más tarde Nebel. «Yo vivía en la planta baja y el doctor Capesius en el segundo piso. Era representante de Bayer. A veces platicaba con él y su esposa».[14] En 1939, justo antes de que iniciara la guerra, tomó café con Capesius y Friederike en su casa de Transilvania.

«Lo reconocí de inmediato —era el doctor Capesius—. Estaba contenta de verlo. Cuando estuve frente a él, todo lo que dijo fue: "¿Cuántos años tienes?", y me envió a la derecha».

Capesius envió a su padre, hermanas y hermanos a la izquierda. Nebel no sabía cuál era la diferencia entre ambas direcciones, pero no quería separarse de su familia. Trató de regresar con Capesius para rogarle que los dejara juntos, pero un oficial SS se lo impidió.

—¿No es el doctor Capesius? —preguntó Nebel al oficial SS.

«Me miró sorprendido. "Ese es el farmacéutico doctor Capesius. ¿Cómo es que lo conoce?"».

Le dijo que lo conocía de Rumania, pero él la empujó otra vez hacia la multitud de prisioneros.[15]

A veces Capesius tenía que decidir qué esposo vivía. El doctor Lajos Schlinger, nacido en Klausenburg, conocía a Capesius desde 1939, cuando lo visitaba como representante de Bayer, y después se frecuentaron socialmente. Schlinger formaba parte del último grupo de judíos deportados de Klausenburg. «Había 12 doctores entre nosotros, y nos llevamos el hospital del gueto», rememoró.[16]

Cuando su vagón de ganado llegó en junio, permaneció sellado en la estación durante varias horas mientras se vaciaban otros vagones. Alrededor de las cuatro de la mañana las puertas se abrieron.

«Nos sacaron violentamente», recordó Schlinger. «Era una situación infernal porque habíamos llevado con nosotros a los pacientes del hospital —cerca de 200 o 300—, entre los cuales había muchos enfermos críticos que ni siquiera podían ponerse de pie... Los enfermos estaban acostados o sentados en el piso; las mujeres lloraban, los niños gritaban. Era una situación terrible».[17]

Fue entonces cuando Schlinger vio al doctor Capesius.

«Corrí hacia él con alegría y lo saludé.

—¿Dónde estamos? —le pregunté.

—En Alemania central».

Schlinger, que había visto letreros en eslavo, no le creyó.

—¿Qué va a ser de nosotros?

—Todo va a estar bien —le aseguró Capesius.

Schlinger le dijo a Capesius que su esposa no estaba bien.

—¿No está muy bien? —le preguntó Capesius—. Entonces debería pararse aquí.

Señaló un conjunto de gente enferma. La hija adolescente de Schlinger acompañó a su madre al grupo de enfermos.

«Nunca volví a ver a mi esposa ni a mi hija de 17 años», afirmó Schlinger.[18]

Pocos de entre los judíos que llegaron en la primavera de 1944 conocían mejor a Capesius que Josef Glück, un manufacturero textil de Klausenburg. Llegó a Auschwitz en un transporte con 2,800 judíos el 11 de junio. Glück era el empresario que se había quejado en las oficinas centrales de Farben, en Fráncfort, por los retrasos en las entregas de los colorantes que requería para su fábrica. Capesius lo había visitado para resolver el problema y después estuvo en contacto para asegurarse de que la cuenta marchara satisfactoriamente. No se habían vuelto a ver en más de dos años y ahora se reencontraban en la rampa de Auschwitz.

Glück estaba con su esposa, sus gemelos de dos años, su propia madre y su cuñada con sus dos niños. Por coincidencia, otros dos judíos deportados junto con Glück en el mismo transporte eran Albert Ehrenfeld y Wilhelm Schul, antiguos clientes con los que Capesius había cultivado unas relaciones de negocios especiales antes de la guerra.[19] Los tres hombres se mantuvieron juntos.

«Tuvimos que desfilar frente a un oficial SS», recordó Glück. «Este enviaba a los individuos ya fuera a la izquierda o a la derecha. ¡Para mi estupor reconocí al oficial! Era el doctor Capesius. Cuando desfilé frente a él iba en compañía de Schul y Ehrenfeld. Inmediatamente lo reconocimos en la rampa. Al principio, pensamos que eso era buena suerte para nosotros».[20]

Aunque había otros oficiales SS en la rampa, Glück observó que «solo Capesius decidía quién iba a la izquierda o a la derecha».

Schul, de 54 años, fue el primero en llegar frente a Capesius. Todos estaban seguros por su expresión de que los había reconocido, pero no dio ninguna señal de ello. Antes de que Schul llegara a la cabeza de la fila, Capesius no había dicho una palabra a ninguno de los recién llegados, solo les indicaba con la mano que procedieran a la izquierda o a la derecha. Pero para los tres hombres que habían sido sus clientes antes de la guerra, tenía algunas preguntas.

—¿Te gusta trabajar? —le preguntó Capesius a Schul en alemán.

—Ya no puedo trabajar —respondió Schul—. Soy demasiado viejo.

Capesius señaló el lado izquierdo.

Ehrenfeld fue el siguiente.

Esta vez en húngaro, Capesius preguntó:

—Bueno, ¿también estás aquí? ¿Te gusta trabajar?

—Sí —respondió Ehrenfeld.

Capesius lo dirigió a la derecha.

Después vino Glück.

Otra vez en húngaro, Capesius lo interrogó:

—¿Te gusta trabajar?

—Sí.

«Capesius no dijo nada más», recordaría más tarde Glück, «y me envió a la derecha».[21]

Glück y Ehrenfeld se unieron a un grupo de cerca 130 hombres (de los 2,800 que habían llegado en el transporte rumano, solo 350 se salvaron).

Después de la selección de los hombres, fue el turno de las mujeres. A pesar de que Capesius envió a la esposa y cuñada de Glück a la derecha, él nunca volvió a verlas. Respecto a sus gemelos, fueron inmediatamente despachados a la cámara de gas.

«No tenía idea de adónde íbamos», diría Glück.

La insensibilidad de Capesius en la rampa de selección sorprendía a Jan Sikorski, su principal farmacéutico preso, quien decía que su jefe «me había tratado como a un ser humano». Los relatos sobre él en la estación eran evidencia, pensaba Sikorski, de que Capesius era sencillamente «una especie de Jekyll y Hyde».[22] Sikorski era el equivalente a un *kapo*, un ejecutor seleccionado a dedo y, de hecho, fue el único prisionero que más tarde tuvo algo bueno que decir del farmacéutico. Pero aquellos que habían sido salvados por Capesius en la estación solo veían a Hyde.

Después de que Capesius envió a toda la familia de Adrienne Krausz a la cámara de gas y a ella la salvó, esta se unió a cientos de otras mujeres en los baños: «Nos afeitaban el cabello… Mientras estábamos desnudas paradas en fila, el doctor Capesius se paseaba entre nosotras. Yo estaba de pie junto a *Frau* Stark, una mujer mayor que también había conocido al doctor Capesius en su ciudad natal. Se dirigió a él y le preguntó: "Doctor, ¿qué va a pasar con nosotros?" o algo parecido; no puedo recordar exactamente qué le dijo. La empujó de manera que cayó en el suelo resbaloso. Esa fue la última vez que vi al doctor Capesius».[23]

Ella Böhm vio a su «tío farmacéutico» cuando este fue al bloque donde estaba presa.[24] Ella intentó disimular con algo de paja el vientre de una chica embarazada. «Me empujó a un lado y quitó la paja de la mujer con su bastón. Nunca volví a ver a la mujer encinta».[25]

El fabricante de telas, Josef Glück, volvió a ver a Capesius «en varias ocasiones», con frecuencia con el doctor Mengele, «seleccionando en el campo». En una ocasión, Capesius y Mengele, con otros dos oficiales SS, llegaron a la infame prisión, el Bloque 11. Este era el hogar de muchos adolescentes judíos que tenían entre 16 y 18 años.

«Probablemente estos presintieron a qué iban y se dispersaron», recordó Glück. «Entonces, el jefe del campo los rodeó con perros. Eso ocurrió en un día de fiesta judío. Dos días después llegaron unas camionetas adonde subieron a los chicos y los llevaron a la cámara de gas. Esto lo hicieron en medio de risas, porque los muchachos llamaban a sus madres».

El sobrino de 16 años de Glück fue atrapado. Antes de que las SS se lo llevaran, se las había arreglado para cortarse el brazo y con la sangre de la herida escribir en el muro trasero de las barracas: «Andreas Rappaport: vivió 16 años».[26]

Glück también fue testigo, el 6 de agosto, cuando las SS liquidaron el «Campo Familiar Gitano», al enviar a 3,000 mujeres, niños y ancianos a ser gaseados. Dos de los seleccionadores principales, de acuerdo con Glück, fueron otra vez Mengele y Capesius.[27] Ese otoño, Glück se encontraba arreglando una tubería de agua en el campo de las mujeres cuando otra vez llegaron Mengele y Capesius para hacer una selección. «Ochenta y cinco mujeres fueron enviadas a la cámara de gas [incluyendo a] mi esposa».[28]

Martha Szabó, una judía rumana que llegó a Auschwitz con su familia en mayo de 1944, es quien mejor describe al Capesius que los prisioneros conocieron. Mientras marchaba hacia un grupo de hombres SS escuchó a uno hablar en húngaro. Más tarde, en el campo supo quién era. «La cara del doctor Capesius no podía olvidarse tan pronto», recordó después de la guerra. «No era una típica cara alemana».[29]

Szabó acabó en el Bloque 27 del Complejo C, en el cual los prisioneros enfermos y débiles eran seleccionados con frecuencia para gasearlos. Los dos oficiales SS que hacían las selecciones ahí eran Mengele y Capesius. «Siempre los mismo», recordaba. Cuando Szabó fue transferida a la cuadrilla de la cocina, trabajó con varias prisioneras haciendo la «asquerosa... sopa con sabor a campo», una combinación principalmente de agua con unas cuantas papas, algo de harina y «un pedazo de margarina». Un día, a uno de los presos se le encontró un pedazo de margarina. Capesius fue a investigar. Ordenó que todos los prisioneros tomaran piedras de afuera de las barracas y las sostuvieran mientras brincaban, en lo que llamó «ejercicio», hasta que cayeran exhaustos.[30]

«Soy Capesius de Transilvania», rugió a los presos. «Conmigo van a conocer al demonio».[31]

Capítulo 8

«El veneno de Bayer»

Puesto que los médicos SS se consideraban a sí mismos un cuadro de profesionales de élite, pudiera parecer que un simple farmacéutico como Capesius habría sido tenido en menor estima. En tal caso podría no haberse esperado que contribuyera mucho con los enloquecidos experimentos humanos del campo. Pero Capesius tenía una calificación especial que no podía ser menospreciada: su trabajo de mucho tiempo para Farben/Bayer. En Auschwitz la compañía había alcanzado su diabólico cenit. Todos los médicos estaban en deuda por su generosidad para financiar muchos experimentos y el campo representaba el máximo laboratorio humano para Farben y Bayer.

Un empleado de mucho tiempo de Bayer convertido en comandante SS, el doctor Helmuth Vetter, vigilaba los programas de la compañía que utilizaban presos para ensayar drogas que no habían sido probadas. Algunos ejecutivos de Farben pronosticaron que el futuro no estaba en los químicos, sino más bien en el emergente campo de los fármacos. «Los experimentos en los campos de concentración con los preparados de I.G. [Farben]», declaró el médico SS Waldemar Hoven después de la guerra, «solo se realizaron bajo los intereses de I.G., que buscó por todos los medios determinar la efectividad de esas preparaciones… No fueron las SS, sino que, de hecho, fue I.G. quien tomó la iniciativa de los experimentos en los campos de concentración».[1]

Las SS, por supuesto, no solamente turnaban a los prisioneros que llegaban a los experimentos patrocinados por Farben. La compañía compraba a sus conejillos de Indias, al igual que pagaba las tarifas de las SS por sus trabajadores esclavos en Monowitz. En una ocasión, Bayer regateó con el comandante de Auschwitz sobre el precio de 150 mujeres en las que querían probar «una nueva droga inductora del sueño». Las SS querían 200 *Reichsmarks* por cada prisionera (cerca de 80 dólares). Bayer se quejaba de que era «demasiado alto» y ofreció 170, cantidad que las SS aceptaron.

«Por favor preparen a 150 mujeres en las mejores condiciones de salud posibles», escribió un ejecutivo de Bayer en un memorando confirmando la compra.

Después de que Bayer tomó bajo su custodia a las presas, señaló a las SS: «A pesar de su condición macerada, se consideraron satisfactorias. Los mantendremos informados del desarrollo de los experimentos».

Unas cuantas semanas más tarde, un ejecutivo de Bayer envió a las SS un memorando que era notablemente parecido a la mayoría de otros que señalaban el fin de uno de sus ensayos farmacéuticos en los campos de concentración. «Los experimentos se llevaron a cabo. Todos los sujetos de prueba murieron. Nos pondremos en contacto pronto sobre un nuevo cargamento».

En otra ronda de experimentos, los documentos de Farben revelan con escalofriante detalle el fracaso de la Preparación 3582, una droga no probada dirigida al tifo. Los médicos SS tomaron 50 conejillos de Indias humanos a la vez y los infectaron con tifo antes de administrarles el «tratamiento» experimental. Los efectos secundarios fueron desde ampollas en la boca hasta diarreas incontrolables, vómito y extenuación. Después de tres brutales fases durante un par de meses en 1943, cerca de 55% de los «tratados» murió, porcentaje igual a aquellos que sobrevivieron sin que se les aplicara el tratamiento. Farben regresó al pizarrón para reformular su droga. Mientras tanto, los prisioneros que sobrevivieron al tifo fueron enviados a la cámara de gas para evitar la posibilidad de que pudieran contagiar a otros.

Otro grupo de presas murió de lo que solo se describe como «experimentos con preparaciones hormonales desconocidas». Todo un pabellón de prisioneros infectados con tuberculosis del

Bloque 20 fue tratado sin éxito con una solución inyectable sin identificar de Bayer.[2]

En un experimento, el doctor Vetter probó medicamentos antibacteriales de Bayer inyectando los pulmones de 200 mujeres con bacilos estreptococos. Todas murieron dolorosa y lentamente de edemas pulmonares. Vetter presentó sus hallazgos sobre el fracaso de la droga ante la Academia Militar de la Wehrmacht.[3]

Mengele, sin duda el experimentador más dinámico del campo, también empleaba medicamentos de Farben sin probar, etiquetados como B-1012, B-1034 y 3382 (1034 era metileno azul, una cura experimental contra el tifo).[4] Wilhelm Mann, un químico de Farben que también era presidente del fabricante de Zyklon B, Degesch, escribió en 1943: «Adjunto el primer cheque. Los experimentos del doctor Mengele deben, como ambos hemos convenido, continuar».[5]

A diferencia de otros médicos que sobre todo buscaban alguna cura experimental de una enfermedad preexistente o una condición médica subyacente, Mengele administraba muchas de sus drogas —por enema, vía hipodérmica, intravenosa o pastillas— a pacientes previamente sanos. Sus notas de laboratorio se perdieron después de la guerra, por lo que nadie está seguro de lo que realmente intentaba con las drogas de Farben. Las teorías abarcan toda la gama.

Algunos creen que Mengele tenía acceso a los productos punteros de Farben, Sarin y Tabun, poderosos gases nerviosos, incoloros e inodoros, que la empresa había descubierto en la década de 1930. El gas Tabun era sumamente temido porque una sola gota resultaba ser mortal. La división de guerra química del Tercer Reich presionaba a Farben para desarrollar los gases Sarin y Tabun para que pudieran ser distribuidos fácilmente como armas de producción masiva. Hitler consideró seriamente dos veces emplear el gas nervioso, una vez en Stalingrado y otra después de que los aliados desembarcaron en Normandía. En ambos casos, el *Führer* decidió no hacerlo después de que el máximo experto químico de guerra de Farben, Otto Ambros, incorrectamente le advirtió que los aliados y los rusos tenían sus propios arsenales de gas nervioso y que podrían tomar represalias contra la madre patria en especie.[6] Cualquiera que haya sido la razón de la charlatanería de Mengele en Auschwitz, es innegable que la mayoría de los prisioneros en los que se experimentaron los compuestos de Farben murió.

Después de la guerra, Capesius trató de justificar los experimentos de Mengele con una soberana mentira: «Los estadounidenses al final consiguieron todos esos estudios, toda esa... investigación sobre gemelos y genética... Y los estadounidenses pagaron a los polacos mucho dinero por eso, puesto que eso era un asunto importante, ya que no había otro lugar donde pudieras llevar a cabo ese tipo de investigación sin problemas».[7]

A veces en el campo Capesius era más que un porrista o un farmacéutico que suministraba las drogas de la compañía para experimentarlas en otros. Archivos internos de las SS señalan que estaba presente y ayudaba en los ensayos en humanos con diferentes tipos de anestesia no probados.[8] Cuando la Gestapo comisionó al antiguo psiquiatra de I.G. Farben, Bruno Weber, director del Instituto de Higiene de Auschwitz, para estudiar la manera en que los agentes farmacológicos podían aumentar el lavado de cerebro, Weber a su vez solicitó la ayuda de Capesius. Los dos inventaron compuestos experimentales que consistían en su mayoría en morfina y barbitúricos.[9] También empleaban mezcalina, un psicodélico natural, la misma droga que se usó en experimentos similares en Dachau.[10]

Zoe Polanska solo tenía 13 años cuando fue deportada en 1941 de Odesa a Auschwitz. Durante los tres años que pasó en el campo, llegó a conocer a Capesius muy bien. En presencia de otros médicos, y ocasionalmente solo, Capesius le ordenaba a Polanska que se desnudara y la sujetaba a la cama con barras de hierro. A veces se le administraban líquidos intravenosos. En otras ocasiones, Capesius le daba pastillas de frascos cuya única marca era una etiqueta de Bayer.

«Nunca te pedían [que] tomaras las drogas, simplemente las empujaban en tu garganta», recordaba Polanska. «No preguntaba qué me estaban dando».[11] Después de la guerra, descubrió que era estéril porque sus ovarios no se habían desarrollado. Supuso que los experimentos a los que Capesius la había sometido eran un intento mal hecho de esterilización o una incipiente píldora de control natal, lo que ella llamaba «el veneno de Bayer».

Capítulo 9

«Un olor ambiguo»

Puede parecer sorprendente para muchos que, por más espeluznante que fuera Auschwitz, los SS asignados al campo hacían su mejor esfuerzo por crearse una apariencia de vida normal. Para algunos significaba llevar a sus familias con ellos. El comandante Rudolf Höss vivía con su esposa y sus cinco hijos en una casa de estuco cercada por una barda de postes blancos. El jardín estaba lleno de espesos setos rojizos y de begonias en cajas color azul pastel. Después de la guerra, Höss rememoró el ambiente tranquilo que rodeaba su casa familiar. «Todo deseo que mi esposa o mis hijos manifestaban se les concedía. Los niños podían llevar una vida libre y sin restricciones. El jardín de mi esposa era un paraíso de flores... Los niños estaban particularmente encariñados con las personas [prisioneros] que trabajaban en el jardín. Toda mi familia manifestaba un intenso amor hacia la agricultura y particularmente hacia los animales de todo tipo. Cada domingo tenía que cruzar los campos con ellos para visitar los establos y nunca podíamos dejar de visitar las perreras. Nuestros dos caballos y el potrillo eran especialmente amados. Los niños tenían animales en el jardín, criaturas que los prisioneros les llevaban constantemente. Tortugas, martas, gatos, lagartijas: siempre había algo nuevo e interesante que ver. En el verano chapoteaban en el estanque que había en el jardín o en el [río] Sola. Pero su máxima alegría era cuando papi se bañaba con ellos. Sin embargo, tenía tan poco tiempo para todos estos placeres pueriles».[1] («Yo no sabía que, al lado, esas atrocidades se llevaban a cabo», declaró Ingebirgitt Hannah Höss, una de sus hijas, a *Stern* en 2015. Tenía seis años cuando fue llevada a Auschwitz. «Nunca pregunté por qué había rejas y torres de vigilancia. Cuando tienes nueve o diez años tu mente está ocupada con otros pensamientos»).[2]

Auschwitz tenía un kínder y una escuela primaria para los hijos de los SS, estadio de futbol, tienda de abarrotes, laboratorio de fotografía, teatro, biblioteca, alberca para los SS y una orquesta sinfónica de prisioneros. Muchos se afiliaban a clubes deportivos. Presumían de sus fiestas de Navidad. Había un burdel de esclavas sexuales llamado «El Jadeo», que era frecuentado por los hombres SS y algunos *kapos*. En un esfuerzo por mantener la fachada de *normalidad,* incluso había reglas de tránsito y semáforos. Los conductores que excedían los límites de velocidad y los que se pasaban un semáforo en rojo eran investigados por la jefatura de tráfico de las SS.[3] (A Mengele le levantaron una infracción al principio, que representó una mala nota en su expediente SS).[4]

Höss no era el único oficial cuya familia, o bien vivía en, o visitaba Auschwitz. Entre otros, el doctor Werner Röhde educó a sus hijas ahí antes de ser transferido a un campo en Alsacia. El doctor Horst Fischer, el dentista Willi Frank y el teniente de las SS, Ernst Scholz, fueron algunos de los pocos que se llevaron consigo a sus esposas e hijos. Gertrude, la esposa del teniente Roland Albert, vivía en Auschwitz y enseñaba en la escuela primaria a los hijos de otros oficiales. Su hijo nació allí. «Construimos un huerto», recordó más tarde Albert, «plantábamos flores, teníamos abejas, íbamos de caza y de pesca. Por las tardes nos reuníamos a tomar café; celebrábamos cumpleaños, fiestas de Navidad con el comandante Höss... y los niños recitaban poemas de Navidad».[5] (El mismo Albert pasaba parte de su tiempo libre enseñando religión en la escuela, su carrera de antes de la guerra).

Mengele no llevó a su esposa, Irene, a Auschwitz, pensando que sería más seguro para ella quedarse en Freiburg, una ciudad al sur de Alemania, pero Irene lo visitaba. La primera vez fue en agosto de 1943. Una cuarentena debida a un brote de tifo hizo que su estancia fuera más larga de lo planeado.

—¿Qué es ese hedor? —preguntó una vez Irene.

—No me preguntes a mí —le respondió Mengele.[6] (Gisela Böhm, una médica presa, lo describió como un «olor dulzón de cuerpos humanos quemados, omnipresente, que penetraba todo invisiblemente, como un cadáver disuelto finamente adentro de cada uno»).[7]

Durante una segunda visita, en el abrasador calor de agosto de 1944, Irene volvió a quedarse en las barracas de los SS en los límites del campo. Según su diario, las primeras tres semanas las pasó recogiendo bayas y bañándose. Incluso visitó Solahütte, un campamento de recreo de las SS, a 29 kilómetros al sur de Auschwitz, en el río Sola. (Un álbum de fotos reunido por el ayudante del campo, Karl Höcker, se recuperó en 2007 e impactó a muchos por las escenas del personal SS de licencia en Solahütte, encendiendo velas de Navidad, en tumultuosos cantos en coro, tomando el sol, o bien disfrutando como se puede esperar de cualquier soldado con licencia durante la guerra).

En esa visita Irene volvió a percibir el peculiar «hedor dulzón» que había notado el año anterior. Y tuvo muy pocas dudas de que Auschwitz, rodeado con alambre de púas y torres de vigilancia, fuera un campo de concentración. Desde las barracas de los SS anotó en su diario: «Los trenes que llegan son claramente visibles».

El 11 de septiembre, justo cuando se iba, se enfermó de difteria. Las siguientes seis semanas las pasó en las clínicas médicas del campo, yendo de una a otra dependiendo de las alertas de ataque aéreo. Fue entonces cuando Capesius la conoció bien, asegurándole a Mengele que su esposa tenía preferencia en los medicamentos que necesitaba para controlarle la fiebre alta y aliviar su sufrimiento. Cuando fue finalmente dada de alta del hospital, el 18 de octubre, se cambió a un departamento más moderno en las barracas de los médicos SS. Como anotó en su diario, se sintió «otra vez como recién casada».[8]

Respecto a Capesius, decidió no llevar a su esposa Fritzi y a sus tres hijas a Auschwitz. En cambio, su manera de darle a su vida cierta apariencia de normalidad era escaparse muchos fines de semana a la cercana casa de campo de una pareja rumana de origen alemán, Hans y Hildegard Stoffel. Capesius y Hans Stoffel se habían conocido en 1935 cuando invirtieron en un par de departamentos en cooperativa en Bucarest.[9] Stoffel más tarde se unió al esfuerzo bélico alemán. La pequeña propiedad en Przecischau, a 14 kilómetros de Auschwitz, en las montañas Beskides, había pertenecido a una familia polaca antes de la guerra, pero formaba parte de un programa que los nazis habían instituido para distribuir las propiedades polacas y judías entre los alemanes de origen que habían sido de los primeros en apoyar el movimiento fascista en sus países natales. En Berlín se creía que regalar tierra podría alentar a más alemanes de origen a apoyar con entusiasmo al Reich. Los Stoffel habían sido amigos del capitán Fritz Fabritius, el rígido fundador de la rama nazi original en Rumania, el Nationalsozialistiche Selbsthilfebewegung (Movimiento Nacionalsocialista de Autoayuda). Tanto a Fabritius como a los Stoffel se les entregaron grandes pabellones y terrenos que eran ideales para cazar.[10] Los Stoffel se cambiaron a su nueva propiedad en octubre de 1943 y no tardó mucho en convertirse en la guarida habitual de fiestas y reuniones de fin de semana para algunos hombres SS de Auschwitz.

Fritz Klein, un médico de Transilvania, también había conocido a los Stoffel antes de la guerra. Klein era un furioso antisemita que una vez le dijo a la pareja: «Los judíos son los enemigos de la humanidad, no solo nuestros». Fue uno de los pocos médicos que se ofrecieron como voluntarios para realizar trabajo extra en las selecciones en la rampa de la estación del ferrocarril, así como en tareas en el «Muro Negro» en el Bloque 11, donde se ejecutaba a los prisioneros con un escuadrón de fusilamiento. Personalmente seleccionaba a las prisioneras para el burdel de Auschwitz. Se obligaba a las chicas a tener sexo al menos seis veces cada noche y los SS hacían a un lado cualquier «restricción o prohibición racial». Después de la guerra, Klein descaradamente sostuvo que esas esclavas sexuales «lo hacían voluntariamente».[11]

Por sus raíces transilvanas como vínculo común, Capesius y Klein pronto se hicieron amigos. No fue sino poco después de que Capesius fuera transferido a Auschwitz cuando empezó a visitar con regularidad el retiro en las montañas de los Stoffel. A veces llegaba en bicicleta, ocasionalmente en tren, y de vez en cuando en su motocicleta favorita, una DKW 100.[12] Uno de los dentistas de Auschwitz, el doctor Willi Schatz, con frecuencia se unía a

Capesius, al igual que su amigo y farmacéutico, el primer teniente Gerhard Gerber. También el amigo de infancia de Capesius, Roland Albert, era un visitante asiduo. «Bueno, teníamos que hacer pausas», recordó Albert después de la guerra, «para descansar. Para olvidar. Tal vez un domingo ir de caza [a la propiedad de los Stoffel]». Ir ahí, dijo Albert, era una forma de alejarse del opresivo olor a «carne quemada, piel quemada, cabello quemado».[13]

Algunos fines de semana, Capesius llegaba con las mejores ropas que había robado de las pertenencias de los nuevos prisioneros. «Con frecuencia llevaba esas ropas en el otoño, cuando iba a cazar en las montañas Beskides», rememoraría más tarde, «y se las daba a nuestros ojeadores polacos y a sus hijos, entre quienes yo era muy popular».[14] Los «ojeadores» eran polacos locales que limpiaban la maleza para que los hombres SS pudieran atrapar piezas pequeñas. El doctor Schatz llevaba a su perro, Treff. Capesius, un ávido cazador, consideraba a Treff «un excelente perro de caza». Los SS se traumatizaron cuando, durante un fin de semana en que cazaban liebres, el dentista por error le disparó a su perro en lugar de apuntarle a un conejo. Desesperadamente trataron de extraer los perdigones del perro herido, pero este murió.[15]

Frecuentemente, Capesius se quedaba los sábados por la noche en uno de los cuartos de huéspedes de los Stoffel. Los domingos, más o menos una docena de hombres y mujeres SS llegaban a la propiedad para una bulliciosa comida antes de regresar al campo a altas horas de la noche.[16] El sábado 7 de junio de 1944, un grupo particularmente grande del campo fue a celebrar el cumpleaños de Hans Stoffel.

Cuando Hildegard Stoffel tuvo problemas dentales, descubrió que los dentistas polacos de la vecina ciudad de Oswiecim no tenían máquinas de rayos X ni la habilidad para tratarla. Así que fue con el doctor Schatz, que compartía el dispensario de Auschwitz con Capesius. Años más tarde solo tenía buenos recuerdos de sus visitas al lugar: «La entrada por la que acostumbraba ingresar... era muy bonita. Había flores; las barracas eran agradables y limpias... Nunca vi presos [pero] en el dispensario donde trabajaba el doctor Capesius... esas personas no parecían prisioneros. Estaban bien alimentados, bien vestidos, siempre muy positivos y felices. Así que nunca vi nada malo en su ambiente... Todos se veían muy bien».[17] Su esposo, Hans, observó que los farmacéuticos presos «se expresaban elogiosamente de Capesius».[18] Y añadió que no sabía lo que ocurría en el campo, puesto que increíblemente afirmaba que nunca miró por alguna ventana y que jamás le hizo preguntas a Capesius.

De lo que no hay ninguna duda es de que los Stoffel le proporcionaban a Capesius un lugar donde podía ser él mismo, lejos de la jerarquía de los SS del campo, y que incluso ocasionalmente se sentía libre de hablar sobre el estrés de la guerra. A fines de mayo de 1944, por ejemplo, viajó al Hospital Central Militar de Berlín para hacer unos grandes pedidos de medicinas. En ese viaje fue testigo de primera mano de la enorme destrucción provocada por un bombardeo aliado masivo de dos días que inició el 28 de mayo. Cuando regresó a Auschwitz se tomó unos días de descanso con los Stoffel. Tuvo lugar una gran cacería y Capesius vio que «todo mundo tenía todavía un estado de ánimo festivo, incluso bailaban, a pesar de la tormenta que se avecinaba». Pero él no podía dejar de hablar sobre su inquietud por el poder de los bombarderos de los aliados. Los demás encontraron su incesante parloteo deprimente. No fue sino hasta que ellos «me pidieron que callara», que él trató de hacerlo. Hildegard Stoffel más tarde recordó que ella y su esposo «siempre se mostraron renuentes a sostener conversaciones inquietantes como esa».[19]

Los Stoffel no eran la única distracción social de Capesius fuera del campo. Con frecuencia visitaba a Armin Rump en Oswiecim, la ciudad polaca vecina. Rump, un transilvano alemán de origen, era el farmacéutico del lugar. Él y su familia, también amigos de los Stoffel, se habían mudado a Polonia de la ciudad de Dorna Watra, en la norteña provincia rumana de Bucovina.[20] Este era un sitio que se había ganado un lugar ignominioso en la eliminación de judíos europeos. Bucovina tenía una de las comunidades judías más antiguas, y en el censo anterior a la guerra cerca de 92,000 judíos conformaban el 10% de la población y disfrutaban de posiciones prominentes en el transporte, la madera y las finanzas.[21] A principios de 1941, las milicias y los escuadrones de policía rumanos empezaron a asesinar judíos.[22] La ciudad natal de Armin Rump era pequeña, tenía solo 7,700 habitantes, de los cuales 2,000 eran judíos. Para 1942, a la mitad de la guerra y antes de que Rump se mudara a Oswiecim, solo quedaban 21 judíos.[23]

Capesius declaró que disfrutaba «buscar la compañía de la familia Rump, o en la propiedad de los Stoffel... para escapar de la atmósfera del campo de concentración». Sin embargo, Rump estaba tan cerca de Auschwitz que visitarlo no siempre representaba un gran respiro. Como escribió Capesius: «Desde el balcón del farmacéutico Rump por las noches se podía ver el resplandor de una enorme hoguera ardiendo a casi cuatro kilómetros de distancia, y todo mundo sabía que humanos estaban siendo quemados en ella, y, cuando el viento soplaba en la dirección contraria, se podía oler también».[24]

Capítulo 10

Los judíos húngaros

Es innegable que algunos de los SS asignados a Auschwitz y otros campos de concentración eran sádicos patológicos que obtenían placer en la crueldad. Unos cuantos médicos, como Mengele, estaban muy complacidos de estar ahí porque estaban obsesionados con sus pseudocientíficos experimentos raciales. Pero muchos otros SS destacados en Auschwitz —de los 7,000 que servían 177 eran mujeres y 350 rumanos alemanes como Capesius— lo consideraban un destino muy poco deseable y difícil. No había una paga extra por trabajar en una parte desolada de la campiña polaca que era brutalmente caliente en el verano y terriblemente fría en invierno. Y las enfermedades que devastaban a los prisioneros —tifo, difteria y neumonía— no hacían excepción de guardias, oficiales y médicos. El doctor Johann Paul Kremer llevó un diario durante su estancia de tres meses en Auschwitz en 1942. Se quejaba constantemente de las condiciones miserables: «Hace una semana desde que llegué al campo y todavía no he podido deshacerme de las pulgas en mi habitación, a pesar de emplear todo tipo de insecticidas».

Kremer, como todos los demás, recibió una serie de vacunas con la esperanza de prevenir el tifo. Esas inyecciones tenían efectos secundarios que incluían fiebre alta y diarrea. Y a pesar de esas vacunas, el diario de Kremer está lleno de referencias a sus colegas que habían caído enfermos. En una ocasión escribió: «*Sturmbannführer* Caesar también enfermó de tifo después de que su esposa murió hace unos días». Además del tifo, había una generalizada «enfermedad de Auschwitz», una infección bacteriana que se parecía a una gripe severa, acompañada de fiebre alta, escalofríos, calambres musculares y debilitantes dolores de cabeza.[1] Mengele se enfermó intermitentemente de malaria dos meses después de haber llegado al campo.

Lo anterior no es para sugerir que aquellos que se sentían infelices por ser asignados a Auschwitz no hicieran otra cosa que cumplir con su deber colaborando en el asesinato de millones de civiles inocentes. Pero buscaban otras maneras de hacerlo un encargo mejor. Para muchos, la operación de asesinato masivo del campo ofrecía una oportunidad excepcional de ganancia personal. En cartas a la familia y conversaciones con sus colegas, un sorprendente número de SS de Auschwitz pensaba que tenía derecho a algo mejor que su salario (Capesius tenía un salario de 9,000 *Reichsmarks* al año, alrededor de 3,600 dólares). Eso a menudo se traducía en hurtar comida y licor, escondidos en las pertenencias de los presos que llegaban. Pero a otros no les satisfacía nada más reservar raciones extra con la esperanza de acumular lo suficiente para darse un atracón ocasional.

Los ambiciosos se enfocaron en acumular joyas y dinero en efectivo. Y había mucho de eso en Auschwitz. La avalancha de judíos que llegaban diariamente en vagones para ganado se aferraban a la esperanza de que iban a ser reubicados en campos de trabajo en el este. No tenían dudas de que iba a ser una vida difícil y vacía. A pesar de los rumores sobre centros de muerte que se habían propagado en los guetos de los países ocupados, los recién llegados se rehusaban a creer que su jornada en tren terminaba en una cámara de gas. Así, con la esperanza de que iniciaban una nueva vida, se llevaron tantos objetos de valor como pudieron ocultar a los nazis. Dinero en efectivo, diamantes y joyas se cosían con frecuencia en los forros de abrigos, vestidos y trajes; se escondían en frascos de lociones o cremas, e incluso en compartimentos secretos hechos en las maletas. Los nazis pronto se volvieron expertos en saber dónde habían escondido las víctimas sus objetos de valor. Todo ese botín se guardaba en los gigantescos almacenes de Birkenau apodados «Canadá», que funcionaba como una estación de paso antes de ser enviado a Alemania.

No existía la posibilidad de hacer un inventario, pues demasiada gente llegaba diariamente y se descargaban muchos objetos de valor de cada tren. La falta de catalogación creaba una oportunidad propicia para el hurto.

«Ellos [los SS] llevaban a casa mucho oro y otros objetos de valor», relató Libuša Breder, una judía eslovaca asignada a «Canadá». «Cada pieza tenía que ser revisada, ropa interior, todo. Y encontrábamos muchos diamantes, oro, monedas, dinero, dólares, divisas de toda Europa... Era la bonanza para ellos... nadie lo contaba».[2]

Prisioneros como Breder no eran los únicos conscientes del robo generalizado de los SS. En 1943 un cabo SS de 22 años, Oskar Gröning, fue puesto a cargo del manejo de todo el efectivo de todos los transportes ferroviarios. Cada dos meses lo empacaba en cajas y lo llevaba por tren a Berlín.

«Si muchas cosas están amontonadas, entonces fácilmente puedes esconder algo para tu beneficio personal», rememoró Gröning después de la guerra. «Robar cosas para ti era una práctica absolutamente común en Auschwitz».[3]

No fue mucho después de haber sido destinado que Gröning, como muchos otros de sus colegas, sucumbió a la tentación y empezó a robar.

Para octubre de 1943, la jerarquía SS en Berlín reconoció que había una epidemia de corrupción en el campo. Himmler envió al teniente coronel Konrad Morgen, un abogado y juez, a investigar y arreglar el problema. Unos días después de su llegada, Morgen realizó una revisión sorpresiva de casilleros de los SS.

«La revisión de los casilleros produjo una fortuna en oro, anillos, perlas y dinero en todas las divisas», reseñó más tarde. «La conducta del personal SS estuvo alejada de los estándares que se esperarían de soldados. Daban la impresión de ser unos parásitos degenerados y brutales».[4]

Morgen sabía que había que sentar un firme precedente si tenía alguna posibilidad de ponerle un alto a la corrupción. Ordenó el arresto de dos guardias SS, que eran los cabecillas, por robar contrabando. Mientras esperaban el juicio, uno se colgó en su celda. Morgen informó a Himmler que los abusos eran generalizados. Rudolf Höss, el duro comandante a cargo, a quien se le reconocía ampliamente el crédito de la imparable expansión de Auschwitz y su capacidad de exterminio, había permitido que la cultura de la corrupción floreciera. De hecho, Höss había puesto un ejemplo personal muy malo para la disciplina al sostener un romance, sobre el que había muchos rumores, con una presa checa (cuando ella se embarazó ordenó que la hicieran pasar hambre para que abortara). Himmler concluyó que no tenía otra alternativa que reemplazar a Höss.[5]

El comandante se resistió a la transferencia. Apeló personalmente a Himmler, argumentando que solo él podía arreglar el embrollo. Pero Himmler se mantuvo impasible. Sin embargo, el jefe de las SS suavizó el golpe promoviendo a Höss a un trabajo burocrático en las oficinas centrales de la Administración de los Campos de Concentración. Sorprendentemente, cuando Höss se mudó a Oranienburg, al norte de Berlín, para su nuevo encargo el 10 de noviembre de 1943, su esposa e hijos se quedaron en su casa de Auschwitz. Dos meses después de la partida de Höss, el almacén del campo donde Morgen guardaba su inmenso archivo de pruebas contundentes, se incendió misteriosamente y quedó reducido a cenizas. Ese fuego puso fin a cualquier juicio posterior de personal de las SS por corrupción.

Y por si hubiera cualquier duda de que los sondeos de Morgen hicieron pasar a segundo plano el asesinato de judíos, siete meses después de iniciadas sus investigaciones, Höss estaba de vuelta en el mando de Auschwitz. Himmler sabía que nadie más era capaz de dirigir el campo con la brutal eficiencia requerida para las deportaciones masivas de húngaros programadas para principios de la primavera de 1944. El regreso de Höss, aunado al acoso a la investigación de Morgen, alentaron a aquellos que pretendían robar tanto como fuera posible.

Antes de 1944, tres campos de la muerte en Polonia: Treblinka, Sobibor y Chelmno, habían competido entre sí por el dudoso título del centro nazi de exterminio más importante. Pero, a principios de mayo, Auschwitz estaba a punto de ganar el ignominioso honor de ser la maquinaria asesina más grande. La política detrás de esto estaba en parte relacionada con la nativa Transilvania de Capesius. Como resultado de un acuerdo (el Tratado de Viena) firmado en 1940, Hungría se había anexado Transilvania, que se convirtió en un aliado del Tercer Reich. Sin embargo, los fascistas de línea dura que estaban en el poder no habían obedecido las exhortaciones de hacer una redada y deportar a sus 800,000 judíos. Cuando la inteligencia alemana informó a Hitler, en marzo de 1944, que los dirigentes húngaros estaban negociando en secreto rendirse a los aliados, el *Führer* envió al ejército alemán para que se hiciera del control. Uno de los primeros oficiales nazis que llegó al conquistado Budapest fue el SS-*Obersturmbannführer* (teniente coronel) Adolf Eichmann, jefe del Subdepartamento de Servicios de Seguridad IV-B4. Eichmann fue el responsable de evacuar a todos los judíos de los territorios conquistados a los campos de concentración. Él era el jefe burócrata del genocidio, algunas veces llamado el «policía del tráfico de la muerte». En un enloquecido clímax de la matanza de judíos del Tercer Reich, Eichmann organizó una conferencia en Viena a principios de mayo, durante la cual se establecieron calendarios urgentes para enviar a los judíos húngaros y de Transilvania a Auschwitz. Los traslados iniciaron a mediados de mayo; al principio eran cuatro diarios, cada uno hacinando a cerca de 3,000 judíos. Era un plan demasiado ambicioso incluso para los macabros estándares de la maquinaria asesina alemana.

El comandante Höss había ordenado una vertiginosa expansión del campo, moviendo vías de tren, convirtiendo un gran búnker en otra cámara de gas, terminando varios hornos incineradores nuevos y construyendo cinco enormes zanjas para calcinar el esperado desbordamiento de cadáveres. El *Sonderkommando*, la unidad de prisioneros asignados a retirar los cadáveres de las cámaras de gas, se aumentó de 200 a 800 hombres.

A pesar de que los nazis al final se podían vanagloriar de que, durante diez infernales semanas, esa primavera asesinaron a la mitad de todos los judíos gaseados en Auschwitz, la afluencia de prisioneros resultó demasiada, incluso para un lugar que era sinónimo de asesinato en masa. Pronto, cientos de miles de cadáveres se estaban descomponiendo en vastas fosas improvisadas, a la espera de que los desbordados crematorios se pusieran al día. Los ocho dentistas presos que empleaban pinzas para extraer el oro de las bocas de los cadáveres trabajaban día y noche. El baño de ácido clorhídrico que usaban para eliminar pedazos de carne y hueso de los dientes extraídos se retrasó durante semanas ya que diariamente se arrancaba una cifra récord de nueve kilos de oro.

El doctor Miklós Nyiszli, el asistente preso de Mengele, más tarde rememoró que los «transportes de judíos de Hungría llegaban uno tras otro, con frecuencia dos trenes a la vez. En tales ocasiones la gente literalmente brotaba de los vagones como un río. Lo que el doctor Mengele hacía en la rampa ya no podía llamarse una *selección*. Su mano apuntaba mayormente en una dirección: a la izquierda. A veces, el transporte entero era de inmediato enviado a las cámaras de gas o a las candentes zanjas».[6]

El doctor Otto Wolke, un médico judío prisionero, observó que «los transportes de húngaros implicaron un enorme cambio en todo el asunto. De pronto la "agencia de viajes" [Adolf] Eichmann estaba de nuevo en el negocio, y día tras día, cuatro, cinco, seis, algunas veces incluso diez trenes llegaban a Auschwitz».[7]

El teniente Roland Albert, amigo y colega de Capesius, estaba a cargo de la Compañía SS Cuatro, la unidad de guardia responsable de la torre de vigilancia principal de Birkenau, bajo la cual llegaban todos los trenes. Desde esa atalaya, Albert y sus hombres tenían un panorama completo cuando los vagones para ganado se abrían. Tenían ametralladoras dirigidas hacia los flujos de prisioneros, en caso de que alguno tratara de escapar. Los recién llegados, exhaustos por el brutal viaje de varios días hacinados en vagones para ganado, y confrontados en la estación con guardias intimidantes y cerca de 150 perros, invariablemente no tenían fuerzas o recursos para precipitarse al alambre de púas electrificado que los rodeaba.

«Sí, era horrible», recordó posteriormente Albert. «Podía ver todo lo que ocurría abajo en la rampa desde la torre: cuando alguno de ellos, después de tres días de un viaje hacia el infierno, tenía suficiente fuerza para hablar, moverse, entonces rezaba. Lo veía cuando estaba de servicio. Una dura obligación. Muchos de ellos habían muerto en los vagones y un olor a miedo se esparcía cuando estos se abrían; otros aún respiraban. Los niños lloraban, las mujeres se quejaban y los hombres llamaban a sus familias».[8]

Años después, Capesius relató el periodo más sangriento del campo en sus típicamente desapasionados y clínicos términos: «Entre el 14 de mayo y el 7 de julio de 1944 arribaron 34 trenes con

288,357 judíos del norte de Transilvania y Hungría, quienes pasaron por el proceso de selección en la rampa; de ese número, solo cerca de un tercio fue declarado apto para trabajar y se salvó. Los niños menores de 14 años no entraban en esa categoría».[9]

La fase más criminal de Auschwitz esa primavera es impactante en sí misma, pero es aún más extraordinaria a la luz de lo que estaba ocurriendo en otras partes de la guerra. El año anterior, 1943, marcó el fin del que había parecido el imparable ímpetu nazi. El sitio de cinco meses de Stalingrado resultó en una impactante victoria rusa, cuando más de un cuarto de millón de tropas alemanas se rindieron. El mariscal de campo Erwin Rommel, el célebre Zorro del Desierto, retrocedió a través de África del norte antes de huir a Alemania, medio paso adelante del cuerpo de tanques de estadounidenses y británicos. Italia abandonó al Tercer Reich y pactó con los aliados. Además, el ejército soviético repelió una ofensiva alemana en la que tuvo lugar la batalla de tanques más grande de la historia, en la ciudad rusa de Kursk. Pero, si 1943 fue el año en el que la *blitzkrieg* nazi se convirtió en solo un recuerdo, 1944 fue cuando los aliados cambiaron la situación en su favor.

Enero y febrero iniciaron con las proclamadas inexpugnables defensas aéreas alemanas destrozadas por bombardeos británicos masivos sobre Berlín, Fráncfort, Hamburgo y Leipzig. Durante una feroz batalla, el ejército de Estados Unidos estableció una cabeza de playa en Anzio, a solo 50 kilómetros al sur de Roma. Ese febrero, el ejército de Stalin capturó diez divisiones alemanas en Ucrania central, y los aliados se preparaban febrilmente para la gran invasión por tierra en Normandía ese verano.

Al interior de Alemania, el rápido aumento de las bajas y los informes de los reveses se convirtieron en el enraizado pesimismo de que la guerra podía estar perdida. Por lo menos quedaba claro que los planes de Hitler de conquistar toda Europa ahora eran un torpe sueño que había sumido a la patria en su segunda guerra devastadora del siglo XX. Sin embargo, en Auschwitz, aquellos involucrados en los crímenes más grandes de la historia aparentemente no pensaban dos veces en expandir agresivamente la maquinaria de muerte. En lugar de dar marcha atrás y preguntarse si algún día tendrían que responder por sus pecados, los que dirigían el campo sorprendentemente parecían ignorar la cambiante fortuna de los tiempos de guerra.

En cuanto a Capesius, alguien que trabajaba con él en el dispensario observó que había visto la oportunidad de beneficiarse en la medida en que el ritmo de los convoyes húngaros agotaba la capacidad del campo. Wilhelm Prokop, un farmacéutico prisionero, afirmó: «Llegué a conocer a Capesius como una persona que siempre estaba tratando de sacar el máximo provecho de los enormes transportes de húngaros».[10] Capesius en un principio esgrimió el pretexto de buscar medicamentos y equipo médico de los nuevos prisioneros para en cambio buscar solo objetos de valor.[11] Nyiszli, el asistente de Mengele, dijo que Capesius rápidamente desarrolló «la reputación de un gran organizador» del botín que llegaba.[12]

Ferdinand Grosz, un preso farmacéutico judío que había conocido a Capesius en su papel de vendedor de Bayer, llegó a Auschwitz en junio y fue asignado al dispensario. Vio a su jefe en la rampa de selección varias veces a la semana y «respecto a las medicinas, su único interés en ellas era hacernos revisar todos los frascos de crema de los prisioneros o los tubos de pasta de dientes, en busca de joyas escondidas. Venía con nosotros todos los días para saber si habíamos encontrado algo. Solo en esos meses que trabajé en la enfermería reunió una enorme cantidad de joyas, lo que veía como un ingreso natural y apropiado para él».[13]

El enfermero preso, Ludwig Wörl, sabía que Capesius era un apasionado buscador de diamantes escondidos en los medicamentos. «Los objetos de valor eran mucho más importantes para Capesius que la vida de los prisioneros», observó Wörl.[14]

El hurto de Capesius era fácil, ya que bajo las leyes de Auschwitz todos los artículos que había incautado personalmente en la rampa los llevaba a su dispensario, sin firmar ningún documento en el que reconociera haberlos recibido. Esa fue una gran deficiencia en la de otra manera sofocante burocracia alemana, que dominaba cada aspecto del asesinato masivo, un hueco que Capesius explotaba con regularidad.

Después de regresar de un viaje a la estación, el farmacéutico polaco Tadeusz Szewczyk recordó que Capesius le había ordenado «tomar algunas maletas de la ambulancia. Estas eran valijas de piel de varios tamaños, y yo debía llevarlas al almacén de la farmacia. Eran 15 maletas... y me quedé con Capesius y seleccionamos el contenido. Las mejores cosas se empacaban en las mejores maletas. El doctor Capesius tomó todo». De acuerdo con Szewczyk, «todo» incluía dinero extranjero —que Capesius colocó de inmediato en su caja de efectivo—, joyería y *Reichsmarks*, los cuales guardó en cajas separadas.[15]

En una ocasión en que Capesius deseaba un broche de diamantes para su esposa, «comisionó» a su principal asistente, Sikorski, para que le encontrara uno. Cuando finalmente Sikorski se lo llevó, Capesius lo premió con 12 botellas de aguardiente.[16]

El farmacéutico preso Prokop también fue testigo de primera mano de lo que Capesius era capaz:

«Un día estaba clasificando medicinas en el almacén de la buhardilla cuando apareció Capesius. Él previamente se había hecho cargo de las maletas que se guardaban ahí, que habían pertenecido a los prisioneros. Capesius trajo dichas maletas personalmente del campo de Birkenau. Puse atención en sus actividades durante mi turno. Observé cómo Capesius separaba los objetos de valor y artículos caros y los empacaba en las mejores maletas de piel».

El equipaje fue llenado con «trajes nuevos de primera clase». Prokop veía boquiabierto cómo Capesius seleccionaba todo eso. Cuando Capesius se dio cuenta de que Prokop lo observaba, se detuvo.

«Prokop, tú sabes por qué estás aquí. Tarde o temprano vas a tener que morir. En ti está decidir cuándo llegará ese momento. Si ves cosas y hablas de ellas, entonces ese tiempo llegará más pronto de lo que supones. Espero que me hayas entendido».

Más tarde, Prokop afirmó: «Yo sabía que si le decía a alguien algo sobre eso, estaba perdido».[17]

Capesius ordenó a Prokop esconder dos de las maletas llenas con la mejor ropa. Al día siguiente, cuando Prokop las buscó, habían desaparecido.[18]

El farmacéutico de Auschwitz había llegado a un punto de inflexión. Ahora estaba dedicado a esconder todo lo que pudiera para que cuando acabara la guerra tuviera suficiente dinero para iniciar una nueva vida.

Capítulo 11

Oro dental

El 20 de agosto de 1944, los SS de Auschwitz vieron por sí mismos cuán radicalmente había cambiado la dinámica del campo de batalla en contra del Tercer Reich. Ese día, los bombarderos aliados probaron los límites de su alcance y atacaron Monowitz. Para fortuna de los pilotos, I.G. Farben era tan grande que era imposible errar incluso en un solo bombardeo. Los empleados alemanes y los ejecutivos de Farben, junto con los polacos libres y los trabajadores de Europa Occidental, se amontonaron en los refugios antiaéreos de la fábrica. Los trabajadores forzados y los prisioneros de guerra tuvieron que arreglárselas solos.[1] La incursión mató a 40 de los 1,200 prisioneros de guerra británicos. (Farben incluso había arreglado transferir a Monowitz a prisioneros de guerra especializados). Las sirenas antiaéreas volvieron a sonar dos veces más el siguiente mes, y el 13 de octubre un ataque aéreo cayó otra vez sobre Monowitz. (La cuestión de por qué los aliados no bombardearon las vías de ferrocarril sobre las cuales los nazis transportaban a cientos de miles de judíos a las cámaras de gas durante esa época es un tema muy debatido).[2] Capesius no estuvo durante los bombardeos de septiembre, puesto que tenía una licencia de dos semanas.[3] Había querido ir a casa con Fritzi y sus hijas. Ella todavía manejaba la farmacia de la familia en Sighişoara. Pero cualquier viaje a casa para Capesius era sumamente riesgoso, porque el Ejército Rojo había tomado Transilvania, y Rumania había abruptamente cambiado de bando, de respaldar a Alemania se unió a los soviéticos en su lucha contra los nazis. Fritzi le había enviado una carta informándole que su condominio en Bucarest había sido destruido en un ataque de represalia de la Luftwaffe.[4]

Inicialmente, Capesius viajó al norte con la esperanza de hallar un camino seguro a casa. Iba acompañado de Lotte Lill, una enfermera asignada a Auschwitz que estaba casada con un oficial SS alemán de origen y amigo de Capesius.[5] Cuando se acercaban a la frontera rumana, rememoró más tarde Capesius, «se sentía algo espantoso, como el fin del mundo. La emoción dominante era el miedo».[6] Muchos rumanos habían recibido a los rusos como sus libertadores. La opinión pública había cambiado rápidamente en contra de los alemanes de origen, como Capesius, que seguían combatiendo por el Tercer Reich.

Después de varios intentos fallidos, Capesius y Lill abandonaron su pretensión de llegar a salvo a Schässburg. Capesius regresó a Auschwitz. De acuerdo con Roland Albert, Capesius tuvo que volver para dirigir la ejecución del *Sonderkommando* después de una sublevación sin precedentes. «Puesto que él estaba a cargo del Zyklon B, tuvo que reportarse al servicio», recordó Albert.[7] En sus notas de posguerra, Capesius solo anotó: «Esa misma tarde serví mi excelente aguardiente húngaro de durazno en las barracas» a «los doctores Fischer, Klein y Mengele». También omitió en su relato que tuvo que regresar para enfrentar un problema muy personal.

Corría el rumor de que Capesius, de 37 años, estaba teniendo un romance con Éva Citron-Bard, una presa judía de 26 años, farmacéutica de Transilvania, que conoció casualmente antes de la guerra. Fue seleccionada a su arribo en el verano de 1944 por los doctores Klein y Mengele, y después de solo cinco semanas había empezado a trabajar en el dispensario. Después de la guerra, Capesius les escribió a sus amigos sobre su «rubia asistente, Éva», destacando que era «una amigable criatura con un cabello rubio de tres centímetros de largo, que más tarde creció hasta llegar a una cola de caballo, algo normalmente prohibido en el campo de concentración».[8] Hermann Langbein, el prisionero político austriaco que trabajaba para el médico en jefe, ya sabía de la presunta relación cuando el rumor llegó a la oficina del doctor Wirths.[9]

Afortunadamente para Capesius, la Gestapo nunca abrió una investigación formal.

Al regresar a Auschwitz el 22 de septiembre, Capesius se alarmó cuando Éva le dijo confidencialmente que, mientras él estaba ausente, alguien del mando SS había decidido que «ella sabía demasiado» y que debía ser eliminada.

—¡Gracias a Dios que regresaste, *Hauptsturmführer*! Ahora sé que viviré —le dijo emocionada.

Capesius sospechó en un principio que su enemigo, el doctor Wirths, estaba detrás de todo. Pero pronto supo que eran otros trabajadores presos que estaban celosos del elevado estatus de Éva.

«Entonces hablé con los médicos en las barracas sobre Éva», relató[10]. «Discutí todo el incidente».

Su convincente y extraña intervención a favor de una prisionera judía tuvo éxito.

«No le ocurrió nada a la presa Éva», contó más tarde a sus amigos.

En octubre, Farben ordenó que regresaran a casa todas las mujeres y niños de Monowitz. Que los ejecutivos de Farben pensaran que ya no podían darle seguridad a los civiles era una señal de lo pronto que la situación en el campo de batalla se estaba deteriorando, y la presión sobre Farben crecía, no solo en lugares como Monowitz. El indispensable papel que jugaban los conglomerados en el esfuerzo bélico nazi ahora era el objetivo central de los aliados. El mes anterior a la evacuación de mujeres y niños alemanes de Monowitz, el presidente Franklin Roosevelt envió una carta pública al secretario de Estado, Cordell Hull, diciéndole: «La historia de la utilización del grupo I.G. Farben por los nazis se lee como una historia de detectives. La derrota del ejército nazi debe ser seguida de la erradicación de esas armas de guerra».[11] Los directores de la compañía temían que la empresa sufriera un asalto total una vez que la lucha terminara.

La creciente evidencia de que la guerra se estaba perdiendo se añadía al apremio de los ejecutivos de Farben y de los SS del campo. Significaba que la ventana de oportunidad para el enriquecimiento personal se estaba cerrando rápidamente.

Capesius vio como ocasión única de futuros beneficios el subterfugio de otra orden girada en esa época por el doctor Wirths. De acuerdo con Capesius, Wirths había ordenado que todos los asistentes presos que trabajaban en el dispensario y sabían de los asesinatos en masa, debían ser gaseados. Él alegó que mantenía a sus farmacéuticos presos vivos haciéndolos «trabajar en todo tipo de proyectos innecesarios». Los «proyectos innecesarios» se limitaban, dijo, a «revisa[r] varias veces» un flujo desbordante de pertenencias personales de las víctimas acumuladas en el dispensario. De hecho, Capesius tenía muy poco interés en salvar sus vidas; en vez de ello, estaba enfocado en ponerlos a trabajar escarbando en busca de objetos de valor.

Capesius se había embarcado en su más horripilante botín de guerra: la búsqueda de rellenos de oro extraídos de las bocas de los prisioneros gaseados. El oro dental recolectado de los cadáveres, junto con monedas de oro, relojes, cigarreras y joyas arrancados a los prisioneros que llegaban, se habían fundido en lingotes. En promedio, los nazis cosechaban entre 29 y 34 kilos de oro diariamente en Auschwitz.[12] Resultó una gran fuente de lucro para las SS. Desde 1943, empezaron a llegar al Reichsbank, el banco central en Berlín, cargamentos de oro con el sello de «Auschwitz». Gran parte del mismo se prensaba en barras, y a cada una se le estampaban una suástica y las palabras *Preußen Staatsmünze-Berlin* (Fábrica de Moneda Prusiana en Berlín). No está claro cuánto oro se extrajo de los cadáveres de Auschwitz, puesto que después de la guerra el ejército de Estados Unidos capturó los registros nazis con la cantidad exacta de oro embarcado del campo a Berlín. Los estadounidenses no sacaron copias antes de devolverlos a los archivos de Alemania Occidental, donde más tarde fueron destruidos como parte de «un mantenimiento de rutina».[13]

Yakoov Gabai, un preso del *Sonderkommando*, rememoró el espeluznante proceso de extracción del oro de los muertos: «Había dos individuos de Checoslovaquia, los llamados dentistas; ellos arrancaban el oro de las bocas de las víctimas. Eran dentistas verdaderos… había una gran caja ahí, en la que arrojaban el oro. Una gran caja, de un metro cúbico, con la palabra *Alemania* impresa en ella. Ellos arrojaban los dientes de oro dentro de ella».[14]

Operaban en un búnker que servía como una infernal estación de paso para los cuerpos retorcidos entre las cámaras de gas y los crematorios.[15] Se vieron en problemas para mantener el ritmo con la afluencia de cadáveres de los convoyes húngaros que llegaban a toda hora. Cuando los cuerpos empezaron a apilarse, el comandante Höss se preocupó de que el trabajo atrasado pudiera significar incluso dejar atrás una espantosa evidencia de lo que había ocurrido en Auschwitz, así que, en el otoño de 1944, cuando el Ejército Rojo marchaba inexorablemente hacia el oeste, Höss apresuró el manejo de los cuerpos. Una nueva tanda de presos, armados con tenazas, arrancaban lo más rápidamente posible los dientes de las pilas de muertos.

Fue un giro del destino el que puso el oro dental en el dispensario de Capesius. En 1943, uno de los oficiales SS comisionado para escoltar un maletín de oro dental a Berlín, huyó con el horrendo botín (fue arrestado en Dusseldorf). Después de ese hurto, el oro fue puesto bajo la jurisdicción del jefe de la clínica dental de Auschwitz, el doctor Willi Frank, y su dentista principal, el teniente Willi Schatz.[16] Gran parte del oro cosechado se había refundido en grandes baúles y se había enviado a través del campo de Birkenau a Schatz. Quiso la suerte que la oficina de Schatz estuviera en el dispensario de Capesius. Y esa fue la razón por la que Capesius ofreció a sus farmacéuticos presos como «voluntarios» para revisar esos maletines llenos de miles de dientes arrancados a los cadáveres. Era una macabra colección.

De acuerdo con Capesius, «esos maletines eran enviados a nosotros o a la unidad dental del doctor Schatz, para que los dientes de oro se extrajeran de sus montaduras y se usaran en nuevas prótesis para los prisioneros, pero, dado nuestro equipo, eso era totalmente imposible».[17]

Incluso si ese equipo hubiera estado disponible, Capesius no tenía la intención de emplear ningún oro extraído en beneficio de los presos. De hecho, había arreglado personalmente la transferencia de un suboficial SS, Boleslaw Frymark, de su puesto en la «unidad de extracción dental» al dispensario.[18] Él y sus colegas de las SS estaban entonces convencidos de que los prisioneros que quedaban estaban destinados a morir en las cámaras de gas. El aliciente de la codicia era devorador.

El farmacéutico Prokop recordó más tarde haber visto entre 50 y 100 maletas «desbordantes de dientes de oro extraídos a las víctimas muertas, todavía con pedazos de carne adheridos a ellos. El hedor era horroroso».[19] En otro cuarto del dispensario se tropezó con «de 25 a 40 diferentes bolsas con miles de dientes extraídos y juegos completos de dentaduras». Al igual que la macabra colección de baúles que había visto antes, «estos dientes provenían de mandíbulas de prisioneros gaseados, muchas veces con pedazos de encía y hueso todavía colgando de ellos».[20]

El asistente de Capesius, Sikorski, relató después de la guerra: «En el sótano del edificio, donde se ubicaba el dispensario de las SS, había baúles repletos de dientes... La primera vez que aparecieron, el doctor Capesius me los mostró... Conté 15 baúles; [estos] habían sido traídos de los crematorios».[21]

De acuerdo con Sikorski, Capesius asignó a un prisionero polaco, Maciej Sulikowski, para vigilar que un grupo de presos «fundiera el oro... y había que dejar algo para el jefe». Sikorski vio el resultado de su trabajo cuando «algunos presos me mostraron unas barras de oro de 600 o 700 gramos cada una, hechas con los empastes y los dientes de oro fundidos».[22]

Un día, Prokop estaba con Capesius en la buhardilla del dispensario. «Capesius subió las maletas», narró Prokop. «Estaban repletas de dientes y pedazos de quijada, encía y hueso que aún pendían de ellos. Todo había comenzado a descomponerse. El hedor era terrible. Era un panorama macabro».

Prokop le dijo a su jefe que pensaba que esa siniestra colección debía ser almacenada en la oficina dental. Capesius lo ignoró y en cambio se inclinó sobre las maletas y «con sus propias manos empezó a hurgar en el hediondo revoltijo. Sacó una dentadura y trató de calcular su valor. Yo salí corriendo».[23]

A lo largo del tiempo, cuando Prokop revisaba las maletas con dientes almacenadas, notaba que «su contenido disminuía día a día».

Los socios de Capesius en este grave hurto de oro dental eran sus amigos, los dentistas del campo, doctores Schatz y Frank. Por su parte, Capesius envió docenas de pequeños paquetes llenos del oro saqueado a su hermana en Viena.[24] Las instrucciones eran claras: esconderlo en un lugar seguro puesto que el oro podía ser la única moneda aceptable en el caos del fin de la guerra.

Capítulo 12

Un final inminente

En noviembre de 1944, Heinrich Himmler aceptó por fin que la guerra se había perdido. El jefe de las SS ordenó el cese de las ejecuciones en masa. El 2 de noviembre fue el último día que el Zyklon B se empleó en Auschwitz. A fines de noviembre, decenas de miles de presos de Auschwitz y otros campos de la muerte polacos fueron obligados a marchar con rumbo al oeste, lejos del avance del ejército soviético, hacia los campos de concentración de Alemania. Muchos miles que ya estaban débiles y enfermos murieron durante esas marchas. En el caso de los 4,500 judíos de Monowitz que se dirigían hacia Bergen-Belsen, la mayoría fue asesinada por guardias nazis después de que trataron de huir a un bosque cercano durante el caos que siguió a un bombardeo aliado.

En Auschwitz, los nazis habían empezado a desmantelar la evidencia del asesinato en masa. El 1 de diciembre, una unidad de demolición integrada por 200 presos (la mitad de los cuales eran mujeres) empezó a destruir los crematorios. Los nazis estaban en una carrera para eliminar tanta evidencia en contra como fuera posible frente al cercano día en que tuvieran que abandonar el campo.

Para enero, los nazis se dieron cuenta de que era imposible evacuar a todos los presos. La cantidad era abrumadora. Cerca de 600,000 prisioneros todavía estaban en los campos de concentración y alrededor de 250,000 eran trabajadores esclavos de compañías como Farben.[1]

Durante la segunda semana de enero, Farben envió a casa al resto de sus empleados alemanes. El sábado 13 de enero, 96 aviones aliados bombardearon Monowitz durante 15 minutos ininterrumpidos. Era un recordatorio de que la evacuación había empezado justo a tiempo. Un escuálido equipo se quedó con órdenes de supervisar las últimas etapas de destrucción de documentos y sabotear la planta para dejarla inservible para los rusos.

Capesius y sus colegas estaban preparando febrilmente sus propias partidas. Cada uno tenía diferentes prioridades respecto a qué era importante antes de huir. Mengele, por ejemplo, fue a las dependencias de los médicos judíos y anunció que todo lo que pudiera moverse debía ser empacado, incluso su mesa de disección de mármol. Después pasó a la oficina de su antropóloga presa, la doctora Martina Puzyna. Ahí fue donde cientos de gemelos fueron medidos antes de ser sometidos a su tortura médica. «Entró a mi oficina sin decir palabra», narró. «Tomó todos mis papeles, los colocó en dos cajas, y se los llevó en un auto que lo estaba esperando».[2] El resto de los médicos SS se encontraba en el trance de arrasar con las pruebas de sus experimentos.

En cuanto a Capesius, luchaba por llevarse todo el oro que fuera posible. Su asistente principal, Sikorski, observó que, en el dispensario, «en el sótano del edificio... había baúles llenos de dientes». Durante esos caóticos últimos días, Capesius sorprendió a Sikorski: «Tú eres un prisionero y yo soy un oficial de las SS. En dos meses puede ser al revés».[3] Sikorski no respondió, y cuando volvió a revisar los baúles, aunque seguían ahí «ya no había oro en ellos».[4]

Capesius apremió a sus amigos, los Stoffel, a que huyeran hacia el oeste. Les dijo que el ejército alemán del este estaba en plena retirada. El 15 de enero, en medio de una intensa tormenta de nieve, los Stoffel se dirigieron a Bad Tölz, en Bavaria.[5] Capesius huyó del campo tres días después, el 18 de enero, con cuatro presas asistentes, incluyendo a Éva Citron-Bard. Se abrieron camino hacia Wodizislaw Śląski, una ciudad medieval en el sur de Polonia, en la frontera con Checoslovaquia. Ahí, dijo, dejó a Éva y a un par de otras presas en una fábrica de tejidos para que siguieran trabajando como prisioneras.[6] Respecto a él, su nueva tarea estaba en Mauthausen, un vasto campo de concentración a 19 kilómetros de Linz, en Austria. Gerhard Gerber, el asistente farmacéutico de Auschwitz, había sido transferido ahí un mes antes. «Trabajó ahí hasta el último momento en la farmacia», afirmaría más tarde Capesius. «Yo no hice nada en Mauthausen».[7] Los registros no son claros acerca de cuánto tiempo pasó ahí, pero lo que es innegable es que a más tardar en abril se dirigió a Berlín, donde fue asignado a la Estación Médica Central.[8]

A pesar de sus frenéticos esfuerzos, la Solución Final había sido de tal magnitud que fue imposible para los nazis destruir toda la evidencia incriminatoria antes de huir. El avance en el campo de batalla del Ejército Rojo había cobrado más impulso a mediados de enero. Los que aún estaban en el campo podían escuchar a la artillería rusa atacar sin descanso las debilitadas posiciones alemanas. Los nazis no dudaban de que los rusos, que habían perdido a millones durante la guerra y cuyos prisioneros habían sido tratados tan inmisericordemente como los judíos, iban por la revancha. Ello provocaba una gran aprensión entre los SS que quedaban, lo que los obligaba a elegir entre su propia libertad o quedarse a cumplir la orden de Himmler de eliminar toda evidencia de los crímenes. El 19 de enero, los SS restantes organizaron un contingente de presos que pasó toda la mañana apilando los cadáveres que habían dejado tendidos por más de una semana. Y durante la tarde, esos mismos prisioneros recobraron de los almacenes de «Canadá» tanto como pudieron de cientos de maletas que no habían sido registradas en busca de objetos de valor. Esa noche, los SS prendieron fuego a los muertos y al equipaje.[9]

Cuando el Ejército Rojo ingresó en el perímetro del campo, el 27 de enero, halló cerca de 600 cuerpos sin enterrar y aproximadamente 15,000 prisioneros vivos. Eran los que estaban demasiado enfermos para emprender la marcha hacia el oeste y con las cámaras de gas destruidas no había habido manera, en los últimos días, de eliminarlos. Incluso las endurecidas tropas del Ejército Rojo se impactaron al ver a los prisioneros casi muertos, como zombis esqueléticos. A los pocos días de la liberación, cientos murieron por complicaciones de desnutrición y enfermedad. En Monowitz, casi la mitad de los 800 prisioneros abandonados también murió a los pocos días.[10]

En los almacenes de «Canadá» los rusos encontraron la mayor evidencia, desgarradora, de lo que había ocurrido en Auschwitz: 837,000 vestidos de mujer, 370,000 trajes de hombre, 44,000 pares de zapatos y casi ocho toneladas de cabello humano.[11]

Cuando la noticia de que los rusos habían tomado Monowitz llegó a las enormes oficinas generales de Farben en Fráncfort, Fritz ter Meer, el ministro de Armamento del Reich y director de Farben, ordenó la destrucción de la documentación de la compañía.[12] Como en el caso de Auschwitz, había demasiado que destruir. Empleados presos del pánico lanzaron por las ventanas, hacia un inmenso patio, unas impresionantes cien toneladas de documentos. Parte de ellos ardió en grandes hogueras, en tanto que varios camiones atestados de archivos se dirigieron a la bóveda de una sucursal cercana del Reichsbank.[13]

A pesar del último intento por deshacerse de pruebas, los aliados capturaron un almacén lleno de papeles cuando tomaron las oficinas centrales de Farben. No fue ese el único lugar donde la empresa dejó tras de sí evidencia clave. En la planta de Ludwigshafen, un equipo británico y estadounidense de recuperación de documentos descubrió papeles muy importantes enterrados en un bosque cercano. En otros casos, Farben no tuvo tiempo de destruir su avanzado laboratorio químico en Oppau, así que los aliados lo desarmaron y lo enviaron a Inglaterra para que los especialistas le echaran un vistazo.[14]

Muchos de los soldados que encontraron los documentos escondidos se sintieron decepcionados de haber descubierto papeles en lugar de alguno de los tesoros artísticos europeos desaparecidos, de cuyo infame expolio los nazis eran responsables. Pero, mientras que las tropas que estaban en la línea del frente podían estar buscando pinturas, esculturas y oro, un equipo de fiscales e investigadores estadounidenses y británicos que había estado recopilando crímenes de guerra desde 1943 estaba eufórico. Sabían que la evidencia de cualquier documento que hubiera sobrevivido a la orden de Himmler de «no dejar huella» sería indispensable para hacerlos responsables —desde a los guardias que habían arrojado a los judíos en las cámaras de gas hasta a los directivos de la compañía que habían firmado las órdenes de emplear mano de obra esclava— de los crímenes del Tercer Reich.

Para abril, las tropas estadounidenses habían llegado a Núremberg y el Ejército Rojo estaba en las afueras de Berlín. Buchenwald fue liberado por el ejército estadounidense el 11 de abril, y las tropas británicas entraron a Bergen-Belsen el 15 de abril. Dos días más tarde, Capesius escapó del Ejército Rojo y se dirigió al norte de Berlín, a las ciudades norteñas de Flensburg y Husum, en la provincia alemana de Schleswig-Holstein.[15] Viajó con otros oficiales SS de la oficina médica central. Capesius formaba parte de un contingente que incluía a Himmler. «Al final estuve muy cerca de él», recordaría años más tarde.[16]

El Tercer Ejército del general Patton llegó al campo de concentración de Flossenbürg el 23 de abril, menos de una semana después de haber liberado Dachau. Al día siguiente de que Dachau fue liberado, Hitler se suicidó en su búnker en Berlín.

CAPÍTULO 13

Bajo arresto automático

El 5 de mayo, la 11ava. División Blindada estadounidense liberó Mauthausen. Fue el mismo día en que las tropas británicas capturaron a Capesius cerca de Flensburg.[1] Dos días después, la guerra terminó con la rendición incondicional de Alemania.

Mientras las tropas estadounidenses y británicas libraban los últimos fieros combates, las unidades de apoyo militar detrás del frente se preparaban afanosamente para un flujo previsto de cinco millones de prisioneros de guerra alemanes y más de diez millones de refugiados. Habían estado transformando cientos de barracas militares, escuelas, incluso prisiones y antiguos campos de concentración, en híbridos centros de detención.[2]

Capesius fue transferido al centro de detención 2375, uno de los cinco campos que los británicos habían instalado apresuradamente en los alrededores de Zedelgem, en el oeste de Bélgica. Ahí fue donde, el 23 de mayo, se enteró de que el jefe de las SS, Heinrich Himmler, se había quitado la vida después de ser arrestado, con una cápsula de cianuro que llevaba escondida en la boca.

Las impactantes cantidades sobrepasaron a los aliados, que rápidamente se rezagaron en el procesamiento de prisioneros de guerra y refugiados. Un primer objetivo fue repatriar a los refugiados a sus países de origen tan pronto como fuera posible. Eso era más fácil decirlo que hacerlo. Muchos no querían regresar a los países del este que estaban bajo ocupación soviética y a los sobrevivientes de los campos de concentración a menudo no les quedaba un lugar que pudieran llamar hogar. Sus familias estaban muertas, sus casas habían sido confiscadas y sus comunidades eliminadas.

Otra prioridad era localizar de alguna manera entre los millones de prisioneros de guerra a aquellos que eran culpables de haber perpetrado el genocidio del Tercer Reich. Separar a los SS de los soldados rasos fue un primer paso. Por tanto, los aliados hicieron que los prisioneros de guerra se desnudaran hasta la cintura en busca del pequeño tatuaje de su tipo de sangre SS. Así, para Capesius y un millón de Waffen-SS, el tatuaje que había sido el símbolo de que eran una tropa nazi de élite se había convertido en la marca de Caín. Cualquier prisionero de guerra con el tatuaje era ubicado en una parte del campo con mayor seguridad y se sometía a un interrogatorio más intensivo. Debido a la afluencia masiva, muchos de esos detenidos terminaban pasando la mayor parte del año bajo custodia.[3]

Al principio de su detención, Capesius llenó un *Fragebogen,* un cuestionario de seis páginas con 131 preguntas que los británicos y los estadounidenses habían desarrollado juntos. Cada alemán de más de 18 años tenía que responder uno. Mientras que se esperaba que este pudiera diferenciar a los empleados de escritorio de los arquitectos de la Solución Final, también se sabía que muchos nazis simplemente mentirían, así que las respuestas de cada cuestionario debían ser confrontadas con los archivos del partido nazi, los registros alemanes de la guerra, los archivos del contraespionaje, así como con registros de policía, certificados del servicio civil, publicaciones y ocasionalmente incluso informantes.[4] Puesto que las respuestas estaban en alemán, la habilidad de los estadounidenses y británicos para procesarlas dependía de cuánto personal militar aliado que hablara fluidamente alemán se podía dedicar a solo esa tarea. Por lo que no fue nada sorprendente que pronto hubiera un importante rezago. Para fines de 1945, en las zonas de ocupación británicas y estadounidenses había cerca de 17 millones de *Fragebogens* terminados. Alrededor de diez millones de esos cuestionarios, en su mayoría de prisioneros de guerra como Capesius, no habían pasado ni siquiera por una revisión inicial.[5]

Fritzi Capesius no tuvo la seguridad de que su esposo estaba vivo sino hasta fines de 1945, cuando recibió una postal suya a través de la Cruz Roja. La embargó la emoción de que estuviera a salvo, aunque una sospecha de su servicio en Auschwitz la angustiaba, ya que había «escuchado cosas horribles sobre eso».[6] Fritzi, de 38 años, pensaba que las noticias del cautiverio de su esposo eran las mejores que había recibido desde el fin de la guerra. En la Rumania bajo control comunista, ella ya no era la esposa de un hombre de negocios estimado y exitoso. En cambio, el nuevo gobierno decidió expropiar la propiedad de aquellos que habían ayudado a los nazis. La farmacia de la familia Capesius, Apotheke zur Krone (Farmacia Corona), fue incautada. De ser la propietaria, Fritzi se convirtió en una simple empleada. Se les obligó a ella y a sus tres hijas a cambiarse a un departamento más pequeño, y pronto se encontró planchando camisas en una cooperativa local con objeto de ganar lo suficiente para mantener a su familia.[7]

En febrero de 1949, mientras estaba detenido, Capesius conoció a algunos alemanes de origen. Los describió como «sajones de Transilvania, muchachos campesinos que habían desempeñado labores como guardias en Auschwitz y en Bergen-Belsen. Habían estado preguntando si alguien conocía o había visto al farmacéutico de Auschwitz.

«Cuando el grupo fue llevado ante mí», narró más tarde Capesius, «me dijeron que el *Obersturmführer* doctor Fritz Klein había estado con ellos en Bergen-Belsen, que habían sido acusados juntos en el juicio de Bergen-Belsen».[8]

El anterior septiembre, los británicos habían llevado a cabo el primer juicio de crímenes de guerra, condenando a 45 SS, hombres y mujeres, y a algunos *kapos* que habían estado con ellos en Bergen-Belsen. Treinta y uno fueron encontrados culpables después de un juicio de tres meses. El amigo de Capesius, el doctor Klein —de despreciable memoria, ya que una foto de posguerra con él de pie junto a un pequeño montículo de cadáveres en Belsen se presentó como evidencia—fue ahorcado el 13 de diciembre de 1945.

Ahora, a dos meses de que Klein y diez de sus colegas SS habían sido ejecutados, unos cuantos alemanes de origen transferidos al Campo 2375 habían preguntado por y encontrado a Capesius. La autora descubrió la identidad de uno de los integrantes del contingente de Belsen, un alemán de origen de Rumania de 28 años de edad llamado George Kraft, que se había incorporado a las SS el mismo mes que Capesius en 1943. Kraft había servido como guardia en Buchenwald y Belsen, y posiblemente también en Auschwitz, aunque negaba los testimonios oculares que lo situaban ahí.[9]

Capesius pronto descubrió por qué Kraft y sus amigos lo estaban buscando.

«El doctor Klein les había hecho un encargo: dondequiera que fueran tenían que buscar al doctor Capesius, el farmacéutico de Auschwitz, su compatriota de Reußmarkt», relató más tarde en tercera persona. «Se suponía que le tenían que decir que [Klein] está enfrentando la muerte con calma, y está feliz de que él, Klein, por su intercesión en Auschwitz, pudo proteger, al doctor Capesius, de la culpabilidad».

Además, Kraft informó a Capesius que Klein quería que supiera que su amante, la farmacéutica rumana presa, Éva Citron-Bard, había sobrevivido a la guerra. Klein la había visto después de que ambos habían sido transferidos a Belsen, y, cuando ella contrajo el tifo, él se desvió de su camino para conseguirle comida y medicina.

«Esto lo había hecho como una última amabilidad hacia el doctor Capesius, porque sabía que con seguridad él así lo habría querido».[10]

Poco después de su encuentro con los antiguos guardias de Belsen, los británicos transfirieron a Capesius a Neuengamme, en el norte de Alemania. Este había sido un campo de concentración nazi que los británicos habían convertido en una gran prisión. El 17 de abril de 1946 emitieron un decreto que en esencia clasificaba a todos los alemanes de origen reclutados por las Waffen-SS, como Capesius, como soldados rasos alemanes. Eso significaba que el ser un Waffen-SS no era causa automática de una investigación más intensiva o de una detención más larga. Cinco semanas más tarde, el 25 de mayo de 1946, a un poco más de un año de que Capesius fuera capturado, los británicos —desconociendo cuánta sangre había en sus manos— lo liberaron.[11]

Después de su excarcelación, el aliviado Capesius se fue a Stuttgart. La ciudad se encontraba aún en las primeras etapas de recuperación, puesto que había perdido cerca de 70% de sus edificios a causa de los severos ataques aéreos de los aliados.

Ahí, con su verdadero nombre alquiló un departamento en el 48 de Bismarckstrasse.[12]

A pesar de que ardía en deseos de regresar a Rumania con su esposa e hijas, abandonó la idea cuando supo que una corte en Cluj-Napoca, la capital de su nativa Transilvania, lo había juzgado junto con otros 148 alemanes de origen que habían servido a los nazis y lo había acusado de crímenes de guerra.[13] La corte lo había condenado y sentenciado a muerte en ausencia mientras había estado detenido por los británicos.[14]

Finalmente, supo por un amigo de la familia qué había pasado. Una rumana sobreviviente de Auschwitz, Marianne Willner, regresó a casa después de la guerra y consiguió trabajo como técnica de rayos X en una clínica médica en Sighişoara que fue utilizada durante la guerra por militares rumanos y alemanes. En su apresurada retirada ante el avance de los soviéticos, dejaron muchos documentos intactos. Un día, recordó Willner, «encontré dos interesantes documentos en un cajón: un libro de un SS y una libreta con una fotografía y la firma de un Victor Capesius. Miré la fotografía y le dije a mi esposo: "Este hombre me seleccionó en Auschwitz"».

Marianne recordaba nítidamente «al oficial SS de hombros anchos y rostro fuerte que hablaba húngaro perfectamente». Cuando ella llegó a Auschwitz en junio de 1944, marchó junto con otras mujeres hacia el SS que estaba de pie en la parte superior de la rampa. Era «amigable y encantador. Era alegre, reía, actuaba jovialmente y con buen carácter… Quien se sintiera cansada debería ir al otro lado [dijo]. Ahí había un campo de descanso. Todo en él era agradable y confortable. Podríamos reunirnos con nuestros parientes otra vez. Muchas amigas fueron. Instintivamente yo no lo hice. Yo quería quedarme con mis amigas en el otro lado. Así, cerca de un ciento de mujeres se dirigieron hacia su muerte».

Después, un joven estudiante de medicina en Auschwitz le dijo a Willner «que el oficial en cuestión era de Transilvania, que por eso hablaba tan bien el húngaro, que era farmacéutico y se llamaba Capesius… [ella] sabía eso porque su padre también era farmacéutico».[15]

Willner no ignoraba que en su pequeño pueblo rumano «todo mundo hablaba de que Capesius había estado en Auschwitz». Ella pensó que probablemente estaría muerto. Sin embargo, supuso que era mejor «entregar los documentos a las autoridades correspondientes, que en este caso eran las autoridades de seguridad nacional en Sighişoara».

Esos dos archivos fueron suficientes para darle un impulso a la estancada investigación que condujo a su juicio y sentencia de muerte en ausencia. Fritzi estaba devastada por dicho proceso. No solo creía firmemente que él era incapaz de cometer tales crímenes; también sabía que eso ponía el punto final a cualquier posibilidad de que se reunieran en su país natal. Y el gobierno comunista no permitía a sus ciudadanos emigrar al oeste.[16]

Además de ser alguien a quien se buscaba en su propio país, Capesius supo que el Ejército Rojo, que ahora ocupaba Rumania, había deportado a algunos alemanes de origen a la Unión Soviética a mediados de enero de 1946. Era un día que su familia y otros alemanes de origen llamaban «Domingo negro». La esposa de Capesius no podía dejar de pensar en cómo eso le recordaba cuando los alemanes ordenaron a los judíos congregarse unos años antes de las deportaciones a Auschwitz.[17]

Solo en Stuttgart, Capesius esperaba regresar tan pronto como fuera posible a una apariencia de normalidad. Pero eso no era tan fácil, puesto que estaba consciente de que sus antecedentes SS no le ayudaban en la Alemania de posguerra.[18] Se dio cuenta de que eso no cambiaría hasta que pasara por los polémicos y masivos procedimientos de desnazificación iniciados por los aliados. Dicho programa estaba hecho para impedir que antiguos partidarios y oficiales militares nazis regresaran fácilmente a sus ocupaciones civiles anteriores a la guerra.

Capesius sabía que, solo unos meses antes de que los británicos lo liberaran, la División de Desnazificación del Gobierno Militar Aliado había cedido el control a los alemanes. La Ley de Liberación del Nacionalsocialismo y el Militarismo, aprobada esa primavera, había creado una enorme burocracia judicial para manejar el enorme rezago de casos. Ahora, todos los alemanes debían llenar un *Meldebogen* (formulario), un cuestionario simplificado de dos páginas, mucho menos invasivo que el *Fragebogen*. Más de 500 nuevos tribunales, llamados

Spruchkammer, empleaban a más de 23,000 alemanes. Se establecieron nuevas divisiones del gobierno, llamadas Ministerios para la Liberación Política, en cada estado alemán. Mientras, ministerios públicos recién nombrados tenían que examinar concienzudamente cientos de miles de expedientes y determinar caso por caso cuál de cinco categorías aplicaba: los *Infractores mayores* podían ser acreedores a la pena de muerte; los *Infractores y especuladores* eran merecedores a una pena de cárcel de diez años; los *Infractores menores* obtenían la libertad condicional y la restricción para viajar; a los *Partidarios* se les aplicaba una multa y se les restringían algunos derechos políticos, y las *Personas exoneradas* no tenían ninguna sanción y recibían un importantísimo Certificado de Desnazificación, que les permitía regresar, libres de trabas, a la vida alemana occidental.

Era deplorable, pero inevitable, que algunos alemanes que dirigían los nuevos tribunales hubieran sido funcionarios del sistema judicial del Tercer Reich. Los aliados tenían muy pocas alternativas ya que desde principios de 1946 había cerca de un millón de causas pendientes. Con el objeto de acelerar la gestión de ese colosal atolladero, algunos antiguos nazis se convertirían en jueces de los reclamos de desnazificación de sus compatriotas.

A lo largo del año se aprobaron leyes en un esfuerzo por reducir el número de casos pendientes. Primero, todos los nacidos después del 1 de enero de 1919 —no mayores de 26 años al final de la guerra— estaban automáticamente eximidos. A los incapacitados se les concedió amnistía. La excepción final fue para cualquiera que hubiera ganado menos de 3,600 RM al año durante la etapa nazi. Puesto que Capesius no caía dentro de ninguno de estos grupos, no tenía otra alternativa que empezar el proceso de su desnazificación formal.

El 4 de junio de 1946, solo diez días después de que los británicos lo liberaran, Capesius llenó un *Meldebogen*. Era el primer paso para conseguir una audiencia plena. Mintió sobre tres partes críticas de su currículum de guerra. Respondió «no» cuando se le preguntó si había estado en las Waffen-SS o si había participado en cualquier organización nazi. Respecto al tiempo que estuvo en Auschwitz, aseguró en cambio haber servido como «oficial militar» en las oficinas médicas centrales en Berlín.[19] De acuerdo con una anotación del 16 de agosto de 1943 en su libreta militar de pagos: «Ahora asignado como reemplazo de unidad de tropa, destacado en el Zentralsanitätslager (campo central médico) para el personal médico SS del Reich y la policía de Berlín-Lichtenberg». A pesar de que no tenía que proporcionar documentación probatoria con el cuestionario, eso era lo que pretendía ofrecer si se le presionaba sobre sus servicios en la guerra.[20]

No es de sorprender que Capesius mintiera. De todos era sabido que los tribunales para la desnazificación estaban desbordados. Pensó que eso significaba que era muy poco probable que tuvieran los recursos para comprobar y verificar la precisión de cada respuesta. También sabía que, finalmente, tendría que presentar su caso frente a un tribunal. Además, mientras había estado detenido por los británicos había reunido una gran cantidad de información de parte de los defensores de la cárcel. Conforme los prisioneros iban y venían, traían consigo las últimas nuevas sobre los aspectos en los que estaban trabajando las defensas con objeto de ser exonerados totalmente por medio de la desnazificación.

Armado con esos conocimientos, Capesius se dirigió a antiguos colegas para que le proporcionaran cartas que pudiera presentar como parte de su defensa final. Las cartas que respaldaban la reputación de alguien estaban tan extendidas en la Alemania de posguerra que una nueva palabra se introdujo en el diccionario para describirlas: *Persilschein*. Llamadas así por un popular detergente alemán, *Persil*, se traduce literalmente como «comprobante Persil», y significaba que esas cartas podrían lavar a fondo el pasado de alguien de su filiación nazi. Para sus *Persilscheins*, Capesius escribió a todo el mundo, desde su pastor rumano de antes de la guerra a algunos de sus superiores en Farben/Bayer.[21]

En realidad, él sabía que existía un próspero mercado negro de falsos *Persilscheins*, traficantes clandestinos que vendían inmaculadas declaraciones juradas cuyos precios dependían de la seriedad de los cargos. Incluso, había certificados de desnazificación falsos para aquellos que deseaban saltarse por completo el *Spruchkammer* y estaban dispuestos a correr el riesgo de que se descubriera que su documentación era falsa. Capesius no deseaba comprar falsificaciones. Eso podía funcionar para un técnico o un soldado de bajo nivel, alguien que pretendiera regresar a un trabajo en una fábrica en alguna parte rural de Alemania. Pero él era un profesional y deseaba revivir su negocio farmacéutico. Siempre pensó que el oro que había robado en Auschwitz algún día le permitiría comprar su propia farmacia. Sabía que eso no ocurriría a menos que obtuviera una exoneración legítima, o por lo menos que nunca podría dejar de preocuparse de que podría ser expuesto en cualquier momento. Esa no era la forma en la que quería vivir en Alemania, especialmente porque su objetivo último era reunirse con su esposa y sus tres hijas.

Un mes después, en julio, Capesius visitó a sus amigos, los Stoffel, en el pueblo bávaro de Bad Tölz por primera vez desde el final de la guerra.[22] Se quejó amargamente de las restricciones que pesaban sobre él debido a sus servicios como Waffen-SS y condenó el *Spruchkammer* como una pérdida de tiempo y algo innecesario. Capesius les dijo a los Stoffel que esperaba que el proceso de desnazificación fuera tan lento que había hecho una solicitud en la Universidad Técnica de Stuttgart para estudiar ingeniería eléctrica.[23]

Pero ese verano sus quejas sobre la desnazificación inesperadamente pasaron a un segundo plano. Durante un viaje a Múnich el 21 de agosto, un sobreviviente polaco, Leon Czekalski, lo reconoció en la estación ferroviaria principal, Hauptbahnhof.[24] Czekalski había sido uno de los primeros presos políticos de Auschwitz. Llegó en agosto de 1940 como el preso 2955 y trabajó principalmente como barbero. Como resultado de haber estado ahí tanto tiempo, pudo identificar a muchos de los SS del campo, incluso sin haber tenido conocimiento directo de los crímenes que habían cometido. Cuando vio a Capesius se atravesó para acercarse lo suficiente y asegurarse de que no estaba equivocado. Una vez que estuvo seguro, dio aviso a la policía militar estadounidense (toda la parte sur de Alemania estaba en la zona de ocupación estadounidense).[25]

La policía militar detuvo a Capesius ese mismo día y lo reportó a la oficina de los Cuerpos de Contraespionaje de EU (CIC por sus siglas en inglés) en Múnich.[26] A pesar de que los británicos en su sector de Alemania habían decidido que la pertenencia a las Waffen-SS ya no era un delito *per se,* los estadounidenses no habían adoptado esa indulgente política.

Al día siguiente Capesius fue trasladado a Dachau. El Ejército de Estados Unidos había dividido el antiguo campo de concentración nazi a las afueras de Múnich en una prisión improvisada para los nazis y en un centro de reasentamiento para refugiados. Había sido rebautizado como «Campo de Internamiento Civil Dachau». Ahí fue registrado y se le tomaron las huellas digitales. Dos agentes del CIC, Willard Zierold y Erich Zieger, que habían entrevistado previamente a Czekalski y encontraron creíble su declaración, estaban esperando para interrogarlo.

Más importante aún, tenían una copia del cuestionario que Capesius había llenado solo dos meses antes para iniciar el proceso de desnazificación. Czekalski identificó a Capesius por su rango Waffen-SS —*Sturmbannführer* (mayor)—, así como su posición como el farmacéutico en jefe del campo. Los agentes del CIC observaron inmediatamente que Capesius había omitido cualquier referencia en su cuestionario de junio a las Waffen-SS o a Auchwitz.

Le ordenaron a Capesius que se descubriera la cintura. Ello reveló el tatuaje SS con el tipo de sangre, lo que anotaron en su "Informe de Arresto del Cuerpo de Contraespionaje" que se publica aquí por primera vez. Era la evidencia física que confirmaba la acusación de Czekalski de que el hombre detenido era por lo menos un miembro de las SS.[27] Al arrestar formalmente a Capesius, los agentes anotaron la razón: «Falsificación de *Fragebogen*».

Al término de varias horas de interrogatorio, Capesius finalmente admitió sus mentiras. Al insistir Capesius en que su confesión se pusiera por escrito, los agentes escribieron a máquina un documento de una página que él dictó en alemán. En esa declaración, también publicada aquí por primera vez, Capesius proporciona un resumen esquemático pero preciso del periodo de guerra. Admitió que: «El 1 de agosto de 1943 me trasladé al hospital central de las Waffen-SS en Berlín... Fui promovido a *Hauptsturmführer* (capitán) por las Waffen-SS. En noviembre de 1943 estuve destinado en el hospital de Dachau durante tres semanas y después regresé una vez más a Berlín. En febrero de 1944 fui nombrado jefe de la farmacia del campo de concentración de Auschwitz. Desempeñé ese trabajo hasta el 20 de enero de 1945. En noviembre de 1944 fui ascendido al rango Waffen-SS de *Sturmbannführer* (mayor)».

Sturmbannführer era una admisión clave. Era el rango más bajo que reunía los requisitos para un arresto automático por los británicos y estadounidenses.

Sin embargo, Capesius trató de minimizar sus servicios como SS haciendo notar que: «Subrayo que nunca fui miembro de las unidades de muerte de las SS».

Después de resumir cómo había caído bajo custodia británica en mayo del año anterior, llegó a la importantísima confesión sobre la que los interrogadores del CIC insistían.

«Confieso que cuando llené el *Fragebogen* oculté mi pertenencia a las Waffen-SS y mi rango».[28]

Haber sido atrapado en tan flagrante mentira sobre su servicio en tiempos de guerra fue un momento humillante y preocupante. Lo que iban a hacer los estadounidenses con esa información incriminatoria era una gran incógnita.

Capítulo 14

«¿Qué crimen he cometido?»

Aunque Capesius se sentía deprimido por encontrarse bajo custodia de los estadounidenses, después de haber pasado más de un año detenido por los británicos, estaba por entonces muy consciente de que su destino era mucho mejor del que habían tenido muchos altos cargos del Tercer Reich, así como sus antiguos superiores y colegas. El doctor Eduard Wirths, quien le había dado la bienvenida al campo, se había ahorcado mientras estaba bajo custodia británica. (Antes de su muerte, Wirths escribió una carta a su esposa, en la que preguntaba: «¿Qué crimen he cometido? ¡Realmente no lo sé!»).[1] Enno Lolling, jefe de Servicios Médicos e Higiene del Campo, que había asignado a Capesius a Auschwitz, se disparó cuando estaba a punto de ser arrestado. El comandante Rudolf Höss había sido capturado por los británicos el año anterior y antes de que fuera ahorcado dio un escalofriante testimonio de las atrocidades cometidas en el campo, ante el Tribunal Militar Internacional de Crímenes de Guerra. Los británicos habían ahorcado a Josef Kramer, que había estado a cargo del principal centro de exterminio de Auschwitz. Ernst Kaltenbrunner, jefe de la Sede Central de Seguridad del Reich, y Hans Frank, el gobernador general de la zona en Polonia en la que se localizaba Auschwitz, estaban programados para ser colgados ese octubre.

Respecto a los médicos con los que Capesius había trabajado, sus destinos eran variados. Josef Mengele y Wilhelm Köning estaban fugitivos. Además de Fritz Klein, que había sido ahorcado, el doctor Helmuth Vetter, que supervisaba los experimentos con drogas de Farben/Bayer no probadas, también había sido ejecutado. El doctor Werner Röhde, que había llevado a cabo experimentos con Evipan con la ayuda de Capesius, fue programado para ser ejecutado el siguiente mes. Carl Clauberg, que realizó experimentos médicos y le había presumido a Capesius que «su método de esterilización había sido totalmente perfeccionado», estaba en una prisión soviética en espera de juicio.[2] Hans Münch se encontraba en una cárcel polaca también a la espera de ser enjuiciado. El dentista Willi Frank y el sargento SS Josef Klehr estaban en una cárcel estadounidense esperando la decisión final de si había o no suficiente evidencia para procesarlos. La guardia SS Irma Grese, de quien Capesius había dicho que «podía ser una bruja perversa», había sido ahorcada por los británicos.

No todas las noticias sobre sus colegas eran malas. Su buen amigo, el dentista Willi Schatz, había sido liberado por los británicos hacía nueve meses e iniciado su práctica dental en Hannover. Otmar Freiherr von Verschuer, el profesor alemán que dirigía el importante Instituto de Antropología, Enseñanza sobre la Herencia Humana y Genética Kaiser Wilhelm en Berlín, y que había recibido muchas muestras humanas de Auschwitz, había sido multado con 600 *Reichsmarks* (240 dólares) y regresado a una destacada carrera como decano de la escuela médica de Münster y director de la Sociedad Alemana de Antropología. El amigo de Auschwitz de Capesius, Roland Albert, había falsificado sus documentos de baja del servicio militar y había pagado un soborno a un abogado austriaco bien conectado para asegurarse de que su expediente de servicio en las SS se «perdiera».[3] Desapareció discretamente con su familia en la pintoresca ciudad de Kufstein, en los Alpes tiroleses, donde se convirtió en profesor privado de estudios religiosos.

Por supuesto, Capesius no sabía que tras bambalinas los vencedores estaban enzarzados en un encendido debate sobre cuán enérgicamente proseguir los juicios por el vasto espectro de los crímenes de guerra. Las intenciones sinceras de fiscales e investigadores a cargo de las acusaciones criminales en desarrollo se enfrentaban a vientos políticos en contra. Al principio, Stalin deseaba que no hubiera juicios y en su lugar exigía que se fusilara a 50,000 altos cargos nazis como una medida de justicia simbólica. Los estadounidenses y los británicos eran inflexibles respecto a que cualquier ejecución solo podía ser resultado de un juicio en el cual los acusados tuvieran la oportunidad de defenderse.

Los británicos y estadounidenses se impusieron, y en 1946 dio inicio una serie de juicios —los principales fueron en Núremberg, en el sur de Alemania—. Pero, incluso una vez tomada la decisión de llevarlos a cabo, hubo un feroz debate respecto a quién acusar. Los principales líderes SS y militares eran acusados evidentes, pero no todo el mundo creía que los hombres de negocios alemanes tuvieran alguna responsabilidad penal. El compromiso que se estableció en el caso principal de Núremberg fue incluir a Hjalmar Schacht, el mago financiero civil del Tercer Reich.

Para complicar la discusión sobre a quién acusar de crímenes de guerra, los británicos y los estadounidenses pronto se vieron inmersos en una nueva guerra fría. La Unión Soviética había colocado a gran parte de Europa y Alemania Oriental detrás de la Cortina de Hierro, y existía la opinión de que una Alemania Occidental fuerte y rápidamente revitalizada era esencial para contener el poder de Stalin. Aquellos en Estados Unidos y Gran Bretaña que estaban en contra de juicios de crímenes de guerra extensos sostenían que era imposible meter a la cárcel a todos los empresarios importantes y líderes políticos de Alemania sin lastrar la posibilidad de que el país se reconstruyera a sí mismo y se convirtiera en un baluarte contra la agresión soviética y la expansión del comunismo. Existía una desagradable sensación de que sin duda muchos hombres de negocios, jueces e incluso algunos burócratas del gobierno que habían prosperado bajo el Tercer Reich debían, con el tiempo, regresar a sus puestos anteriores en una recién constituida república alemana. Además, había un creciente sentimiento entre los alemanes comunes, así como entre algunos estadounidenses y británicos solidarios, de que la desnazificación había ido muy lejos y se había convertido en una forma de castigo colectivo.

A los servicios de inteligencia aliados no les preocupaba llevar a los nazis frente a la justicia por sus crímenes, sino encontrar a aquellos que pudieran ayudar a combatir la amenaza roja. La Operación *Paperclip,* por ejemplo, fue un gran programa estadounidense encubierto que reclutó a más de 700 ingenieros y científicos nazis especializados en cohetes después de la guerra. Los servicios de inteligencia de Estados Unidos y Gran Bretaña se encontraron en medio de una carrera contra los soviéticos que tenían un programa similar (Operación Osavakim), para reclutar a nazis expertos en guerra química, balística, medicina, ciencia y criptografía.[4] Algunos fueron llevados a Gran Bretaña y Estados Unidos para ser interrogados. Unos cuantos, como el inventor del cohete V2, Werner von Braun, y el doctor Hermann Becker-Freyseng, más tarde declarado culpable de crímenes de guerra, fueron a trabajar a la NASA. Otros encontraron trabajos encubiertos en Washington y Londres, y un puñado fue puesto en las llamadas «líneas de fuga» y enviado a la libertad en América del Sur y Medio Oriente.[5]

Capesius no valía tanto. Ninguna fuente de inteligencia lo tenía en una lista por poseer información importante que pudiera ser empleada en la nueva Guerra Fría. Un farmacéutico de Auschwitz tenía que valerse por sí mismo. No había una «tarjeta para salir de la cárcel» de los servicios de inteligencia aliados esperándolo.

En Dachau, Capesius estaba menos interesado en las implicaciones más extensas de las novedades políticas de lo que estaba en la cuestión inmediata de su propio destino. Más tarde le comentó a sus amigos, los Stoffel, que los estadounidenses «habían publicado su fotografía con el siguiente texto: "¿Quién conoce al farmacéutico SS, doctor Victor Capesius, de Auschwitz, nacido en Rumania, y quién puede testificar sobre él?"».[6] No sabía, como la autora descubrió en los previamente clasificados documentos del Ejército de Estados Unidos, que lo habían verificado con la «Lista central de sospechosos de crímenes de guerra» estadounidense y le habían asignado un número de archivo activo.[7]

En septiembre, el CIC distribuyó una «hoja de trabajo» en busca de información adicional sobre Capesius.[8] Mientras tanto, el Cuartel General del Tercer Ejército ordenó que se le transfiriera a Flak-Kaserne Ludwigsburg, a 256 kilómetros, un antiguo cuartel militar alemán que los estadounidenses habían rebautizado como Recinto de Internamiento Civil Núm. 74. Ocurría que el cuartel estaba cerca de Stuttgart, donde anteriormente Capesius había alquilado un departamento, y también la jurisdicción donde tendría que enfrentar su desnazificación ante un tribunal alemán. Por razones que no son claras en los archivos del Ejercito de EU desclasificados, justo un mes después, el 14 de octubre, Capesius fue transferido otra vez a Dachau. A pesar de que había estado bajo custodia estadounidense desde su detención en agosto, en Múnich, su regreso a Dachau se clasificó como un nuevo «Arresto automático».[9] Como resultado de ello, el 17 de octubre llenó un nuevo *Fragebogen* de seis páginas con 131 preguntas. Este se revela aquí por primera vez.

En sus respuestas manuscritas, Capesius otra vez admitía que había mentido sobre sus servicios y su rango en las Waffen-SS; reconocía que había sido mayor SS (*Sturmbannführer*) y farmacéutico en jefe en Auschwitz.[10] Respecto a si había hecho un juramento de fidelidad y lealtad a una organización, admitió: «Sí. Waffen-SS». En la sección titulada «Ingresos y bienes» anotó que los 9,000 RM que ganaba en el campo de exterminio eran superiores a cualquier salario de Farben/Bayer que hubiera tenido antes de la guerra.

Al firmar y poner la fecha en la última página, anotó una salvedad cerca de su firma: «Los detalles antedichos se redactan de memoria y sin documentos escritos... Se proporcionan con esta limitación a mi leal saber y entender y conciencia».[11]

Sus respuestas cumplieron su cometido. El 8 de noviembre, el primer teniente Erich Mahlgut, del Cuartel de la Novena División de Infantería, responsable de la administración de Dachau, envió un resumen de dos páginas y una recomendación al jefe adjunto de los Cuarteles de las Fuerzas de Estados Unidos en Europa. Bajo el título de «Conclusiones», Mahlgut redactó la resolución más importante: «El sujeto no se considera una amenaza para la seguridad».[12] Más tarde, Capesius les comentó a los Stoffel que, a pesar de que los estadounidenses habían intentado construir un caso contra él, se frustraron porque «nadie había hecho declaraciones en su contra que lo inculparan».[13]

El ejército transfirió a Capesius al campo de Ludwigsburg, cerca de la Navidad de 1946. Ahí se le permitió iniciar el proceso para la desnazificación, mientras permanecía bajo custodia. Ya había empezado a acumular copias de cartas *Persilschein* de buena reputación.

En vísperas de la Navidad de 1946 llenó un segundo *Meldebogen* de dos páginas (que también se da a conocer aquí por primera vez). Este no era para sus captores estadounidenses; esta vez lo envió directamente al tribunal alemán. Su objetivo era reemplazar el que había hecho en junio en el que había omitido su papel como SS. Sin embargo, en el nuevo cuestionario todavía modificó una parte clave de lo que había confesado solo unos meses antes a los agentes estadounidenses de contraespionaje. Si bien ahora reconocía sus servicios como Waffen-SS y su rango correcto, describía su papel durante la guerra simplemente como «farmacéutico» y otra vez suprimía «Auschwitz».[14]

Tres días después, llenó un nuevo y detallado *Fragebogen*, su cuarto cuestionario en un corto lapso. Este también lo mandó directamente a los alemanes. Otra vez anotaba sus servicios como Waffen-SS y su rango. Sin embargo, al responder a la pregunta 29, una vez más cambió la respuesta veraz que había dado hacía poco a los estadounidenses. En octubre había escrito que había sido «Farmacéutico en jefe en Auschwitz, reportando al doctor Wirths» durante 1944. En este nuevo cuestionario lo cambió a «Farmacéutico, Estación Central, Berlín, reportando al *Sturmbannführer* Wehle».[15]

Era una apuesta arriesgada. Por un lado, Capesius sabía que la sola palabra *Auschwitz* sería una bandera roja ante cualquier corte de desnazificación. El haber estado allí, especialmente como oficial SS de alto rango, por sí solo podría torpedear cualquier posibilidad para regresar a una vida civil sin restricciones. Por el otro, sabía que había tantos prisioneros de guerra que las autoridades estadounidenses que dirigían el campo de detención no podían leer toda la correspondencia de los presos. Sabía que revisaban el correo al azar. Si leían su nuevo cuestionario y lo comparaban con el proporcionado al CIC en octubre, podría ser acusado otra vez de «falsear su *Fragebogen*». Un segundo delito de ese tipo, especialmente hecho con absoluto descaro bajo las narices de sus captores, con seguridad lo mantendría bajo custodia por un tiempo más largo. Pero sin duda pensó que era un riesgo mayor poner *Auschwitz* ante el tribunal alemán de desnazificación.

El 3 de enero de 1947 Capesius envió una carta manuscrita de cuatro páginas al fiscal de Ludwigsburg. Dicha carta, que se publica aquí, exponía como núcleo de su defensa que las leyes de desnazificación no se aplicaban a él. Decía que había sido obligado a convertirse en un «miembro extranjero de las Waffen-SS», y hacía énfasis en que su entrenamiento era médico, no militar. Como rumano, sostenía, de acuerdo con las leyes raciales nazis era imposible que fuera un miembro pleno de las SS. Señaló que no tenía un número SS, que nunca se había afiliado al partido nazi, y que como farmacéutico él deseaba «ayudar a la gente que sufría, no desobedecer el juramento hipocrático». También subrayaba su papel como director de un grupo en la iglesia luterana de Bucarest y que cuando las SS le dijeron que abandonara la iglesia él se había negado a ello. También apeló a la compasión, arguyendo que había «perdido todo» a manos de los comunistas de Rumania y que toda su familia —padres, esposa e hijas— vivían ahí en «un estado de emergencia».

«Soy desafortunado de ser prisionero de guerra», concluía, y afirmaba que los estadounidenses lo retenían por el tecnicismo de su membresía como Waffen-SS, una clasificación que los británicos hacía tiempo habían descontinuado. Omitió mencionar, por supuesto, que los estadounidenses en realidad lo retenían porque un sobreviviente de Auschwitz lo había identificado y que después de su detención los interrogadores estadounidenses habían comprobado que había mentido en sus cuestionarios anteriores respecto a prestar sus servicios en un campo de exterminio.[16]

Con su carta anexó un número de *Persilscheins* que daban fe de su buena reputación y naturaleza honesta. Tenía el derecho de enviar más antes de que se fijara una fecha para la audiencia formal.[17] Para reforzar que ante todo él era un buen rumano, uno de los *Persilscheins* era de Karl Heinz Schuleri, su amigo de la infancia que había sido el pastor en la unidad rumana en la que ambos sirvieron. El reverendo Schuleri decía que Capesius «no había abandonado la Iglesia cuando se fue a las Waffen-SS». Y aún más, Capesius «había permanecido en contacto permanente» con el pastor y a lo largo de la guerra había conservado una «visión cristiana del mundo». Dos de sus antiguos colegas de Farben/Bayer acreditaron su «total satisfacción» con su trabajo, e hicieron notar que «cada tarea que se le asignaba la llevaba a cabo con resultados excelentes por medio de un arduo trabajo».[18]

Increíblemente, también llenó otro largo cuestionario, su segundo *Fragebogen* en menos de una semana, y lo envió con su carta del 3 de enero. En ese formulario dio las mismas respuestas que en el último. No estaba seguro de que tuviera que formar parte del paquete que llegó con su propia carta y las declaraciones de los testigos a su favor, así que, no queriendo exponerse a retrasar la audiencia de desnazificación, otra vez se arriesgó a enviar el cuestionario por medio del campo de detención, en el que esta vez no solo omitía Auschwitz, sino que mentía colocándose en un trabajo mucho más inocuo en las oficinas centrales médicas en Berlín.

Capesius se sentía complacido por lo menos de que por fin el reloj de su proceso de desnazificación había empezado a correr. El resultado fue que el 12 de febrero de 1947 se abrió una solicitud de audiencia formal para él en el Ministerio de Liberación Política en Württemberg-Baden. El fiscal de Ludwigsburg compartió un resumen de ocho páginas del caso pendiente contra Capesius con el Ejército de Estados Unidos. Básicamente reiteraba los cargos por su servicio y rango en las Waffen-SS. No se mencionaba nada sobre Auschwitz.

El 2 de mayo, el fiscal general dejó pasmado a Capesius al presentar una acusación formal *(Klageschrift)*, encausándolo por la categoría más seria, infractor mayor. Eso significaba incluso la pena capital. Aunque la acusación lo había tomado por sorpresa, después de leer el corto resumen del alegato del fiscal de alguna manera se sintió aliviado al descubrir que el colocarlo en la categoría de Infractor mayor se basaba automáticamente solo en su pertenencia y rango en las SS.[19] En realidad, la acusación establecía: «Se asume que sus actividades entran en por lo menos una de las categorías [de los cargos más serios], pero eso no ha sido comprobado».[20]

Capesius de inmediato se dio cuenta de qué era necesario. Había manifestado el punto esencial en su carta al fiscal cuatro meses antes.

El 12 de mayo, solo diez días después de la acusación, expuso una defensa a toda marcha en una carta mecanografiada de cuatro páginas. Era una versión más sólida y detallada de su carta anterior. Además revelaba cuánto había aprendido sobre leyes en su detención de casi dos años con los británicos y los estadounidenses.

A veces sonaba más como un abogado que como un farmacéutico cuando citaba que «el artículo 39, párrafo 3 de la Ley de Desnazificación era exculpatorio», puesto que «exentaba a cualquiera que se le hubiera exigido por la fuerza proporcionar servicios de salud».

Capesius se enfocó en los párrafos específicos de la ley que definían a los criminales de guerra y argumentó que sencillamente no se aplicaban a él como rumano alemán de origen. Hacía hincapié en que no había sido voluntario, sino que había sido reclutado por las Waffen-SS. Por primera vez mantuvo el bastante increíble argumento de que, debido a las muchas restricciones en las comunicaciones en su nativa Rumania, él no sabía nada sobre la naturaleza criminal de las SS en la época en la que se afilió a ellas. Y añadía —sin documentación alguna— que él no era «racialmente apto» para servir en las SS-Totenkopfverbände, las Unidades de la Calavera, el cuerpo de élite SS responsable de administrar los campos de exterminio.[21]

Más aún, argumentó que su promoción de noviembre de 1944 al rango de *Sturmbannführer* no había sido debido a su «celo en el servicio», sino que era un ascenso automático que los nazis habían concedido a todos los rumanos de origen alemán en las SS en compensación por haber perdido sus bienes y ahorros cuando Rumania se volvió contra el Tercer Reich a principios de ese año. Ese ascenso fue, dijo, como un «tranquilizante» por haber perdido a su familia en la línea del frente comunista.

Agregó que los estadounidenses lo habían investigado en Dachau y que lo habían «exonerado» de cualquier crimen.

Capesius hizo todo lo que pudo para hacerle saber a la corte que había sido criado en un ambiente multicultural y que, como resultado de ello, entendía y simpatizaba con gentes de todas las nacionalidades y formas de pensar. En un torpe intento por enfatizar el punto, dio unos cuantos ejemplos de que había estudiado o trabajado con judíos. Al describir su época en la Universidad de Viena, señaló la buena evaluación doctoral que recibió de su maestro de primaria, el doctor Richard Wasitzky. «El doctor Wasitzky es desde 1938 maestro en América. En esa época dejó Viena porque su esposa estaba incluida en las Leyes de Núremberg». Y «la naturaleza apolítica de nuestro trabajo en Farben puede ser confirmada por el doctor Alexandro Bardeanu (anteriormente Rotbart) y Moritz Scheerer, quienes «tuvieron que abandonar la firma [en 1939]... debido a las Leyes de Núremberg».[22] Por supuesto que Capesius no mencionó que no tenía idea de dónde estaban Bardeanu y Scheerer. Como judíos rumanos, era probable que hubieran estado en las deportaciones masivas a Auschwitz en 1944.

Para resaltar aún más su buena conducta, Capesius decía que no solo había sido criado dentro de la Iglesia luterana, sino que conservó la fe durante la guerra. Todavía era miembro, afirmaba, incluso si no asistía a misa cada semana. Hacía notar que sus tres hijas habían sido bautizadas.

A pesar de todos esos detalles, lo que faltaba era lo que había hecho mientras estuvo al servicio de las SS. Quedaba claro que era farmacéutico, pero evitaba mencionar adónde había sido destacado. Su estrategia era no abordar Auschwitz a menos de que se le confrontara para ello.[23]

De nuevo, Capesius envió más *Persilscheins*. Había una carta del doctor H. Koch, quien daba fe de su buena conducta y describía cómo Capesius estaba en muy buenos términos con algunos antiguos colegas judíos en Farben.[24]

Diez días después de haber enviado su detallada defensa, se presentó ante un comité de cinco jueces alemanes. Capesius se representó a sí mismo sin abogado. Se apegó firmemente a su historia, y sorprendentemente nadie le preguntó qué había hecho durante 1944. Eso le permitió decir que había sido asignado a «una estación médica central».[25]

Esa misma tarde, los jueces dieron su veredicto: inocente. Capesius estaba extasiado de que hubieran aceptado sin reservas sus argumentos.[26] Concluyeron que era un buen luterano que había sido obligado por la ley a unirse a las SS, y que solo había proporcionado servicios médicos. Pensó que esa decisión significaba que pronto sería liberado y se le otorgaría un certificado de desnazificación con el cual finalmente podría rehacer su vida. Le tomó cinco semanas, hasta el 30 de junio, al capitán John Austin procesar formalmente para el Ejército de los Estados Unidos la decisión del tribunal alemán.[27]

Cuando fue liberado del campo de detención de Ludwigsburg, el 2 de agosto de 1947, Capesius pensó que el capítulo final de su odisea de dos años con los aliados se había cerrado.[28] Estaba en lo correcto, nunca más tendría que preocuparse por los británicos o los estadounidenses. Pero ese mismo día fue sacudido por una directriz del Ministerio de Liberación Política. Este era un departamento alemán cuasi judicial creado por los aliados para vigilar y revisar los casos de desnazificación. El ministerio tenía la autoridad de un comité de apelación propio para revertir las conclusiones del tribunal de primera instancia.[29] Y eso fue precisamente lo que hicieron al anular la sentencia absolutoria de Capesius. La nueva resolución ponía en tela de juicio si tenía derecho a la exención basada en «la ejecución de servicios médicos bajo ciertas circunstancias de coerción». Esa defensa se refería, dijo el tribunal, «solo a cuando a un médico, sin ser miembro de una organización criminal, se le ordenaba y forzaba a llevar a cabo revisiones médicas». El Ministerio de Liberación Política creyó que era probable que Capesius «no fue reclutado en las Waffen-SS con el propósito de practicar la medicina, sino más bien para el cumplimiento de su servicio militar».

Su expediente se devolvió para audiencia ante un nuevo tribunal, al cual el Ministerio apremió a «exigir material exculpatorio respecto a su orientación política. En ausencia de la cual, en virtud de su exitosa promoción a *Sturmbannführer*, habrá sospechas de que reúne los requisitos para ser un infractor mayor».[30]

A pesar de que era un hombre libre, ese era un revés indignante. Había estado tan cerca de cerrar el capítulo de sus servicios durante la guerra. Pero aún tenía una etapa de litigios que recorrer.

▸ Una excepcional fotografía de antes de la guerra (*ca.*1928) de Victor Capesius a los 21 años (izquierda), relajándose en una alberca pública en su ciudad natal rumana de Sighişoara, con la familia Böhm. Ella (junto a Capesius), de ocho años, lo llamaba su tío farmacéutico. Dieciséis años más tarde (en mayo de 1944), los Böhm y cerca de 2,000 de sus vecinos fueron reunidos por los nazis y enviados a Auschwitz. Al llegar al campo de exterminio, Gisela Böhm (extrema derecha), pediatra, y Ella, estaban impactadas de reconocer a Capesius como uno de los oficiales SS en la estación del campo de exterminio. *(Prueba presentada en la corte en el juicio de Auschwitz)*

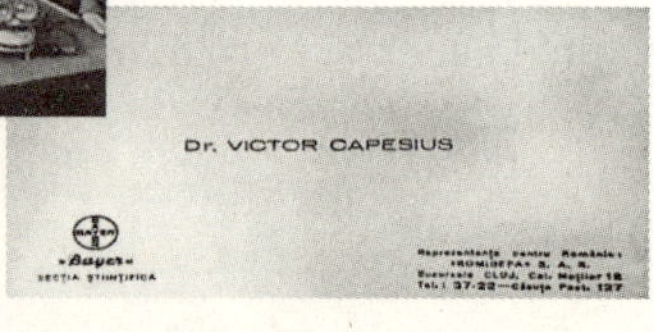

▸ Antes de unirse a las Waffen-SS en 1943, Capesius trabajó en la subsidiaria rumana de I.G. Farben como representante de ventas. Farben, con sede en Fráncfort, era el cuarto conglomerado más grande del mundo y un socio fundamental de Hitler y el Tercer Reich. Muchos farmacéuticos como Capesius deseaban trabajar para su filial, Bayer. Los laboratorios científicos de la empresa habían producido un récord de cuatro Premios Nobel en química y medicina. Durante su trabajo en Farben/Bayer, Capesius viajó por toda Rumania y contaba con muchos médicos, farmacéuticos y manufactureros textiles judíos entre sus clientes. *(Bundesarchiv y cortesía de Hessischer Rundfunk)*

▸ La tecnología de punta y las patentes de Farben para la producción de petróleo y caucho sintéticos eran fundamentales para el sueño de Hitler de hacer a Alemania autosuficiente. Farben construyó una enorme planta manufacturera junto a Auschwitz. En 1941, el jefe de las SS, Heinrich Himmler (segundo a la izquierda), se reunió con los ingenieros de Farben en el sitio de la construcción. La compañía inicialmente llamó a la planta Monowitz, como un pueblo polaco cercano. Himmler la renombró Auschwitz III, como una extensión del enorme campo de la muerte nazi. *(Yad Vashem)*

▸ Auschwitz III le costó a Farben una cifra récord de un billón de *Reichsmarks* (cerca de 55 billones de dólares en 2015). Las inmensas instalaciones tenían una extensión de varios kilómetros cuadrados y requerían más electricidad que Berlín. De los 300,000 trabajadores forzados, a casi 25,000 se les hizo trabajar hasta la muerte. *(Yad Vashem)*

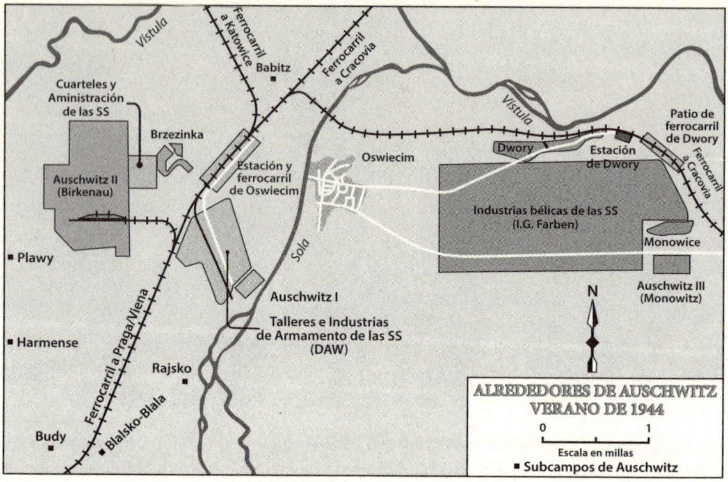

▸ Para la época en la que Capesius llegó a Auschwitz, este era un asombroso complejo de casi 39 kilómetros cuadrados integrado por tres campos principales. El campo original, Auschwitz I, era en gran parte administrativo, pero también incluía el Bloque 10, el lugar de los experimentos médicos. Auschwitz II (Birkenau) albergaba a la mayor parte de los prisioneros y también era donde se ubicaban las cámaras de gas. Auschwitz III (Monowitz) era el campo de trabajo esclavo de I.G. Farben. *(Museo Estadounidense Conmemorativo del Holocausto)*

▸ En Auschwitz II-Birkenau, los trenes que llegaban repletos de judíos de toda Europa eran recibidos por médicos SS, incluyendo a Capesius, que llevaban a cabo las selecciones de vida y muerte en la estación. De los 1.5 millones deportados a Auschwitz, 1.1 millones fueron enviados inmediatamente a las cámaras de gas. A los que se consideraba aptos, se les ponía a trabajar, a muchos en la vecina planta de Farben. En esta excepcional fotografía, los SS han dividido a los prisioneros recién llegados en dos filas de hombres y mujeres. *(Yad Vashem)*

▸ Farben pagó millones a las SS por un suministro constante de presos del campo. Pagaba cuatro *Reichsmarks* (para entonces cerca de 1.60 dólares; 20 dólares en 2015) diariamente por presos calificados, tres por prisioneros no calificados y 1.60 por niños. Para ello, las SS proporcionaban transporte de y a Auschwitz I, a unos 6.5 kilómetros de distancia. Arriba se observa a presas reuniéndose para trabajar. *(Museo Estadounidense Conmemorativo del Holocausto)*

▸ Esta es una de las pocas fotografías que existen de prisioneros marchando de Auschwitz I a Monowitz (Auschwitz III). Los nazis exigían que cada trabajador forzado que había salido del campo a las 4:00 a.m. fuera contabilizado en el pase de lista de la noche. Los trabajadores arrastraban los cadáveres de sus compañeros que habían muerto durante el turno para llevarlos a sus módulos para que los nazis pudieran contar los cuerpos. *(Museo Estadounidense Conmemorativo del Holocausto)*

‣ A los judíos que eran deportados a Auschwitz se les permitía llevar un máximo de 50 kilos de pertenencias personales. Creyendo que habían sido reasentados para trabajar en los campos de los países ocupados por los nazis en Europa del Este, llevaban consigo sus posesiones más valiosas, esperando esconderlas de los nazis. En la estación, esos objetos se apilaban cerca de los trenes. Uno de los deberes de Capesius era buscar medicinas e instrumental de los médicos que llegaban. *(Yad Vashem)*

‣ Las pertenencias personales de los judíos recién llegados eran llevadas a grandes almacenes en Birkenau y clasificadas por los prisioneros. Efectivo, diamantes y joyas con frecuencia se cosían en forros de abrigos, vestidos y trajes; incluso se escondían en botellas de loción o crema, o hasta en compartimentos secretos hechos ex profeso en las maletas. Pronto los nazis se volvieron expertos en saber en dónde habían escondido las víctimas sus objetos de valor. *(Yad Vashem)*

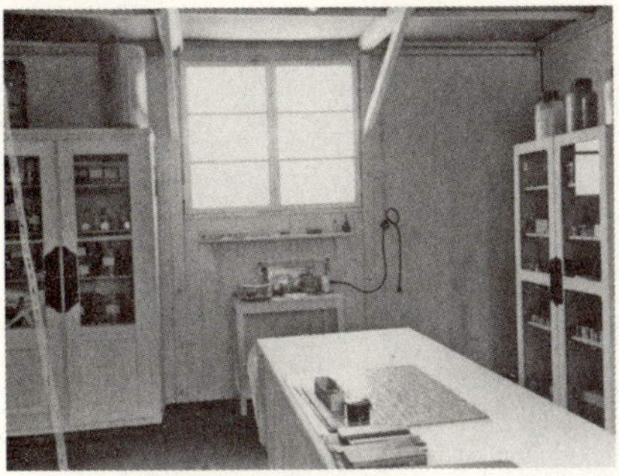

▸ Esta es una típica sala de trabajo de Capesius y otros médicos en la red autónoma de hospitales y clínicas de Auschwitz. La primera enfermería se construyó en el campo en 1940, pero, para la época en la que Capesius llegó, había pabellones para prisioneros, clínicas para pacientes SS externos, un conjunto odontológico, así como una farmacia. Los presos llamaban al hospital «la antesala del crematorio». *(Yad Vashem)*

▸ Como el farmacéutico en jefe, Capesius estaba a cargo del almacenamiento del Zyklon B, un pesticida a base de cianuro usado originalmente para fumigar las barracas y la ropa de los prisioneros, y más tarde como el agente mortal en las cámaras de gas del campo. Farben, el anterior patrón de Capesius, dirigía la empresa que tenía la patente del Zyklon B y este le producía impresionantes ganancias, en la medida en que la demanda del pesticida aumentaba en Auschwitz. *(Wikipedia)*

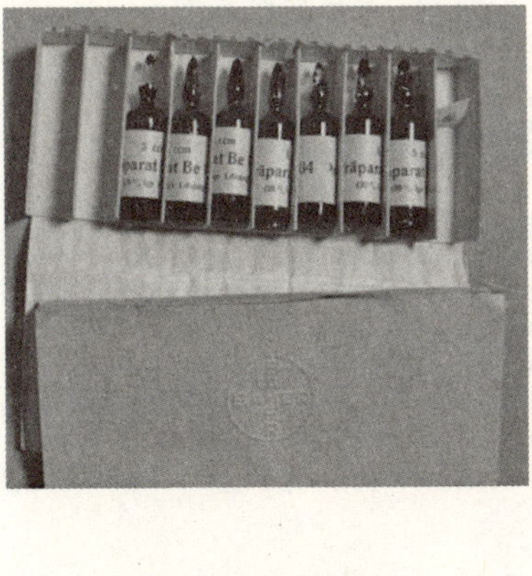

▸ Parte de la responsabilidad de Capesius era distribuir drogas y medicamentos, incluyendo sustancias de ensayo de Farben y Bayer para experimentos médicos. Las compañías pagaban por prisioneros que los médicos empleaban como conejillos de Indias. La mayoría de esos presos sufría espantosos efectos secundarios o moría. Una de las series de experimentación más mortíferas fue el compuesto de Bayer B-1034, una cura experimental contra el tifo. *(Museo Conmemorativo Auschwitz-Birkenau)*

▸ Los dos dentistas del campo, los doctores Willi Frank y Willi Schatz, dirigían su clínica en una habitación dentro del mismo edificio del dispensario farmacéutico de Capesius. Eran los responsables de almacenar el oro que extraían los dentistas presos asignados a la macabra tarea de sacar los dientes de todos los cuerpos de las cámaras de gas. El oro dental formaba parte de los 29 a 35 kilos del precioso metal cosechado diariamente en Auschwitz, a partir de monedas, relojes, estuches para cigarros y joyas. Antes de ser enviado a Berlín, se fundía en monedas; los dientes y empastes se almacenaban bajo el resguardo de los dentistas. *(Museo Estadounidense Conmemorativo del Holocausto)*

▸ El oro dental, que se guardaba en grandes maletas en la buhardilla del dispensario, resultó una tentación muy fuerte para Capesius y los dentistas, quienes robaron una parte y la sacaron del campo con algunos parientes. Uno de los farmacéuticos presos de Capesius rememoró que «Capesius se dirigió a las maletas. Estaban repletas de dientes y pedazos de quijada, encía y hueso que aún pendían de ellos. Todo había empezado a descomponerse. El hedor era terrible. Era un panorama macabro… con sus propias manos [Capesius] empezó a hurgar en el hediondo revoltijo. Sacó una dentadura y trató de calcular su valor. Yo salí corriendo». *(Yad Vashem)*

Capesius pasaba muchos fines de semana en las casas cercanas de amigos alemanes de origen. Uno era Armin Rump, un colega farmacéutico cuya farmacia estaba en la ciudad de Oswiecim (Auschwitz en alemán). La casa de la familia estaba tan cerca del, campo, escribió Capesius, que «desde el balcón por las noches se podía ver el resplandor de una enorme hoguera ardiendo... y todo mundo sabía que humanos estaban siendo quemados en ella, y cuando el viento soplaba en la dirección contraria, se podía oler también». *(Yad Vashem)*

Muchos de los SS asignados a Auschwitz tomaban descansos periódicos en Solahütte, un pequeño y conocido balneario a lo largo del río Sola, a 30 kilómetros del campo. En el verano de 1944, *Obersturmführer* Karl-Friedrich Höcker, el asistente del comandante, recopiló un escalofriante álbum de fotos del personal divirtiéndose en un gran número de festividades sociales que parecían un mundo aparte del campo de muerte en el cual servían. *(Museo Estadounidense Conmemorativo del Holocausto)*

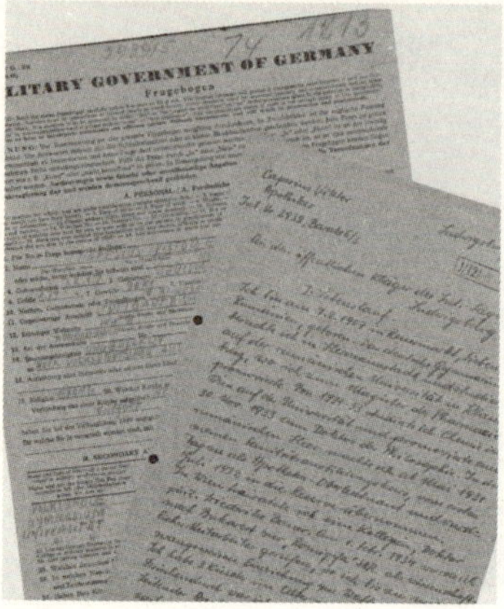
LITARY GOVERNMENT OF GERMANY
Fragebogen

▸ El 5 de mayo de 1945, las tropas británicas detuvieron a Capesius en el norte de Alemania, pero lo liberaron un año después sin cargos formales. Con base en una denuncia de un sobreviviente de Auschwitz, las fuerzas estadounidenses lo arrestaron en agosto de 1946, pero, al no haber reunido suficiente evidencia, también lo liberaron. Capesius tuvo que someterse a procesos de desnazificación en 1947, tribunales alemanes que determinaban la culpabilidad de aquellos que habían servido al Tercer Reich. En una serie de cuestionarios diseñados por los británicos y estadounidenses, así como en cartas manuscritas a los tribunales, Capesius con frecuencia mintió u omitió por completo su servicio en Auschwitz. *(Bundesarchiv)*

▸ Los estadounidenses liberaron a Capesius en 1947, justo cuando empezaba el juicio a 24 altos ejecutivos de I.G. Farben, su patrón antes de la guerra. Entre los acusados había tres directores que encabezaban la compañía que manufacturaba el Zyklon B, el veneno para las cámaras de gas que Capesius almacenaba en su dispensario. También estaba bajo juicio el director que había aprobado pagos por algunos de los experimentos médicos de Auschwitz. Capesius y otros colegas SS se sintieron aliviados cuando diez acusados de Farben fueron absueltos y a los restantes se les aplicaron sentencias muy leves que finalmente les fueron conmutadas. *(Museo Estadounidense Conmemorativo del Holocausto)*

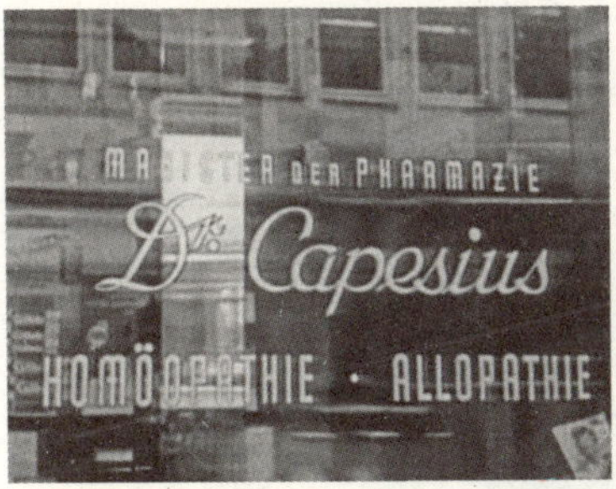

▸ Capesius robó suficiente oro de los empastes dentales de Auschwitz que le permitió abrir su propia farmacia (arriba) en 1950, en la pequeña ciudad alemana de Göppingen. Para 1952 había ganado bastante dinero con la farmacia y abrió un exitoso instituto cosmético en una ciudad vecina. El lema del instituto era "Sea bella con un tratamiento de Capesius". (NDR, fotografías del filme de 1964 *Bleiben die Mörder unter uns?* [¿Se quedaron los asesinos entre nosotros?])

▶ En la década de 1950, Capesius pensó que había sorteado con éxito cualquier castigo por sus crímenes en Auschwitz. Ignoraba que dos hombres estaban trabajando para armar casos por crímenes de guerra contra antiguos nazis, incluyéndolo a él. Hermann Langbein estuvo en calidad de preso en el consultorio del médico en jefe en Auschwitz, y después de la guerra constituyó la organización de sobrevivientes más grande. Fue implacable en la búsqueda de testigos, en tomarles declaración y en insistir a las autoridades alemanas para que abrieran los archivos de nazis que vivían a plena vista en la Alemania de posguerra. *(Schindlerfoto Oberursel)*

▶ Fritz Bauer, un jurista que cumplió condena muy poco tiempo en un campo de concentración alemán, en 1956 se convirtió en el primer fiscal judío en la historia del país. Bauer tenía la pasión de investigar crímenes de guerra. Su objetivo era localizar a suficientes oficiales SS de alto rango que habían servido en Auschwitz para celebrar un juicio ejemplar de los crímenes de la Solución Final. *(Schindlerfoto Oberursel)*

▸ Capesius fue arrestado por detectives alemanes el 4 de diciembre de 1959, a las puertas de su farmacia en Göppingen. Se le mantuvo en la cárcel sin derecho a fianza hasta que él y cerca de dos docenas de sus colegas SS de Auschwitz fueron a juicio, el 20 de diciembre de 1963. Acusado de asesinato y de llevar a cabo experimentos médicos, Capesius contrató a dos famosos abogados. Hans Laternser (izq. arriba) había defendido al alto mando del ejército en el juicio de Núremberg por crímenes de guerra. Su joven socio, Fritz Steinacker (izq. abajo), era un antiguo miembro del partido nazi que también representó a la familia del médico SS prófugo, Josef Mengele. *(Schindlerfoto Oberursel)*

▸ A cada acusado se le asignó un número que se colocó en un cartel enfrente de ellos. Esto se hizo así para facilitar a los testigos identificar a la persona contra la cual estaban declarando. Capesius, número 18, era el único acusado que con frecuencia usaba lentes oscuros dentro de la corte. *(Cortesía de Elan Steinberg)*

▸ El juicio duró 20 meses e incluyó la declaración de 359 testigos de 19 países. Uno de los recuentos más emotivos fue el de un médico rumano, Mauritius Berner. Antes de la guerra le compraba medicinas Bayer a Capesius. En mayo de 1944, Berner y su familia fueron deportados a Auschwitz. Reconoció a Capesius en la estación y le suplicó en vano que protegiera a su familia. *(Cortesía de Hessischer Rundfunk)*

▸ Berner estaba con su esposa y sus tres hijas, dos de las cuales eran gemelas. «Tendrán que reincorporarse a su grupo», le dijo Capesius a Berner. «No llore. Su esposa e hijas solo tomarán un baño. Las volverá a ver en una hora». Después, Berner supo que su familia había sido gaseada a la hora de haber llegado. *(Cortesía de Hessischer Rundfunk)*

▸ Capesius escandalizaba a muchos observadores en la corte pues era el único acusado que frecuentemente sonreía o reía, incluso durante los testimonios más incriminatorios en su contra. Constantemente hacía muecas a los otros acusados, a su familia y amigos en la sala. Más tarde, durante el juicio, trató de explicar su extraño comportamiento alegando frente a la corte que su «sonrisa era inconsciente». *(Cortesía de Hessischer Rundfunk)*

▸ El 19 de agosto de 1965, Capesius fue encontrado culpable del cargo menor de «complicidad en asesinato» y sentenciado a nueve años de cárcel. Sin embargo, después de dos años y medio fue liberado. Regresó como un héroe a su pequeña ciudad alemana. *(Schindlerfoto Oberursel)*

▸ El año anterior a que Capesius fuera liberado de la cárcel, su principal acusador, Hermann Langbein (tercero a la izquierda), fue reconocido en Yad Vashem, el Memorial del Holocausto de Israel, como uno de los «Justos entre las Naciones», un reconocimiento a los no judíos que arriesgaron sus vidas para salvar a judíos durante la Segunda Guerra Mundial. *(Yad Vashem)*

Capítulo 15

Nadie sabía nada

Mientras que las tribulaciones de Capesius con los aliados y el proceso de desnazificación lo absorbían por completo, a solo unos días de haber sido exculpado tuvo un crudo recordatorio de que sus problemas legales eran una minucia comparados con los de los altos ejecutivos de su antiguo empleador, I.G. Farben. Fue liberado a tiempo para seguir el sexto mayor juicio por crímenes de guerra en Núremberg, que iniciaba ese mes: *Los Estados Unidos* vs. *Carl Krauch, et al.*[1]

Qué hacer con Farben había sido la pregunta del millón en muchos de los debates internos entre Estados Unidos, Gran Bretaña y Rusia. Era la cuarta compañía más grande del mundo y prácticamente ella sola había abastecido, y había lucrado, con el esfuerzo bélico nazi. Los defensores de Farben, de los que había muchos, alegaban que la compañía había sido un simple bastión de científicos e inventores de vanguardia y que era absurdo hacerla responsable de los crímenes nazis. Algunos británicos y estadounidenses se solidarizaban con esa opinión. Una voz minoritaria complicaba el asunto, argumentando que la búsqueda de justicia mediante los primeros juicios, para 1947 había provocado un «afán de venganza» judío.[2] John Rankin, un congresista republicano de Misisipi, calificó el juicio pendiente a Farben de «vergonzoso» y dijo que, mientras cualquier otro país ya se habría lavado las manos y se habría retirado de esas saturnales de persecución, una minoría racial, a dos años y medio de finalizada la guerra, estaba en Núremberg no solo colgando a soldados alemanes, sino también juzgando a los hombres de negocios alemanes en nombre de Estados Unidos.[3]

Sin embargo, aquellos que habían investigado la historia de Farben y su papel determinante en la Segunda Guerra Mundial sabían que retratar a la compañía solo como total y entusiasta partidaria de Hitler, en el mejor de los casos era ingenuo, y en el peor, engañoso. El general brigadier Telford Taylor, que había reemplazado al juez de la Suprema Corte, Robert Jackson, como el principal fiscal estadounidense de los crímenes de guerra, fue contundente: la jerarquía de Farben fue «el mago que hizo que la pesadilla de *Mein Kampf* se hiciera realidad».[4]

De hecho, el año anterior un informe encargado por el general Dwight Eisenhower estableció que Farben había sido tan indispensable para los nazis que todas sus plantas empleadas para la producción bélica debían ser demolidas y las restantes incautadas y divididas entre los vencedores. Cómo llevar a cabo lo anterior todavía estaba en debate según avanzaba el proceso penal.

Veinticuatro altos directivos habían sido imputados en una acusación de 60 páginas, que establecía cargos por «Librar guerras de agresión», «Saqueo y expolio» y «Esclavitud y asesinato en masa».[5] Los acusados incluían al presidente de Farben, Carl Krauch, así como a Fritz ter Meer, Otto Ambros, Heinrich Bütefisch, Christian Schneider y Walter Dürrfeld, todos ellos directores con funciones de supervisión en Monowitz. En el banquillo también se encontraban Heinrich Hörlein, Wilhelm Mann y el doctor Carl Wurster, tres químicos que habían sido directores de Degesch, el fabricante de Zyklon B (Mann había sido su presidente durante la guerra).

El primer día del juicio fue el 27 de agosto de 1946. La sala de dos pisos era la misma que había sido el dramático escenario del principal juicio de Núremberg a los altos jerarcas nazis el año anterior. Carl Krauch, que fue condecorado con la Cruz de Hierro por sus servicios al Tercer Reich por el mismo Hitler, se sentaba ahora en el mismo banquillo que había ocupado Hermann Göring. Tres destacados jueces estadounidenses encabezaban el juicio.[6] Los 300 asientos para los espectadores estaban abarrotados y la tribuna de la prensa estaba desbordante. Las expectativas no podían ser más altas: los acusados enfrentaban la pena de muerte.

Joshua DuBois, Jr., de 33 años, adjunto del juez Telford Taylor, reconoció la dicotomía entre las mentes brillantes de Farben y los cargos de la acusación: «Esta es la historia de 24 genios que cambiaron la faz de la tierra. Los hombres más brillantes de Europa dirigían una empresa conocida como I.G. Farben... Estos criminales de I.G. Farben, y no los enloquecidos fanáticos nazis, son los principales criminales de guerra. Si la culpa de estos criminales no se saca a la luz y si no se les castiga, representarán una amenaza mucho más grande para la futura paz del mundo de lo que sería Hitler si estuviera vivo».[7]

DuBois había pasado la guerra dirigiendo los esfuerzos del Tesoro de Estados Unidos para rastrear, bloquear e incautar los activos financieros de los nazis. En ese papel se había convertido en un experto en Farben, incluyendo su multitud de subsidiarias, empresas fantasmas, sociedades y fideicomisos extranjeros. Ello influyó en su decisión de iniciar su caso con la acusación de que la compañía había conspirado con Hitler para «librar una guerra de agresión». Para probarlo, DuBois se basó en una enorme cantidad de documentos bastante obtusos, organigramas, licencias de patentes e informes corporativos sumamente detallados.

Muchos observadores en la sala pensaron que esa era una estrategia equivocada. Incluso hubo desacuerdo entre sus colegas. Emanuel Minskoff, un joven abogado, argumentó: «Debimos haber empezado con Auschwitz».[8] Pero no persuadieron a DuBois. Unas semanas después era muy tarde para cambiar el curso cuando el juez James Morris dijo desde el estrado: «Señor fiscal, esta organización, hasta donde muestran los registros, era simplemente una gran empresa química, comercial y de negocios, al igual que muchas en todo el mundo... Estoy muy lejos de entender de qué manera los documentos de este tipo tienen la menor importancia relativa sobre los cargos. Este juicio se ha visto frenado por una masa de contratos, minutas y cartas que parecen tener una mínima relación en el concepto de carga de la prueba en este caso».[9]

Los acusados de Farben no estaban tan preocupados acerca de qué cargo abordarían primero los fiscales, porque secretamente habían adoptado la estrategia de evitar admitir nada que los incriminara. Incluso los responsables de I.G. Auschwitz sostendrían que ellos no habían visto nada fuera de lo común. El meollo de su argumentación establecería la norma para toda una generación de alemanes, que más tarde afirmaría que no sabía nada sobre el exterminio de los judíos.

Según iba progresando el juicio, a veces parecía como si cada acusado tratara de arruinar a los otros respecto a lo poco que sabían.

Otto Ambros, quien había localizado el sitio en Polonia para el complejo de Farben, Monowitz, juró que nunca pasó por su cabeza que los nazis pudieran proporcionar trabajadores esclavos del campo de concentración contiguo.[10] En un memorando que había enviado al consejo de Farben en el que describía una de sus visitas a Auschwitz, Ambros escribió: «El establecimiento de un campo de concentración es algo horrible. Es un suplicio para los presos». DuBois presentó ese documento para demostrar que Ambros estaba enterado de las terribles cosas que estaban ocurriendo en el campo. Nada por el estilo, sostuvo Ambros, que alegó que simplemente sentía aversión «por el pelo corto [de los prisioneros]... Esa es la tortura a la que me refería».

Ambros también dio marcha atrás respecto a la correspondencia en la cual alardeó de «una promisoria nueva amistad con las SS», argumentando que nunca supo de las selecciones de vida o muerte de los prisioneros hasta los juicios de Núremberg. Respecto a la desnutrición que asolaba a los trabajadores de Monowitz, seguramente se debía a una «injusta distribución de la comida una vez que salía de la cocina». ¿Qué hay del crematorio que vio a la entrada durante un viaje? «Se me informó que, si alguno de esos seres humanos llegaba a morir, sería cremado ahí. Eso fue todo».

Los fiscales mostraron a Ambros muchos reportes sobre casos en los que los SS trataban con brutalidad a los trabajadores que construyeron Monowitz. Ambros alegó que eso era nuevo para él, a pesar de sus 18 visitas al lugar. Protestó: «Solo soy un químico... Creo que no es posible esperar que el químico lea cada reporte de construcción». ¿Qué hay de los muchos documentos que mencionan a Ambros como el gerente del proyecto? «Yo era el administrador, pero solo honorario».

Fritz ter Meer, que era el director responsable, con base en Fráncfort, de la planta química de Monowitz, dijo que «no podía recordar» si alguna vez Ambros había mencionado el vecino Auschwitz y su suministro constante de trabajadores esclavos.[11] Y respecto a la visita de inspección que hizo a Auschwitz III en 1943 con Ambros (su tercer viaje), Ter Meer argumentó no recordar haber visto torres de vigilancia. No pudo siquiera hacer una descripción de las condiciones de los trabajadores, puesto que «estaba en el interior del campo en la tarde a una hora en que estas personas [los presos] no se encontraban, ya que estaban trabajando y no había mucha gente cerca».

¿Vio el crematorio principal de Auschwitz? Sí, dijo Ter Meer. «Se me informó que servía para cremar los cuerpos en caso [de] muerte».[12] ¿Qué hay de la enorme chimenea de Auschwitz? «No tengo memoria de ella».

Christian Schneider, jefe de personal de Farben encargado de la planta de combustible sintético, testificó extensamente sobre una conferencia sobre construcción en Monowitz, a la que asistió en enero de 1943. Según él, todos los presos que vio «presentaban una apariencia adecuada». En determinado momento, Schneider fue llevado a una gran sala donde «el personal y los visitantes tomaban su comida del mediodía. Probé la comida. Era buena». Schneider aseguró que no había presenciado la más mínima cosa inusual en ninguno de los otros complejos que Farben poseía en Alemania. «Si algo hubiera estado fuera de lugar, lo recordaría», afirmó.[13]

Heinrich Bütefisch, uno de los especialistas más importantes en combustible sintético de Farben, fue el responsable del primer pedido formal a Himmler de presos de Auschwitz, que serían utilizados como trabajadores esclavos.[14] Además de su papel como alto directivo de I.G. Auschwitz, Bütefisch también era SS *Obersturmbannführer* (teniente coronel). Se hizo eco del testimonio de sus colegas de que, en sus muchas visitas a Monowitz y sus subcampos, los trabajadores siempre se vieron en forma, fuertes y bien alimentados. No podía recordar memorandos dirigidos a él por la falta de instalaciones de higiene para miles de trabajadores y desestimó la construcción de un depósito de cadáveres como algo necesario, «estrictamente para fines higiénicos». Respecto a cuántas veces fue a I.G.

Auschwitz, no podía responder, puesto que sus registros de viajes durante la guerra estaban supuestamente perdidos.[15]

Tres de los acusados, Heinrich Hörlein, Wilhelm Mann y el doctor Carl Wurster, eran científicos de Farben que durante la guerra dirigieron Degesch, el fabricante del Zyklon B. Sus testimonios fueron notablemente similares. Rememoraron «una plaga de insectos en el este» e incluso no pudieron recordar que supieran que las etiquetas de que irritaba los ojos y de advertencia se eliminaron de las latas del veneno que vendieron a las SS. Como hombres de negocios del consejo de Degesch, aseguraron no poner atención a los detalles científicos. Ello, a pesar de que Mann era el director farmacéutico; Hörlein, jefe de investigación química de Farben y antiguo jefe de los laboratorios farmacéuticos de Bayer, y Wurster, el jefe de la planta química de I.G. Auschwitz. No recordaban que en 1943 el Zyklon B constituyó un notable 70% del negocio de Degesch y que 90% de todo el Zyklon B que se vendió fue a Auschwitz.

Para arrojar dudas sobre la precisión del caso del fiscal, los abogados de la defensa presentaron 386 declaraciones juradas, incluyendo algunas de algunos nazis condenados que habían estado asignados en Auschwitz, que pretendían demostrar que los acusados no habían sabido o aprobado el peor de los crímenes.[16] Dos hombres que ya habían sido declarados culpables de crímenes de guerra por trabajo esclavo, el mariscal de campo Erhard Milch, y el magnate de empresa Friedrich Flick, testificaron que los acusados de Farben habían actuado por «necesidad legal», puesto que rehusarse a seguir las directrices nazis los hubiera llevado a ser detenidos y encarcelados.[17]

El fiscal DuBois resumió el núcleo de la defensa de Farben: «Los directores de Farben no sabían nada de esto [la Solución Final]. Los dos que seleccionaron el sitio [en Monowitz] y el que encabezó la construcción, no sabían nada. El que solicitó presos a Himmler no sabía nada incluso después de haberse mudado a Auschwitz. El director encargado del bienestar de los empleados en Auschwitz no sabía absolutamente nada. El quinto, el sexto, el séptimo de los ocho directores —que encabezaron la empresa Degesch que enviaba todo el Zyklon B a Auschwitz y la institución que remitía las vacunas contra el tifo y las drogas— tampoco sabían nada».[18]

Mientras se escenificaba el drama del juicio contra Farben, Capesius se había visto forzado a contratar a un abogado, el doctor Rudolf Pander, en Stuttgart.[19] Pander era un abogado que durante la guerra había sido teniente coronel en la Abwehr, la inteligencia alemana, asignado a Bucarest en 1942-1943.[20] También había sido detenido por los estadounidenses en 1945 e interrogado sin reservas y evaluado antes de ser liberado al año siguiente. Pander había reabierto su despacho y rápidamente se ganó la reputación de ser un abogado listo que conocía los entresijos del proceso de desnazificación.

El 7 de octubre de 1947, Pander se presentó ante un nuevo tribunal. Alegó que, por una cuestión de derecho, Capesius debía ser absuelto y que la corte original había tomado la decisión correcta al exculparlo. De acuerdo con Pander, la revocación estaba equivocada porque el ministerio había erróneamente pensado que Capesius podía haber sido un oficial SS de combate. Todos los reclutados para trabajar en el cuidado de la salud, argumentó, estaban exentos de acuerdo con el artículo 39, sección III, de los estatutos de desnazificación.[21]

Dos días después, Capesius se presentó ante cinco nuevos jueces. Se sabía el guion muy bien. Subrayó todos los aspectos destacados e hizo énfasis en que nunca había sido miembro del partido nazi. Respecto a sus servicios durante la guerra, Pander le había aconsejado que su intuición era acertada y que evitara mencionar Auschwitz a menos de que fuera inevitable en el interrogatorio de los jueces. Cuando se le preguntó, Capesius solo dijo: «Después de la capacitación, el 1 de septiembre de 1943 llegué a la estación médica central, en Berlín, donde fui nombrado farmacéutico para administrar medicinas». Estuvo en ese lugar, dijo, hasta el fin de la guerra en abril de 1945.

La corte no tenía una copia del cuestionario de octubre de 1946 que Capesius había dado a los estadounidenses en el que admitía que había servido en Auschwitz. Ninguno de los jueces le preguntó si alguna vez había estado destacado en un campo de concentración.[22]

El capítulo final de la desnazificación de Capesius llegó ese mismo día, el 9 de octubre de 1947, cuando el tribunal dictó su segunda absolución. El veredicto no habría sido mejor si Pander personalmente lo hubiera redactado.

«La persona en cuestión» ha «demostrado concluyentemente» que fue obligada a alistarse en las Waffen-SS», y, por lo tanto, «no puede considerársele miembro de una organización criminal». Incluso aceptó su alegato de que no era idóneo para la plena integración a las SS puesto que era «racialmente tipo III (tipo oriental)». Aceptando las sistemáticas mentiras de Capesius, la corte concluyó que él no estaba «en activo en las SS ni en la policía secreta o la policía de fronteras». En cambio, su «único» trabajo fue el «servicio de salud», en la «Clínica Central Médica en Berlín», donde desarrolló sus funciones: «la preparación de medicamentos para los individuos de las unidades de tropa».[23]

Capesius había mantenido un perfil bajo en Stuttgart desde que los estadounidenses lo habían liberado en agosto. Ahora, armado con su documento oficial de desnazificación, que demostraba que era libre para trabajar sin ninguna restricción, encontró trabajo como asistente en la Reitelsberg Apotheke de Stuttgart.[24] Era una farmacia pequeña y familiar, cuya propietaria era una dama de nombre Monika Raff. Le agradó que tuviera la autorización de las cortes alemanas, pero también era típicamente alemana en el sentido de que no estaba interesada en lo más mínimo en saber lo que sus empleados habían hecho durante la guerra.[25]

Mientras Capesius daba los primeros pasos para reconstruir su vida, el juicio a Farben terminó el 28 de mayo de 1948. Durante esos 152 días se habían presentado cerca de 200 testigos, 3,000 declaraciones juradas y 6,000 documentos probatorios de la corte. La transcripción del juicio sumaba la abrumadora cantidad de 16,000 páginas. El telón de fondo en el que los jueces sopesaban la evidencia eran los encabezados diarios sobre el escalamiento de la guerra fría con los soviéticos. Los comunistas habían tomado el poder en Checoslovaquia y los soviéticos aislaron Berlín Occidental la semana que terminó el juicio. Ello se añadió a la sensación de que enjuiciar los crímenes nazis tres años después del fin de la guerra era un lujo inasequible, especialmente cuando Alemania Occidental tenía que transformarse de un enemigo castigado en un valioso aliado.

A los jueces les tomó dos meses para llegar a un veredicto. Esa decisión determinaría si la época de responsabilizar a los industriales más importantes de Alemania de los crímenes de los nazis había llegado a su fin.

El juez principal, Curtis Shake, leyó la mayor parte de los veredictos desde el estrado.[26] Las acusaciones uno y cuatro eran sobre librar guerras de agresión y conspiración. Todos los acusados fueron absueltos de ambas. Respecto al cargo número dos —crímenes de expolio de la propiedad y ayudar a deportaciones de países ocupados—, 14 de los 23 fueron absueltos. En cuanto a la acusación más explosiva: trabajo esclavo y asesinato en masa, a pesar de que la corte rechazó la defensa de la «necesidad legal», encontró a cinco de los acusados más directamente involucrados con I.G. Auschwitz —Krauch, Ambros, Dürrfeld, Bütefisch y Ter Meer— culpables.[27]

Los fiscales estaban asombrados de que diez de los acusados hubieran salido bien librados, a lo sumo con una reprimenda. Incluido en ese grupo se encontraba el doctor Wilhelm Mann, quien había sido director del fabricante del Zyklon B, Degesch, durante la guerra y quien personalmente había aprobado los pagos de Farben para los experimentos de Josef Mengele en Auschwitz.

La fiscalía sufrió otro revés cuando se llegó a la sentencia. Como DuBois pensaba que era poco probable que alguien recibiera la pena de muerte, había solicitado penas que iban de los 20 años a cadena perpetua. Pero el castigo más largo que se dictó fue de ocho años para Ambros y Dürrfeld. A cinco de esos acusados de crímenes de guerra se les dieron menos de dos años de sentencia, y la corte les dio a los acusados otra oportunidad, descontándoles el tiempo de cárcel mientras esperaban el juicio. DuBois y su equipo abandonaron la corte enfurecidos. «Las sentencias fueron lo suficientemente ligeras como para complacer a un ladrón de gallinas», masculló.[28]

Capítulo 16
Un nuevo comienzo

Capesius siguió muy de cerca el juicio de los directores de Farben al tiempo que iba trazando el mapa del nuevo capítulo de su vida. En 1949 se cambió de su diminuto departamento a un condominio de tres recámaras que compró por 50,000 marcos alemanes (205,000 dólares de 2015) en Fruhlingstrasse, un exclusivo vecindario de Göppingen, una pequeña ciudad a aproximadamente 48 kilómetros de Stuttgart. Si alguien hubiera estado prestando atención, podría haberle parecido sorprendente que Capesius —separado de su familia y de cualquier ahorro en Rumania y ganando un salario mínimo como asistente farmacéutico— tuviera tanto dinero. Les había dicho a sus captores estadounidenses y británicos y a los tribunales de desnazificación alemanes que había perdido su patrimonio personal, que ascendía a cerca de 20,000 *Reichsmarks,* «por la ocupación de Rumania después de la guerra».[1] Afortunadamente para él, nadie le preguntó de dónde sacó el dinero. Los fiscales alemanes más tarde llegaron a pensar que una reunión en Göppingen que Capesius sostuvo, después de la guerra, con los doctores Frank y Schatz, los dos dentistas de Auschwitz, tuvo lugar porque el trío se las había arreglado para recuperar el oro que había robado en el campo y que finalmente había dividido el botín.[2] Capesius siempre destinó ese oro para un nuevo comienzo después de la guerra. Y ahora así era. En Göppingen en 1950 obtuvo una licencia operativa como farmacéutico del estado de Baden-Württemberg y adquirió una carnicería por 150,000 marcos. Pronto la convirtió en una farmacia de última generación.[3] La Markt-Apotheke (Farmacia del mercado) abrió al público el 5 de octubre de ese año.[4]

Capesius se sentía complacido por la velocidad de su rehabilitación privada y se maravillaba por el rápido cambio de fortuna de los principales ejecutivos de Farben. Un par de meses después de que Capesius inició Markt-Apotheke, las noticias de primera plana en Alemania eran que el presidente de la compañía durante la guerra, Carl Krauch, había sido liberado a menos de dos años de su sentencia de ocho años. Todos sus coacusados lo siguieron a la libertad poco después de que John McCloy, el alto comisionado estadounidense, respondiera a las peticiones de clemencia conmutando las sentencias de cerca de 70% de los nazis condenados.[5] Una multitud de reporteros recibió a los directores de Farben encarcelados cuando salieron de la prisión de Landsberg. Fritz ter Meer, al referirse sarcásticamente al enfrentamiento en Asia entre Estados Unidos y China comunista en la península coreana, sonrió y dijo: «Ahora que tienen Corea en sus manos, los estadounidenses son más amistosos».[6]

Capesius admiraba el hecho de que, aunque habían sido juzgados y condenados, las carreras profesionales de esos hombres no se habían dañado en la nueva Alemania, a pesar del hecho de que los aliados originalmente habían prohibido a los criminales de guerra regresar a la misma industria. Carl Krauch se convirtió en un espléndidamente pagado director de Chemische Werke Hüls, A.G., una antigua subsidiaria de Farben que había sido clave en la producción de caucho sintético de la compañía. Hermann Schmitz, antiguo presidente de Farben, se transformó en presidente de Rheini Steel y en director de un banco con sede en Berlín. Heinrich Bütefisch aceptó el papel de director de Ruhr-Chemie. Fritz Gajewski, que había dirigido Agfa para Farben durante la guerra, se volvió director de tres compañías químicas alemanas consecutivas. Wilhelm Mann y Heinrich Hörlein, antiguos directores de Degesch, se unieron a la junta directiva de Bayer. Christian Schneider, jefe de producción de gasolina en I.G. Auschwitz, se convirtió en un consultor muy bien pagado de varios consorcios químicos europeos. Otto Ambros, que eligió el sitio para I.G. Auschwitz, fue presidente de Chemie Grünenthal y director de media docena de las firmas químicas alemanas más prestigiosas. Max Ilgner, encargado de las operaciones de inteligencia de Farben en el extranjero, se transformó en un exitoso cabildero político en Bonn.[7]

Por lo que respecta al conglomerado en sí, Farben permaneció bajo supervisión aliada durante 1949 solo para ser formalmente disuelto en 1951.[8] Coincidentemente, ese mismo año un sobreviviente judío presentó la primera demanda civil, exigiendo reparación por el trabajo esclavo, que finalmente resultó en el pago a 5,855 víctimas de cantidades que oscilaban entre 1,250 a 8,500 marcos (8,800 a 60,000 dólares en 2015).

De la disolución de Farben emergieron cuatro grandes compañías.[9] Bayer, por su tamaño, inmediatamente se convirtió en una de las empresas farmacéuticas más importantes; Agfa se volvió el fabricante líder de productos para la obtención de imágenes; BASF surgió como la compañía química más grande del planeta, y Hoechst, un conglomerado químico y científico, inmediatamente se transformó en una de las compañías más lucrativas de Alemania. ¿Y quién mejor para dirigir estas empresas que algunos de los altos ejecutivos de Farben exonerados de sus sentencias por crímenes de guerra? Fritz ter Meer, el único condenado por dos acusaciones de crímenes de guerra, se convirtió en el todopoderoso director de Bayer.[10] Carl Wurster fue nombrado director de BASF y presidente de la Asociación Química Industrial de Alemania. Y Friedrich Jähne, ingeniero en jefe de Farben, fue designado presidente de Hoechst.

Para aquellos que habían tratado de llevar a los ejecutivos de Farben frente a la justicia, su regreso al poder fue agridulce. Más tarde, DuBois se lamentó de que el temor de los estadounidenses y británicos hacia la Unión Soviética durante la Guerra Fría los hubiera conducido a «acoger a esos industriales alemanes que fueron los generales de traje gris en la Segunda Guerra Mundial».[11]

La vuelta al poder de los directores de Farben alentó a Capesius y a muchos de sus colegas SS a adquirir un falso sentido de seguridad de que lo peor había pasado respecto a la persecución de la justicia de los crímenes nazis. Dejó de preocuparse diariamente sobre si enfrentaría cargos por sus servicios en Auschwitz, y se concentró solamente en su negocio y en llevar a su familia a Alemania. Esa determinación se tradujo en un gran éxito. Para 1952 había ganado suficiente dinero con la Markt-Apotheke para abrir el Institut für Cosmetologie (Instituto de Cosmetología), un hermoso y moderno *spa* en Reutlingen, un pequeño pueblo también cercano a Stuttgart. El lema del Instituto era «Sea bella con los tratamientos de Capesius».[12]

Cuando le escribió a Fritzi sobre sus nuevos logros, ella reafirmó su fe en que el ambicioso hombre del que se había enamorado poseía el talento y la disciplina para prosperar en la nueva Alemania. Solo era cuestión de tiempo, pronosticó a sus amigos, que la familia se reuniera en Alemania Occidental.[13] Por lo menos esperaba que fuera pronto, pues sus hijas empezaban a pagar el precio de tener un infame padre nazi; Melitta, de 17 años, había sido expulsada por «razones políticas» de una escuela de ingeniería mecánica (Universitatea Politehnica Timisoara).[14]

Para todo el mundo en Göppingen, Capesius parecía ser otra historia exitosa del auge económico que se apoderó de Alemania en la década de los 1950. El *Wirtschafstswunder* (milagro económico) de esa década vio casi duplicarse los salarios y el poder adquisitivo del alemán promedio. Al igual que la nación reconstruida por sí misma de los destrozos de los bombardeos y su demolida infraestructura, Capesius se benefició de la regla que todos los alemanes obedecían instintivamente: nunca preguntes qué hizo alguien durante la guerra.

A mediados de la década de 1950, la farmacia le redituaba ganancias por 425,000 marcos alemanes anualmente (más de 100,000 dólares de entonces) y tenía 15 empleados.[15] Satisfacía su amor por la cacería alquilando un coto de caza en Austria y hacía costosos safaris en África. Sus nuevos amigos de Göppingen lo consideraban encantador y él se desenvolvía con facilidad en los mejores círculos sociales. Capesius era miembro de los clubes de tenis, equitación, cacería e, incluso, de un grupo musical. Fue en esa época cuando solicitó a la Cruz Roja, arguyendo razones humanitarias, que ayudara a su mujer y a sus hijas a salir de Rumania. Si bien la Cruz Roja ocasionalmente tenía éxito en reunir a familias separadas por la Cortina de Hierro, Capesius no corrió riesgos. Por tanto, por otro lado invirtió una cantidad desconocida de dinero en lo que se llamaba programa de «recompra de la familia», esencialmente una trama legal para sobornar a funcionarios comunistas cortos de efectivo para que permitieran a las personas emigrar a Occidente. Entendía que ese proceso podía ser prolongado, pero tenía confianza en que su familia finalmente se reuniría con él.

Capesius también se sentía animado por el cambio en las posturas respecto a la Segunda Guerra Mundial en Alemania Occidental. El ánimo público en relación con los crímenes de guerra se había transformado considerablemente desde la época en que los aliados habían llevado a cabo juicios que tuvieron como resultado la ejecución de algunos de sus colegas de Auschwitz. Como consecuencia de esos juicios, existía una extendida antipatía entre los alemanes que consideraban que los cargos por crímenes de guerra eran solo una venganza política de parte de los ganadores.[16] Los estadounidenses y los británicos habían devuelto el control total del poder judicial a los alemanes en mayo de 1955. Una de las primeras directrices de la nueva jurisdicción fue que los nazis condenados que cumplieran sentencias de menos de tres años fueran liberados inmediatamente.[17] Desde ese momento en adelante, la exclusiva responsabilidad de juzgar crímenes nazis correspondía a las cortes y fiscales de Alemania Occidental. Pero muchos de los jueces que habían servido bajo el Tercer Reich estaban de vuelta en el estrado. Ni un solo juez de los célebres «tribunales populares» fue culpado nunca de un solo crimen.

Un año después, el parlamento alemán (Bundestag) anuló las dos principales categorías criminales —crímenes contra la humanidad y crímenes de guerra cometidos en fomento del genocidio— en las que los aliados habían basado sus juicios. El Bundestag dictaminó que esas eran leyes pos-facto inventadas por los estadounidenses y los británicos y que nadie debería ser condenado por leyes que no existían cuando sucedieron los crímenes. El Bundestag también abolió la pena capital.[18] El primer canciller alemán de la posguerra, Konrad Adenauer, pensó que era importante integrar a los exnazis en lugar de excluirlos de la nueva Alemania.

Incluyó en su gabinete a algunos antiguos oficiales del NSDAP,* particularmente al purificador étnico Theodor Oberländer, que fue obligado a dejar el cargo en 1960, después de que una corte de Alemania Oriental lo sentenció a cadena perpetua por crímenes de guerra.[19]

No fue de sorprender que todo esto se tradujera en un fuerte descenso en el número de investigaciones formales de los crímenes nazis. En los cuatro años posteriores al fin de la guerra, los aliados sentenciaron a 4,419 nazis. En 1955, el primer año de control total alemán, solo hubo 21 condenas. Las investigaciones abiertas cayeron de cerca de 2,000 en 1950, a menos de 200 pocos años más tarde.[20] El problema era más que una falla para iniciar nuevas investigaciones; en las instancias en las que los cargos se presentaron durante la década de 1950, la tasa de absolución fue de cerca de 80%.[21]

Mientras más *laissez-faire* era la actitud judicial, Capesius se sentía cada vez más cómodo. Sin embargo, él y otros colegas SS que nunca habían sido acusados de un crimen, no estaban conscientes de que había algunos nubarrones en el horizonte.

En 1956, Fritz Bauer, un jurista de 52 años que había estado brevemente en un campo de concentración durante la Segunda Guerra Mundial antes de exiliarse en Suecia y Dinamarca, fue transferido de la oficina del procurador del Estado, en la ciudad de Braunschweig, a la ciudad de Fráncfort.[22] Bauer fue el primer fiscal judío en la Alemania de la posguerra. El arzobispo de Suecia, Lars Lilje, conocía muy bien a Bauer y no tenía dudas de que pronto se establecería como «el primer y más importante jurista... que tomó en serio la persecución sistemática y el enjuiciamiento de los asesinos nazis».[23]

Aunque Bauer minimizó su condición de judío, era innegable que sentía una pasión por investigar los crímenes de la época de la guerra. Eso provocó acaloradas discusiones en el seno de la judicatura alemana. Pronto se vio involucrado en una brutal batalla interna con sus colegas, que desestimaron su enfoque hacia los nazis

---

* Siglas de Nationalsozialistische Deutsche Arbeiterpartei, Partido Nacional Socialista Alemán. *(N. de la T.)*

por impetuoso e innecesario, y esparcieron el rumor de que era homosexual, algo que todavía se consideraba un delito en Alemania.[24] Ladislas Farago, un prolífico autor sobre la Segunda Guerra Mundial, escribió sobre Bauer: «Su trabajo [podría] ganarle el odio apasionado de los antiguos nazis y neonazis, la crítica de gente que prefería enterrar el pasado y el oculto antagonismo de ciertos miembros de su propio equipo. Lo veían como un bienhechor, un judío vengador, un agresivo viejo cascarrabias que dejaba que sus emociones lo controlaran cuando su cabeza debía imponerse».[25]

Bauer sabía que era improbable que las investigaciones locales fragmentadas, tibias y a veces superfluas sobre los nazis derivaran en cargos significativos. Muchas de las oficinas de los procuradores del Estado sufrían de una carencia de personal que les impedía investigar a fondo casos complejos. Otros no tenían el deseo de continuarlas, al considerarlas un vestigio del pasado. Una parte esencial de la cura, sostenía Bauer, era reunir evidencia sobre esos crímenes en una sola oficina central y después remitir casos sólidos, bien desarrollados, a los fiscales locales. Esa idea finalmente se concretó el 1 de octubre de 1958, cuando los ministerios de justicia estatales de toda Alemania acordaron crear la Oficina Central de los Ministerios Estatales de Justicia para la Investigación de los Crímenes de Violencia Nacionalsocialista en Ludwigsburg.[26]

Parecía un oscuro cambio burocrático de poca importancia, y su efecto no fue inmediato. Pero, durante los siguientes años, el número de investigaciones se multiplicaría de 400 a más de 6,000. Una de ellas era un archivo en constante crecimiento con el nombre de «Victor Capesius».

Capítulo 17

«Inocente frente a Dios»

Bauer no era la única persona cuya búsqueda de justicia en tiempo de guerra atañía a Capesius y sus antiguos colegas SS. Hermann Langbein, un preso que había sido ayudante en el consultorio del médico en jefe en Auschwitz, había hecho su misión de vida llevar a los responsables del campo frente a la justicia. En el campo, Langbein tuvo una insólita panorámica del asesinato en masa. En el consultorio se podía ver, desde arriba, la entrada del Crematorio I, donde se hacinaba a los prisioneros en las cámaras de gas y más tarde los cuerpos eran retirados por los *Sonderkommando*. En 1952 Langbein había sido cofundador del Comité Internacional de Auschwitz (IAC por sus siglas en inglés), para entonces el grupo más grande de supervivientes. Era implacable en la búsqueda de testigos en más de una docena de países; tomaba sus declaraciones, e incluso a veces la hacía de detective amateur a la caza de nazis fugitivos. Para fines de la década de 1950 había reunido el archivo probatorio más grande del mundo sobre los crímenes cometidos en Auschwitz. Había dicho a los fiscales que los hombres a los que quería ver acusados tenían las manos llenas de sangre. Capesius era solo uno de las varias docenas en la lista de Langbein.

Una confluencia de acontecimientos en 1958 reunió a Langbein y a los fiscales. El 1 de marzo, un *kapo* de Auschwitz, Adolph Rögner, envió una carta al fiscal de Stuttgart. En ella denunciaba que Wilhelm Boger, un sádico oficial SS que había inventado un artefacto de nombre epónimo mediante el cual los prisioneros del campo eran golpeados salvajemente, estaba viviendo abiertamente en Stuttgart y trabajando como supervisor en una fábrica de aviones. A Boger se le había visto por última vez en 1945, cuando escapó de un tren que lo llevaba a Polonia para ser juzgado.

Los fiscales estaban escépticos. Rögner tenía un largo historial de arrestos, de presentación de cargos falsos sobre crímenes nazis, y estaba en prisión acusado de perjurio cuando envió esa denuncia.[1] Al principio la información languideció, ya que el fiscal general pensaba que Rögner no solo no era digno de confianza, sino que era un «psicópata vengativo». Sin embargo, la policía le tomó su declaración. Su conclusión: había conseguido la detallada información sobre Auschwitz de una gran colección de libros que tenía en su departamento y sencillamente era una persona a quien le gustaba llamar la atención. No estaban seguros de si valía la pena investigar otras dos pistas que daba Rögner: afirmaba que los oficiales SS de Auschwitz estaban viviendo en Alemania bajo sus verdaderos nombres.

Pero Rögner no solo le había escrito al fiscal de Stuttgart. Sabiamente había enviado su denuncia a Langbein y a la IAC. Cuando Langbein preguntó a los fiscales sobre el estatus de la averiguación de Boger, se apresuraron a autorizar que esta se hiciera más exhaustiva por miedo a aparecer frente a los sobrevivientes del Holocausto como indiferentes para atrapar a los criminales de guerra. A Langbein no solo le preocupaba que los fiscales se durmieran en sus laureles, sino que a Boger de alguna manera le dieran el pitazo y volviera a huir.

Langbein trató de apresurar la investigación proporcionando aproximadamente 12 declaraciones de testigos ese verano. Sin embargo, no fue sino hasta el 8 de octubre de 1958 cuando la policía arrestó a Boger. Bajo la ley alemana, cuando alguien es sospechoso de graves crímenes y existe el riesgo de fuga, los fiscales pueden ponerlo bajo custodia antes del juicio. Esa detención puede durar durante todo el juicio criminal.[2]

«No tengo ningún cargo de conciencia o habría huido», afirmó Boger después de su arresto. Su esposa le dijo a un reportero alemán que ella había vivido con su esposo en Auschwitz: «No puedo creer que haya hecho las cosas que dicen. ¿Cómo pudo haber matado a niños? Él tiene hijos propios».[3]

Mientras tanto, un reportero de Fráncfort envió a Fritz Bauer algunos documentos que un sobreviviente había recuperado. En ellos aparecían los nombres de 37 hombres SS involucrados en la ejecución de los que intentaban escapar de Auschwitz. Con base en esos documentos, Bauer inició sus propias investigaciones, y presentó una moción ante la Corte Federal de Justicia de Karlsruhe en la que solicitaba que su oficina tuviera el derecho exclusivo para perseguir todos los crímenes de Auschwitz, sin importar en qué parte de Alemania se arrestara a los acusados. La corte suprema aceptó y el expediente de Boger en Stuttgart se transfirió a Bauer en Fráncfort.

En abril de 1959, Bauer ordenó el arresto de tres SS que habían servido en la unidad de la Gestapo de Boger en Auschwitz: Pery Broad, Klaus Dylewski y Hans Stark. Todos vivían en Alemania Occidental bajo su nombre verdadero. La investigación de los crímenes nazis repuntó en junio cuando un juez de Freiburg emitió una acusación de asesinato contra el fugitivo Josef Mengele.[4] Langbein había presionando sin tregua para que se presentaran esos cargos.

Al mes siguiente, Bauer estaba otra vez en marcha. El 21 de julio arrestó a Oswald Kaduk, un suboficial al que el semanario alemán *Der Spiegel* llamó «uno de los hombres SS más cruel, más brutal, más vulgar» de Auschwitz.[5] Kaduk fue sentenciado por una corte militar soviética en 1947 a 25 años de trabajos forzados, pero fue liberado en 1956. Cuando Bauer lo encontró, era enfermero en un hospital de Berlín Occidental. Ese mismo día la policía arrestó a otros dos nazis buscados por Bauer: Franz Hoffmann, antiguo jefe de la guardia de seguridad de Auschwitz, y a Heinrich Bischoff, un *kapo*.

Los progresos hechos por Langbein y Bauer alentaron a muchos otros a unirse al revitalizado esfuerzo de llevar a los responsables frente a la justicia. Para fines de 1959, el Congreso Judío Mundial llamó a que todos los sobrevivientes de Auschwitz dieran un paso adelante, y Bauer publicó una carta en muchos de los periódicos internacionales más importantes del mundo buscando testigos.[6] Los sobrevivientes, ansiosos por contar sus historias, pronto inundaron a los fiscales y al IAC.

La detención de exnazis fue una gran noticia en Alemania. Boger vivía y fue arrestado en Stuttgart, donde Capesius se estableció originalmente después de la guerra. Göppingen, en donde Capesius tenía su farmacia, estaba a un corto trayecto en coche. Nada de esto podía ser reconfortante para él, pero aún más alarmante fue que Bauer había designado a dos jóvenes fiscales, Joachim Kügler y Georg Friedrich Vogel, para que iniciaran ese abril una investigación criminal formal contra Capesius. Era una investigación, como admitiría más tarde Kügler, «extremadamente difícil».[7]

El farmacéutico de Auschwitz supo de esa indagación durante el verano, cuando la policía le envió un aviso de que quería interrogarlo.[8] Capesius pensó que las autoridades estaban confundidas. Él vivía a plena luz y no había hecho ningún intento de huir. Eso se debía a que era inocente, insistía a cualquiera que preguntara. Incluso sus amigos pensaban que no estaba particularmente preocupado por el giro de los acontecimientos.[9]

Tras bambalinas, Capesius estaba mucho más inquieto de lo que se suponía. Consiguió la ayuda de Hanns Eisler, un amigo de su cuñado, para que rastreara a algunos miembros de las SS que habían servido en el campo, y a unos cuantos presos farmacéuticos a los que había favorecido, con la esperanza de que estos le proporcionaran declaraciones exculpatorias. Pensaba que serían un seguro útil. Eisler fue obligado a guardar el secreto y Capesius le dijo que, si este salía a la luz, negaría cualquier conocimiento del mismo (más tarde así lo hizo).[10] Capesius le entregó a Eisler un considerable presupuesto de 50,000 marcos alemanes (cerca de 12,000 dólares, cuatro veces el salario promedio de una familia de trabajadores en Estados Unidos).

El primer destino de Eisler no fue nada prometedor. Fue a la casa de Ferdinand Grosz, quien no solo había sido un judío farmacéutico prisionero en Auschwitz, sino que había conocido a Capesius cuando este era vendedor de Bayer. Antes de la guerra, Grosz había trabajado en una farmacia en Târgu Mures, y le había dicho a Langbein que Capesius «pasaba horas en nuestra farmacia».[11] Tal vez Grosz, que una vez se describió a sí mismo como «*protegé* de Capesius», por lo menos le podría dar el crédito de su sobreviviencia.[12] «Lo corrí [a Eisler]», recordaría más tarde Grosz. «Ya fuera que por accidente o coincidencia, él [Capesius] salvó mi vida; pero uno no puede olvidar a muchos miles de seres humanos gaseados que seleccionó para su exterminio, un crimen que nunca será expiado».[13]

Capesius le sugirió a Eisler que acudiera a personas que posiblemente fueran más amistosas, como los Stoffel y los Rump, sus amigos alemanes de origen en cuyas propiedades pasaba su tiempo libre mientras estuvo en Auschwitz. Eisler visitó la casa de los Stoffel y después los llevó de cacería al coto que Capesius poseía en Austria. Eisler les dijo que «trataran de recordar y de escribir todo lo que había ocurrido».[14]

El 4 de diciembre de 1959, como era su rutina, Capesius llegó a su farmacia esa mañana unos minutos antes de las 9:30. Al principio no puso atención en los dos hombres que esperaban afuera. Rápidamente le impidieron el paso y se identificaron como investigadores que trabajaban para la oficina de Bauer. Antes de que Capesius pudiera pronunciar palabra, le informaron que estaba detenido con fines de investigación.

Capesius estaba estupefacto. Es sorprendente que el arresto de otros seis oficiales SS que estuvieron con él en Auschwitz nunca le hubiera hecho temer que su propia detención era inminente. La negación de su propia conducta en el campo era tan grande que le permitía pensar que era inmune a lo que le había ocurrido a Boger y otros.

Los dos investigadores acompañaron a Capesius al juzgado local en Göppingen. Un magistrado supremo, el doctor Trukenmüller, y el fiscal, Joachim Kügler, lo esperaban. El juez le informó de los cargos generales en la orden de detención. Estos incluían que había «llevado a cabo y supervisado, junto con el doctor SS Mengele, selecciones en la rampa, había realizado selecciones en el campo, y administrado y proporcionado el agente aniquilador Zyklon B y fenol». La investigación también estaba estudiando si había participado en experimentos médicos mortales.[15]

Capesius tenía el derecho de permanecer callado ante esos cargos. Kügler le preguntó si respondería preguntas para una declaración bajo juramento. Capesius no tenía abogado, pero era lo suficientemente arrogante para aceptar. Pero fue más que simple soberbia lo que lo llevó a decir *sí*. A pesar de que sería la primera vez que discutiera públicamente su tiempo en Auschwitz, durante muchos años había pensado cuidadosamente lo que diría llegado el momento. Sabía que lo que dijera sería, con algunas variaciones y elaboraciones, la piedra angular del avance de su defensa. Esto había sido coreografiado cuidadosamente para disminuir su papel y su autoridad en el campo de la muerte, liberarlo de cualquier responsabilidad personal, y mezclar sus respuestas con una combinación de negativas rotundas en algunos casos, y en otros poner en tela de juicio la credibilidad de sus acusadores.

Kügler inició preguntando los antecedentes de Capesius, desde su educación, su trabajo civil antes de la guerra en Farben/Bayer, hasta su detención por los estadounidenses y los británicos después de la guerra. Intencionadamente querían tranquilizar a Capesius y este parecía estar relajado. Cuando habló de su iniciación en las Waffen-SS, intentó repetir lo que había planteado con éxito en su proceso de desnazificación, 12 años antes: «No fue por voluntad propia». Pasó las seis semanas de entrenamiento SS enfocado inocentemente en un «trabajo farmacéutico diseñado para la administración». También restó importancia a su transferencia a Dachau, alegando que él no «tenía nada que ver con el campo», y solo abastecía de medicinas a las unidades de combate de las Waffen-SS «cuando se [le] ordenaba hacerlo».[16]

Respecto a Auschwitz, dijo que en febrero de 1944 se había convertido en el farmacéutico en jefe después de la muerte de su predecesor, Adolf Krömer, que ocurrió aproximadamente a los dos meses de su llegada, pero que había dejado el cargo alrededor de la Navidad de 1944.[17]

Kügler le pidió a Capesius que explicara qué hacía en el campo. Al describir sus obligaciones, enfatizó su responsabilidad como farmacéutico de «abastecer las medicinas para el personal SS y los presos». Eso significaba que «con frecuencia tenía que ir a recoger los medicamentos con una ambulancia a la rampa de Birkenau... donde se encontraba un montón de maletas e instrumentos. Ahí, un uniformado le entregaba las cosas».[18] A veces, añadió, evitaba la recolección en la rampa y la dejaba en manos de dos oficiales subalternos.

Cada vez que era posible, se colocaba del lado de los buenos: «Hice lo más que pude por los presos que empleaba en la farmacia. Me las arreglaba para darles comida extra y cocinaban su comida en secreto en la buhardilla».[19] En cierto punto relató un cuento autocomplaciente de dudosa autenticidad. Él fue, alardeó, el oficial SS principal responsable de haber eliminado la plaga de tifo en Auschwitz. Y ello se debió a que el doctor Wirths, el médico encargado, lo despachó en la primavera de 1944 a Berlín a visitar a su amigo, el doctor Josef Becker, en el Hospital Central Militar. Wirths, sostuvo Capesius, le había «ordenado que consiguiera 70 ampolletas para tratar el tifo». Él y Becker le añadieron tres ceros a la orden de Wirths, por lo que Capesius regresó con 70,000 ampolletas. «Durante cuatro años el tifo había hecho el campo insoportable», expuso Capesius. «La epidemia también se había propagado entre los presos. Las ampolletas se distribuyeron en el campo según se necesitaban... después de dos meses ya no había tifo».[20]

Capesius sabía que su cuento era imposible de desmentir. Wirths estaba muerto al igual que Becker, y la mayoría de los registros del Hospital Central Militar de Berlín habían sido destruidos durante los bombardeos de saturación aliados al final de la guerra. Sin embargo, en general Capesius evitó proporcionar muchos detalles. Desde su audiencia de desnazificación sabía que, cuanto más precisa fuera su información, más fácil sería para los fiscales encontrar contradicciones o errores.

Kügler no estaba dispuesto a que Capesius controlara el tono y carácter de la audiencia. Había traído consigo una enorme pila de papeles y carpetas. Sacó un pequeño libro titulado *Yo era médico de Auschwitz,* escrito por Gisella Perl, una médica judía presa que trabajó para el doctor Mengele. En 1948 Perl escribió un libro de 189 páginas en el que narra los horrores de los experimentos médicos de Mengele en Auschwitz. Ella había sido pediatra en Sighet, Rumania, antes de la guerra, y mencionaba varias veces a Capesius en su texto. Había conocido a Capesius en 1943, cuando era representante de Farben/Bayer, y él la había visitado. Cuando ella y su familia fueron enviados en vagones de ganado a Auschwitz, en la primavera de 1944, reconoció a Capesius en la rampa. No conocía al oficial SS que estaba junto a él, pero más tarde supo que era Mengele, con quien fue asignada para trabajar. Capesius y Mengele estaban de pie frente a la larga fila de presos recién llegados. Mandaron a Perl y a su hermano a la derecha. Su padre fue enviado a la izquierda, a las cámaras de gas.[21]

Kügler leyó: «"¡Los médicos judíos, sálganse de las filas!", ordenó el doctor Mengele, el médico en jefe del campo. "Vamos a instalar un hospital".

»Junto con otros cuantos, di un paso hacia adelante y quedé cara a cara con el doctor Kapezius, que estaba al lado del médico en jefe. Yo acababa de recuperarme de un fallido intento de suicidio. Tenía la cabeza rasurada y los sucios harapos que cubrían mi cuerpo no escondían mi lastimosamente débil condición. Por un segundo no pude dar crédito a mis ojos. En un destello vi mi casa, a mi hijo sosteniendo su violín bajo la barbilla, a mi esposo y a nuestro huésped [Capesius] escuchándolo embelesado. La escena giraba frente a mis ojos, mientras él sonreía sin alegría; después, la oscuridad lo cubrió todo. Cuando volví en mí estaba en el piso de mi bloque y se me ordenó que me reportara con el doctor Kapezius inmediatamente.

»Me miró de la cabeza a los pies y sonrió de nuevo. Cuando habló, su voz era fría y burlona, y mi aversión era tan fuerte que al principio apenas podía entender sus palabras. Sin embargo, su voz pronto logró llegar a mi conciencia.

»"Va a ser la ginecóloga del campo", ladró. "No se preocupe por los instrumentos... no tendrá ninguno. Su equipo médico ahora me pertenece, y también ese raro reloj de pulsera que admiraba... También tengo sus papeles, pero no los necesitará. Puede irse". Nunca más lo volví a ver».[22]

Era obvio que el extracto de Perl había tomado a Capesius por sorpresa.

Después de un corto silencio, dijo lentamente: «No puedo recordar a una mujer doctora Gisella Perl. Pero no quiero afirmar que no la conocí». (Más tarde, Capesius trató de manchar la reputación de Perl diciéndole a un periodista que «Mengele necesitaba embriones para [investigar]... así que Perl tuvo muchos abortos hasta que pudieron tener un embrión vivo, viable».[23] De hecho, cuando Perl supo «que ellos (la madre y el recién nacido) eran llevados al bloque de investigación para ser usados como conejillos de Indias, y después las dos vidas eran arrojadas al crematorio, decidí que nunca más volvería a haber una mujer embarazada en Auschwitz... En la noche, sobre el inmundo piso, usando solo mis sucias manos... Cientos de veces tuve partos prematuros; nadie sabrá nunca qué significaba para mí destruir a esos bebés, pero, si no lo hubiera hecho, ambos, madre e hijo, habrían sido cruelmente asesinados»).[24]

Capesius guardó silencio otra vez, y trató de recuperar la compostura. Acabando de jurar un momento antes que no había conocido a Perl, de pronto negó «haberle quitado algo. Estoy seguro de que nunca tomé nada que le perteneciera a un preso, en especial un reloj de muñeca, para mi uso personal».

Estaba en una actitud de completa negación.

«Nunca hice una selección de presos en la rampa de Birkenau», declaró. «Podía ocurrir que hubiera prisioneros en la rampa, como dije antes, mientras buscábamos medicinas. A veces también estaba ahí cuando los presos eran seleccionados. La orden "derecha" e "izquierda" podía escucharse desde lejos. Pero nunca tomé parte en ella».[25]

Capesius había expuesto la que sería una de las claves de su defensa, la afirmación de que se resistió enérgicamente a los esfuerzos del médico en jefe de Auschwitz a asignarlo al trabajo de selección en Birkenau.

—Ocurrió que el doctor Wirths, el médico del campo, me dijo que yo debía tomar parte en las selecciones, y eso era, creo, todavía en el verano, o a fines del verano de 1944. Según recuerdo, la razón que dio para ello fue que era un periodo de mucho volumen de trabajo y se necesitaba a todo el mundo [fue cuando cientos de miles de judíos húngaros estaban llegando]. Cuando le expliqué al doctor Wirths que no deseaba hacerlo y que no era mi tarea, se enojó y dijo que él era el juez supremo ahí y que, si me rehusaba, podía dispararme sin ningún proceso legal. No persistí en mi negativa porque estaba temeroso de que me disparara. Nuestras relaciones tampoco eran buenas, porque yo no tomaba parte en las comilonas de otros oficiales SS, donde bebían. Entonces, conducía a Birkenau, pero siempre me las arreglaba para escaparme de ellos más tarde. Me ocupaba solo de las medicinas.[26]

—Doctor Capesius, su afirmación parecer ser difícil de creer —le dijo Kügler—. Antes usted declaró que los paquetes ya arreglados que contenían medicinas le eran entregados por un hombre uniformado. También, considerando que la llegada de los transportes en masa destinados a la cámara de gas requería de su ayuda en la rampa, es difícil de creer que usted se las arreglara para evitar la obligación que tenían otros médicos. ¿Cómo puede explicar eso?».

—No hay ninguna contradicción en ello —continuó—. Entre los médicos había algunos que por el deprimente trabajo de esas selecciones habían empezado a beber y hacían cualquier cosa por una botella de aguardiente. Por lo tanto, yo podía sobornarlos con botellas que compraba.

—¿Quiénes eran esos médicos?

—No puedo recordar el nombre ni siquiera de uno de ellos. Posiblemente el doctor Röhde o el doctor Mengele. Uno de ellos tenía un pecho ancho y era un hombre grande, un verdadero gigante. [En una de sus contradicciones más flagrantes, Capesius más tarde describiría a Mengele como un hombre de 1.65 metros, diez centímetros más bajo de su altura real, y ciertamente ningún «verdadero gigante»].

—¿Con cuánta frecuencia hacía eso? —insistió Kügler.

—El doctor Wirths me dijo en una ocasión que yo tenía que tomar parte en las selecciones. Los médicos frecuentemente obtenían aguardiente de mí. En ese único caso lo hice [dar el licor] con objeto de mantenerme lejos de la selección. Esa vez le dije algo al doctor insinuándole que yo no podía, que él debía hacerlo en mi lugar, y que tendría a cambio una botella de aguardiente.

Kügler cambió de tema.

—¿Tuvo usted algo que ver con el Zyklon B?

—No. —Capesius no se alteró.

Kügler sacó más papeles. El siguiente era un relato de Ignacy Golik, un antiguo preso político de Auschwitz. Golik se desempeñaba como *kapo* en la clínica médica SS por la época en la que Capesius fue asignado al campo. De acuerdo con Golik, Capesius era responsable del Zyklon B que se guardaba en la bodega del dispensario, y con frecuencia ayudaba a los SS llevando las latas venenosas a las cámaras de gas.

Era como si hubiera practicado sus respuestas muchas veces para el momento en el que surgiera la preguntara sobre el mortal insecticida.

—No tuve nada que ver con el Zyklon B. Ni trabajé con el Zyklon B para otros propósitos, como la desinfección de las barracas. Escuché que el gas venenoso se conservaba en un búnker. Por rumores más tarde supe, durante mi estancia en Auschwitz, que se empleaba el Zyklon B para gasear a los presos... Solo puedo reiterar que cuando estuve en 1944 en Auschwitz no tuve nada que ver con el Zyklon B.[27]

—¿Qué hay de la declaración jurada —preguntó Kügler— de uno de los principales farmacéuticos presos de Capesius, Fritz Peter Strauch? Strauch también afirmó que el gas venenoso se almacenaba bajo el control del dispensario hasta octubre de 1944.

—Si Strauch dice que hasta octubre de 1944, entonces está equivocado.

Tal vez el testigo se confundió, dijo, con «Schweinfurt green», una mezcla de sal, cobre y arsénico, también conocida como «Verde París». En el siglo XIX se utilizaba como pintura, antes de que sus sumamente tóxicos compuestos se transformaran en un pesticida ampliamente usado en el siglo XX. Este se empleaba en el campo, bajo el control de otros oficiales SS, para «combatir a los insectos».[28] Era posible, sugirió Capesius, que el *Schweinfurt green* compartiera el búnker de almacenamiento del dispensario, pero no estaba seguro de ello.

A continuación, Kügler cambió a las acusaciones de que Capesius había suministrado drogas a los médicos, que las empleaban en experimentos mortales. En su declaración, Golik había acusado a Capesius de que proporcionaba fenol, principalmente a Josef Klehr, jefe en Auschwitz de la eufemísticamente llamada Unidad de Desinfección, y que este se utilizaba para matar a los presos con inyecciones en el corazón. Capesius alegó que él había escuchado el nombre de Klehr en noticias recientes, y que «durante mi servicio en el campo de Auschwitz no supe que a los presos se les inyectara.

Ahora oigo por primera vez, de parte del investigador, que las inyecciones en el campo de Auschwitz se hacían con fenol».

Stanislaw Klodzinski, un médico preso polaco, describió la manera en la que Capesius había proporcionado el Evipan que el doctor Werner Röhde empleó en un fallido experimento que mató a cuatro presos. Esta vez Capesius aceptó que Röhde le había pedido morfina, Evipan y un litro de café.

«Él [Röhde] me dijo que deseaba llevar a cabos unos experimentos», dijo Capesius, «que permitirían, por ejemplo, que a un espía se le sirviera, subrepticiamente, una taza de té o de café al que se agregaría una sustancia inductora del sueño, para ponerlo fuera de acción rápidamente con la ayuda de Evipan, y durante un periodo más largo con la ayuda de la morfina, de manera que el sospechoso pudiera ser llevado sin ninguna resistencia».

Capesius reconoció que para él «era claro que el doctor Röhde llevaba a cabos estos experimentos en presos».

Sin embargo, alegó que él «no estaba preocupado en ese tiempo» porque no le había dado a Röhde grandes cantidades de morfina o Evipan y que «el café y los narcóticos no se mezclaban en la farmacia». Solo más tarde supo que un preso griego murió de un ataque cardiaco por la mezcla que él había proporcionado. «Pero no se pudo establecer qué provocó el ataque cardiaco», afirmó.[29]

Además de las drogas que Capesius pudo haber surtido para los experimentos, ¿qué había de la acusación de que retenía medicamentos de los prisioneros enfermos? Kügler empezó a leer la declaración de Ludwig Wörl, un disidente político alemán que fue uno de los primeros prisioneros de Auschwitz. Wörl trabajaba en la oficina del médico en jefe y dijo que era ampliamente conocido que Capesius solo estaba interesado en encontrar objetos de valor en las pertenencias de los prisioneros que llegaban al campo. Capesius, acusó Wörl, retenía los medicamentos que encontraba y se rehusaba a «desperdiciarlos» en los prisioneros. Los guardaba solo para los SS.

Capesius fingió sorpresa.

«Eso es incorrecto. Esas medicinas no se empleaban para los hombres SS enfermos en Auschwitz, sino que se distribuían solo entre los presos del campo». Y, como si eso no fuera suficiente para superar la incredulidad, añadió: «Incluso las buenas medicinas que reunía se mantenían lejos de los SS».[30]

Y en la medida en que la audiencia se acercaba a su fin, el juez le preguntó a Capesius si tenía algo que añadir. Él aprovechó la oportunidad para una vez más referirse al Zyklon B.

«En mi defensa deseo añadir lo siguiente: en un proceso ante la corte militar en Núremberg, hasta donde puedo recordar en este momento, el principal acusado era el doctor [Karl] Brandt. Se describió la manera en que se empleaba el Zyklon B para gasear y cómo era abastecido en el campo. A partir de ello, es claro que el farmacéutico SS de Auschwitz, y especialmente yo, no tuvo nada que ver con él en 1944. Le pido urgentemente que revise esos archivos».[31]

El resultado de varias horas de interrogatorio se tradujo en un sorprendente «Interrogatorio del fiscal» de 14 páginas a espacio cerrado, que Capesius firmó.[32]

Al día siguiente, el 5 de diciembre, dos detectives acompañaron a Capesius en un tren exprés durante el corto trayecto de Göppingen a la prisión Hammelsgasse en Fráncfort. Fue encerrado en una celda con tres extraños. «El más viejo conocía todos los pormenores del código penal y siempre cometía aquellos hurtos que le dieran el menor tiempo en la cárcel», recordó Capesius. Habló con ese hombre y con los otros dos «gánsters porque quería probar mi inocencia... poder salir libre».[33]

Capesius tuvo muy poco tiempo para persuadir a sus compañeros de celda de que había sido acusado injustamente. Dos días después de su llegada a Hammelsgasse, fue llevado a otra audiencia judicial en presencia del fiscal, Joachim Kügler.

Capesius inició la audiencia informándole al juez que la declaración de 14 páginas que había firmado unos días antes había sido «leída dos veces por el fiscal Kügler y también por el magistrado en Göppingen que me interrogó. Las afirmaciones en ella son correctas».[34]

Una vez más estuvo dispuesto a responder preguntas. Aprovechó esa oportunidad para profundizar en su declaración anterior. A veces era más que colaborativo, a veces desafiante. Una vez más negó alguna culpabilidad directa en todos los relatos que eran tema de la investigación de Bauer. Respecto a haber realizado selecciones de vida y muerte en la estación de los prisioneros que llegaban, Capesius repitió su versión de que no tuvo otra alternativa, pues el doctor Wirths lo había amenazado con dispararle si se rehusaba. Pero esta vez cambió la parte de su historia de cómo había sobornado a algunos médicos anónimos con botellas de licor para que ellos estuvieran en su lugar en la rampa. En su testimonio original, cuando Kügler le preguntó a qué doctores había sobornado, Capesius declaró: «No puedo recordar siquiera el nombre de alguno. Posiblemente el doctor Röhde o el doctor Mengele».

Por alguna razón, en el intervalo de 72 horas su memoria había mejorado considerablemente. Sin equivocarse, ahora alegó que solo un médico, su amigo húngaro y colega SS, el doctor Fritz Klein, «tomó [su] lugar en las selecciones».[35] Klein había sido ejecutado por crímenes de guerra en diciembre de 1945. Cualquier cosa que Capesius dijera sobre Klein no podría corroborarse. ¿Había recordado durante los pocos días entre su primera comparecencia en la corte y la nueva lo que le habían dicho en 1946 varios alemanes de origen que habían sido enjuiciados junto con Klein? Fueron ellos los que le compartieron un secreto de cuando estuvieron internados en el mismo campo de detención británico: que, mientras Klein «enfrentaba la muerte tranquilamente», se sentía «feliz» de que «por su intercesión en Auschwitz pudo proteger a [Capesius] de culpa». Capesius creía que eso significaba que Klein estaba dispuesto a servirle de coartada en la selección en la estación.

¿Qué había de los testigos que lo ubicaban en la rampa? Todo eso, dijo Capesius, «no fue verdad».[36]

Cuando se le volvió a presionar sobre el Zyklon B, se aferró a su versión de que las «latas... nunca fueron mi responsabilidad ni repartirlas».[37] Cuando el juez preguntó si el Zyklon B se almacenaba en el mismo búnker donde Capesius guardaba los suministros de su farmacia, esquivó una respuesta directa. En su lugar afirmó que sus provisiones médicas ocupaban «quizá solo la mitad de todo el búnker».[38]

El juez parecía incrédulo de que Capesius no supiera qué se almacenaba en la otra mitad de esa habitación.

—De acuerdo con su propia declaración, usted estuvo de ocho a nueve meses como farmacéutico del campo de Auschwitz. Me parece difícil de creer que no se hubiera interesado en todo ese tiempo, o hubiera averiguado de alguna otra manera, qué había en la otra parte del búnker que compartía el espacio con sus suministros.

—Realmente no sé qué había almacenado ahí —respondió Capesius sin mucho convencimiento.

Cuando se trató el tema de que Capesius surtía la droga Evipan que el doctor Röhde empleaba en experimentos mortales, se apegó estrictamente a la historia de que había suministrado solo «una dosis no letal». El único cambio respecto a lo que había dicho anteriormente fue que «un preso griego del doctor Röhde... había muerto de un derrame», mientras que en el relato anterior había dicho que había muerto de un ataque cardiaco.[39]

Como corolario, Capesius aprovechó la oportunidad para incluir una negativa general en el expediente: «Niego haber cometido, de ninguna manera, algún delito mientras fui el farmacéutico del campo de Auschwitz».

A pesar de que durante la audiencia parecía calmado y sereno, Capesius escribiría más tarde que estuvo en «*shock*» durante esos primeros días después de su arresto. Se le colocó en una celda privada y se le puso vigilancia por suicidio. Describió esos primeros días como un «confinamiento solitario, paseos solitarios en el patio o con soplones o espías». Con el tiempo, comentó que el encarcelamiento «destroza los nervios».[40]

Desde su celda, Capesius le escribió a Eisler implorándole: «Escribe cartas tan efusivas o tan sobrias como quieras», ya que «ser inocente frente a Dios es totalmente irrelevante para las cortes».[41]

Capítulo 18

«La banalidad del mal»

Capesius estaba deprimido por tener que pasar la víspera del Año Nuevo de 1960 en la cárcel. Sin embargo, su melancolía se veía atemperada por la esperanza de que el caso contra él no pudiera concretarse, tal como ocurrió 14 años antes, cuando fue detenido por las fuerzas estadounidenses. Una de las razones de su confianza era que había contratado a Fritz Steinacker y Hans Laternser, abogados con gran reputación cuando se trataba de pelear cargos por crímenes de guerra. Steinacker, de 40 años, había sido miembro del partido nazi y había servido como piloto de bombardero. Era el socio más joven de la firma. Laternser era un abogado legendario que había defendido al Alto Comando del Ejército y al Estado Mayor de la Wehrmacht en los juicios de Núremberg. También había sido el principal abogado defensor en el juicio contra Farben y había representado al general Hans Kesselring por ordenar la masacre de partisanos en Roma. Capesius no era su cliente más controvertido. La familia Mengele también había contratado a ambos para impugnar la acusación contra el fugitivo doctor.

Capesius era el único de los acusados detenidos a la fecha que podía darse el lujo de pagar un equipo legal privado. Nadie, ni siquiera sus abogados, sabía que la fuente de su anticipo eran los objetos de valor y el oro que había robado en Auschwitz. Steinacker y Laternser aseguraron a Capesius que estaban preparados para impugnar agresivamente el caso en su contra durante todo el proceso. Pero a Bauer no le urgía improvisar una acusación que estaba lejos de lograr una condena. Para 1960, solo siete hombres SS de Auschwitz se habían enfrentado a una corte alemana. Los fiscales no tenían mucho de qué presumir en esos casos. Por ejemplo, ese año, el doctor Johann Kremer, que había llevado un diario mientras estuvo en Auschwitz, fue encontrado culpable por la corte de Münster. Sin embargo, Kremer había pasado diez años preso en Polonia y el juez alemán lo liberó inmediatamente después de su sentencia por el «tiempo cumplido». Y en uno de los enjuiciamientos más esperados, el del doctor Carl Clausberg —con quien Capesius entabló amistad en Auschwitz—, el caso se movió a un ritmo tan glacial que Clausberg murió en la cárcel antes incluso de que empezara el juicio.

Bauer quería lograr mucho más con su investigación que simplemente presentar cargos contra varios acusados. Sabía que alrededor de 7,000 a 8,000 oficiales SS habían tenido bajo su cargo la administración de Auschwitz. Y también sabía que solo era posible acusar a una mínima fracción de los mismos. Pero el impacto global sería enorme. Bauer imaginaba que, si pudiera encontrar y procesar a suficientes nazis y unir todos sus casos en un solo juicio, tal procedimiento podría ser una gran catarsis que confrontara al país con su oscuro pasado. No solo quería desenmascarar a los asesinos del campo de rango inferior, sino enjuiciar a la jerarquía SS que creó el «complejo Auschwitz». Su ambicioso objetivo era el ajuste de cuentas de los crímenes del Holocausto en una corte alemana, con fiscales alemanes y juzgados por jueces alemanes.[1]

Capesius y su equipo legal se apoyaron en el generalizado sentimiento en Alemania de olvidar el pasado. Capesius esperaba que la falta de apoyo público pudiera reflejarse en que las investigaciones de Bauer con el tiempo se paralizaran sin haber llegado a un juicio. Sin embargo, para su consternación, un impactante acontecimiento esa primavera reavivó el interés del público en los crímenes de los nazis y en el destino de los responsables impunes. Un comando israelí ejecutó una operación encubierta digna de las páginas de una novela de espías. El 11 de mayo de 1960, Adolf Eichmann —el oficial SS responsable de la deportación de millones de judíos a los campos de concentración— había terminado su turno en una planta de Mercedes Benz, en un suburbio de Buenos Aires, Argentina.

Había abordado un autobús hacia su modesta casa en la calle de Garibaldi. Cuando se apeó, no notó un auto descompuesto en cuyo motor estaban trabajando dos hombres. Tampoco prestó atención a otro auto con tres hombres en su interior, estacionado cerca de la parada del autobús. Cuando pasó por el primer vehículo, las puertas traseras se abrieron y cuatro hombres lo abordaron y lo introdujeron en el auto. El secuestro tomó menos de un minuto. Antes de que fuera atado y amordazado, logró decir: «Estoy resignado a mi destino».[2]

El escuadrón encubierto transportó a Eichmann bajo un gran secreto a Israel, donde el Estado judío anunció que intentaba juzgarlo por genocidio y crímenes de guerra. Fue un momento electrizante que motivó a los cazadores de nazis privados —especialmente Simon Wiesenthal en Viena, y Serge y Beatte Klarsfeld en París— a acelerar sus averiguaciones para encontrar a fugitivos desaparecidos, tales como Mengele y el comandante de Treblinka, Franz Stangl. De pronto, los crímenes de la Solución Final estaban otra vez en el centro de la atención.

Nadie sabía en ese entonces que Fritz Bauer había desempeñado un papel clave tras bambalinas para poner a Eichmann en manos israelíes. Desde septiembre de 1957, Bauer había enviado un cable secreto a Isser Harel, jefe de la inteligencia israelí, en el que le proporcionaba información que sugería que Eichmann estaba en Argentina.

«Bauer me informó que nadie más sabía», narró Harel. «Dijo que no confiaba en la oficina [alemana] de asuntos exteriores y tampoco en su embajada en Buenos Aires. Dijo que éramos los únicos en los que se podía confiar para hacer algo con esa información».[3]

El descubrimiento de Bauer provino de un judío alemán, Lothar Hermann, que vivía en la remota ciudad argentina de Coronel Suárez. Un joven alemán de Buenos Aires, Nicholas Eichmann, andaba tras su joven hija de 18 años. Con base en algo de lo que Nicolás le había dicho a la chica, Lothar escribió a Bauer exponiéndole sus sospechas.

Sin embargo, los israelíes no estaban convencidos de que la pista fuera verdadera. No fue sino hasta diciembre de 1959 —el mismo mes en que Capesius fue arrestado— cuando Bauer voló a

Jerusalén para quejarse con el fiscal general. Le reveló que un informante SS había divulgado recientemente que el alias de Eichmann era *Ricardo Klement*. Bauer también proporcionó diagramas y una llave de su oficina en Fráncfort para que el Mossad pudiera tener acceso en secreto y copiar su expediente. Cinco meses después Eichmann fue capturado.[4]

A pesar de que el caso Eichmann había revitalizado la cacería de los criminales nazis, aún había prominentes voces alemanas que se oponían al plan de Bauer de un juicio de escaparate. Uno de los más notables entre ellos era Helmut Kohl, más tarde canciller alemán, entonces de 31 años y prometedor representante de Mainz. Él exponía una popular opinión de que el colapso del Tercer Reich estaba tan fresco históricamente que era imposible juzgar con imparcialidad y sin emoción ni rabia las acciones individuales.

Bauer había esperado resistencia de parte de los líderes políticos alemanes, pero lo que lo tomó por sorpresa fue un importante nuevo obstáculo legal. En 1960, el mismo año que el comando israelí capturara a Eichmann, el Bundestag derogó todos los decretos legales que quedaban de los que habían expedido los aliados. Eso hacía más difícil juzgar los crímenes nazis fuera de los casos en los cuales era posible probar el *asesinato intencional*.[5]

El cambio en la ley significaba que, en la medida en que el acusado estaba siguiendo órdenes, solo podía hacérsele responsable de un delito menor de cómplice de asesinato. En la nueva Alemania eso se traducía en una sentencia máxima de diez años. Cuando se aplicó la ley en el juicio de un asesino de la KGB que había matado a varios agentes de inteligencia occidentales en Alemania Occidental, la corte falló que en un gobierno totalitario solo los altos funcionarios que habían dado las órdenes podían ser culpables de asesinato. Puesto que el asesino de la KGB había obedecido órdenes de Moscú, la corte alemana lo condenó solo como cómplice de asesinato. Este precedente dejaba claro que, al tratarse de los crímenes del Tercer Reich, solo unos cuantos integrantes de la élite nazi podían ser responsabilizados directamente de asesinato.[6]

Para sortear ese fallo, Bauer sabía que necesitaría establecer que aquellos a los que acusaba habían asesinado a alguien en Auschwitz por voluntad propia, actuando de manera separada y más allá del ámbito de sus órdenes. De otra manera solo podrían ser imputados como cómplices.

A lo largo de 1960, Bauer y su equipo trabajaron infatigablemente para elaborar una corta lista de acusados que podían conformar una sección representativa de la maquinaria asesina de Auschwitz. Los culpables de alto nivel que Bauer hubiera preferido ya no estaban vivos o estaban prófugos. Los comandantes Rudolf Höss y Arthur Liebehenschel habían sido condenados y ahorcados en Polonia en 1947. Sin embargo, Bauer se sintió complacido ese abril, cuando localizó y atrapó a Stefan Baretzki, un brutal SS líder de bloque.

Capesius y sus colegas SS que ya habían sido arrestados estaban muy conscientes de que Bauer quería nombres importantes antes de avanzar en su caso. En una carta manuscrita de ocho páginas de junio de 1960 a Gerhard Gerber —en pocas palabras, el farmacéutico número dos de Auschwitz—, Capesius mencionó este y otros problemas del juicio. Gerber todavía estaba libre, se había reunido con su familia después de la guerra y volvió a su trabajo en una farmacia.

«Están tratando de preparar esto como el espectáculo del juicio de Auschwitz», le advirtió Capesius a Gerber. «Y por tanto están tratando de encontrar a 950 personas de acuerdo con la lista. Si se sospecha que alguien hizo algo, será llevado a Fráncfort. Hasta ahora han encontrado a 26 personas en dos años; por tanto, parece que la investigación se va a llevar mucho tiempo. Soy el único oficial [de ese alto] rango de Auschwitz; el resto de los detenidos son de un rango inferior. *Unterscharführer* Pery Broad, que en ese entonces estaba a cargo de los interrogatorios, es el único arrestado aquí que te envía saludos, ya que eran conocidos».[7]

Capesius escribió —algunas veces erróneamente— a varios de los más prominentes médicos de Auschwitz que «aún vivían, pero con direcciones desconocidas». De hecho, Mengele todavía estaba prófugo en América del Sur y el doctor Bruno Weber estaba por esa época viviendo secretamente en Alemania del Este. Capesius también citó a Horst Fischer y Werner Röhde, pero en realidad Röhde había sido ejecutado por los británicos en 1946 y Weber —que había sido juzgado y absuelto después de la guerra— había muerto en 1956 de causas naturales.

«Cuarenta personas [que sirvieron en] Auschwitz [han sido] ahorcadas: médicos, comandantes y *Oberscharführers*», le dijo Capesius a Gerber. Sin embargo, le aseguró que «los dentistas están en libertad», incluso le hizo saber que había «hablado con el doctor Schatz y el doctor Frank». Un atisbo de buenas noticias era que el doctor Münch, «del departamento de higiene, está viviendo cerca de Múnich, y, al haber sido absuelto, es libre para ejercer».

Después, Capesius entraba a discutir el destino de los SS que habían trabajado con Gerber y él en Auschwitz, aquellos que tenían conocimiento directo de lo que habían hecho en el campo: «Walter Berliner, [Fritz Peter] Strauch y [Paul] Reichel están muertos. Wirths se ahorcó. El doctor Lolling tomó veneno». Y añadía: «*Unteroffizier* Frymann y *Rottenführer* Dobrzanski no han sido encontrados».

El SS *Gruppenführer* Carl Blumenreuter estaba vivo, decía Capesius. Como ellos, Blumenreuter había sido entrenado como farmacéutico y en las Waffen-SS había sido el jefe de la Oficina Médica de Berlín, responsable de todos los servicios farmacológicos en los campos de concentración. En ese cargo había estado en contacto regular con Capesius en Auschwitz. Cuando los británicos liberaron a Blumenreuter después de la guerra, se mudó a Grömitz, cerca del mar Báltico, donde se convirtió en director de la farmacia de un hospital. Dada la nueva vida que había creado para él y su familia en la Alemania de posguerra, no era de sorprender que Capesius escribiera que «no testificará en nuestro favor "por falta de conocimiento"».[8]

Pero el objetivo de esa extraordinaria carta era más que solo informar a un antiguo colega de Auschwitz sobre la suerte de otros que habían servido en el campo. Steinacker y Laternser habían advertido a Capesius que las autoridades de la prisión leían toda la correspondencia que entraba y salía. Con ese conocimiento, Capesius aprovechó esa oportunidad para presentar su defensa. Al hacerlo, no solo reforzaba sus declaraciones de inocencia frente a los fiscales, sino que también transmitía a Gerber lo que les había dicho a las autoridades. De esa manera, cuando Gerber fuera finalmente interrogado, podría apegarse al mismo guion.

Respecto a la acusación de que había almacenado y distribuido Zyklon B, Capesius lamentaba que fuera solo un problema porque su asistente de confianza preso, el difunto Fritz Peter Strauch, había testificado en 1949 en un juicio contra Guntrum Pflaum, un oficial SS a cargo del Control de plagas de Auschwitz. Capesius escribió que Strauch había «dicho que el dispensario había estado usando Zyklon B sin ningún elemento de advertencia de seguridad. Después de la muerte de Strauch, este [su testimonio] regresó para perseguirme».

A continuación, Capesius señalaba a Gerber cuál era la mejor defensa.

«He afirmado que el Zyklon B no se almacenaba en el dispensario, ni era administrado ni proporcionado por nosotros. Ni ninguno de nosotros nunca... fue a conseguir Zyklon B... He impugnado [todo esto] puesto que nunca tuvimos nada que almacenar. Te pido que también respondas este punto».

Capesius le sugería a Gerber que, si era finalmente interrogado, sería mejor que se concentrara en el tiempo que pasaban lejos de Auschwitz en lugar de en lo que ocurría ahí.

«Lo que he dicho respecto a ti y a mí es que, cuando estábamos de licencia, pasábamos el tiempo en la casa de Armin Rump, el farmacéutico del pueblo de Auschwitz, el que se cambió de Bucovina, de Dorna Watra. Y que yo también pasé algunos fines de semana con el doctor Schatz, de visita en la granja de los Stoffel, en Czestochowa; la familia ahora vive en Múnich».

Se jactaba en su carta de que había rechazado firmemente admitir que alguna vez había llevado a cabo selecciones en la estación, y que, cuando los fiscales le dijeron que había testigos para probar lo contrario, «eso significaría que estaban mintiendo. Aseguro que mis testigos echarán por tierra esa afirmación muy fácilmente».

Capesius no iba a permitir que su interesada carta se fuera sin algo de autocompasión. Lamentó que el fiscal Kügler «me recrimina diciéndome que es inútil que me siga presentando como un ser humano útil y decente, como cuando digo que ayudé a los presos de todas las maneras posibles —me dice que ese no es el punto y que no me servirá de nada—». Y estaba disgustado porque, cuando Kügler supo de su reunión después de la guerra con los dos dentistas del campo, los doctores Frank y Schatz, se centró en el hecho de que Capesius no la había mencionado en su primer interrogatorio. «Él probablemente sospecha que estoy escondiendo algo», escribió Capesius, «tal vez que dividimos entre nosotros el oro de los dientes».

Para concluir, Capesius se cercioraba de que Gerber le prestara toda su atención. Le reveló que los fiscales le habían preguntado sobre él en su «primer interrogatorio». Y añadía: «Lo único incriminatorio en este caso es el periodo del 1 de julio al 15 de octubre de 1944, la etapa de los transportes húngaros, ya que Hermann Langbein dice que vio un cuadro con la asignación de tareas, en la cual supuestamente aparecemos».

Había un propósito en transmitir esa información. Esperaba socavar la credibilidad de Langbein. Capesius le dijo a Gerber que él creía que Langbein, «un comunista a la antigua», había «sacado a su propia gente de las listas de aquellos que iban a ser asesinados por inyecciones en las enfermerías... y los reemplazaba con judíos».

Después pedía ayuda.

«Si sabes algo de esto, una pequeña declaración incriminatoria sería importante; no les puede ocurrir mucho, puesto que el asesinato ha estado bajo el régimen de prescripción desde el 20 de junio de 1960. No obstante, en Fráncfort tendrán menos credibilidad como testigos incriminatorios».

Sin duda, la carta de Capesius provocó que el equipo de Bauer añadiera a Gerber a su investigación, pero en 1960 Gerber estaba muy abajo en su lista de prioridades. Los fiscales todavía esperaban encontrar un solo oficial de alta graduación que pudiera galvanizar el interés del público. En noviembre, la oficina de Bauer dio un paso adelante cuando arrestó a Robert Mulka, el antiguo *Obersturmführer* que durante un año se desempeñó como la mano derecha de Rudolf Höss, el conocido comandante de Auschwitz. Bauer había localizado a Mulka por suerte solo unos pocos meses antes. A principios de septiembre, un joven fiscal había leído en un periódico de Fráncfort que el ganador de la medalla de bronce del equipo de Alemania Occidental de remo en los Juegos Olímpicos de Roma era Rolf Mulka. *Mulka* es un apellido alemán inusual, así que el fiscal indagó en la familia de Rolf. Resultó que su padre era el exoficial SS, que operaba su propia compañía de exportación-importación en Hamburgo. (Dos años después, Rolf Mulka dejó su carrera profesional para ayudar a la defensa de su padre).[9]

Mulka era el nombre más notable hasta ese momento. Pero no había duda de que el acusado más importante sería el hombre SS de mayor rango en Auschwitz que aún hacía falta, su último comandante, el *Sturmbannführer* Richard Baer. Tendría 49 años si aún estuviera con vida, pero había desaparecido después de la guerra y nadie le había seguido el rastro. No fue sino hasta fines de 1960 —después de que se publicaron extensamente fotografías de Baer en la prensa alemana como parte de su búsqueda— que la oficina de Bauer se tomó un descanso. Un guardabosque de la gran propiedad de Otto von Bismarck, nieto del legendario líder político que reunificó Alemania en el siglo XIX, pensaba que un compañero de trabajo podría ser Baer. El hombre vivía como Karl Neumann. Era muy reservado. Cuando surgían discusiones sobre la guerra, Neumann solo decía que había sido cocinero del jefe de la Luftwaffe, Hermann Göring.

En diciembre, Joachim Kügler, el fiscal, manejó hasta el diminuto pueblo de Dassendorf, contiguo a la propiedad de Bismarck, y arrestó a Neumann en la espesura del bosque. Solo después de varias horas de insistencia en que tenían al hombre equivocado, finalmente aceptó que era el largo tiempo ausente comandante de Auschwitz.[10]

El arresto de Baer fue un triunfo para el proceso, puesto que se trataba de un nombre prominente que le otorgaba un nuevo impulso al esfuerzo de un gran juicio. Coincidentemente marcaba un año del arresto de Capesius. Sus bravatas originales sobre una liberación rápida habían desaparecido desde hacía mucho. El pronóstico de que estaría de vuelta en casa para fines de año y que el caso sería otra vez sobreseído había resultado terriblemente equivocado.

Para principios de 1961, la oficina de Bauer había arrestado a 13 exoficiales de Auschwitz. A siete los liberaron bajo fianza, pero Capesius era uno de los encarcelados que no iría a ninguna parte. Esa primavera, Bauer comenzó una detallada investigación preliminar *(Voruntersuchung),* un paso necesario en Alemania previo a cualquier acusación formal. En los papeles que llenó ese mes de julio, enlistó a 24 posibles sospechosos, incluyendo a Capesius.[11] Durante ese tiempo la oficina de Bauer tendría que determinar si tenía evidencia suficiente para llevarlos a todos a juicio. Mientras tanto, la policía y los investigadores continuaban buscando a SS que hubieran servido en el campo con la esperanza de añadir más acusados.

El 11 de abril, Bauer y su equipo se quedaron paralizados, al igual que muchos alemanes, cuando el juicio a Adolf Eichmann finalmente empezó en una corte de distrito de Jerusalén. Acusado de crímenes contra la humanidad, de crímenes de guerra y de pertenencia a una organización criminal, Eichmann se sentó en una cabina de vidrio a prueba de balas, construida ex profeso. Cuando inició su defensa, en un testimonio notablemente seco y carente de emociones, explicó cómo su eficiente burocracia de trenes había llevado a millones hacia la muerte. La escritora y filósofa de origen alemán, Hannah Arendt, que cubrió el juicio para *The New Yorker* y más tarde escribió un aclamado libro sobre el mismo, describió el comportamiento frío y tecnocrático de Eichmann, como «la banalidad del mal».[12] Simon Wiesenthal, el cazador de nazis, dijo: «El mundo entiende ahora el concepto de "asesino de escritorio"».

Dos días después del inicio del juicio, Capesius compareció en una corte de distrito de Fráncfort, acompañado de su abogado, Fritz Steinacker. En esa audiencia del 13 de abril, el fiscal Kügler pidió algunas aclaraciones de parte de Capesius.

Primero era el Zyklon B, del que Capesius había afirmado durante los dos días de su arresto en diciembre de 1959 que nunca había almacenado o distribuido. Capesius empezó por reiterar su tema general de que no había Zyklon B almacenado en «mi farmacia o en cualquier habitación auxiliar bajo mi supervisión... Si los testigos dicen lo contrario, están equivocados».[13] Respecto a la nueva evidencia de que firmó hasta por más de 20 cajas del veneno, inesperadamente alegó que era para una visita de la Comisión de la Cruz Roja a Auschwitz y que el contenido de esas cajas era un reemplazo del producto Ovaltine.[14]

Cuando a continuación Kügler cambió a las selecciones, Capesius supo que el fiscal tenía declaraciones de un número cada vez más grande de supervivientes que lo habían conocido como vendedor de Bayer antes de volver a verlo en la estación de Auschwitz. Empezó por repetir su cantinela de «Yo nunca seleccioné en la rampa un solo caso». Después añadió un nuevo aspecto que revelaba el cuidadoso asesoramiento de Steinacker sobre cómo proyectar sus actos bajo una luz más inocente. Argumentó que a veces, cuando iba a la estación, «las pertenencias de los prisioneros ya habían sido removidas de la rampa... En tales ocasiones nos quedábamos esperando hasta que podíamos recoger el equipaje y algunas veces hablé con esos médicos que me reconocieron. Yo conocía a cerca de 3,000 médicos judíos en Rumania por mi trabajo en I.G. Farben».

En un monólogo en cierto modo farragoso, Capesius volvió a describir la manera en la que el médico en jefe del campo lo había asignado, contra su voluntad, a las selecciones, y cómo supuestamente su amigo, el difunto doctor Fritz Klein, había asumido su labor en la rampa a cambio de provisiones extra de licor.

Cuando Kügler pasó a las acusaciones de que Capesius, a sabiendas, había surtido Evipan para los experimentos mortales llevados a cabo por el doctor Röhde, la preparación de la defensa también fue evidente. Ahora, Capesius argumentó que Röhde solo había llevado unos granos de café a la farmacia y que hablaron sobre una «receta médica». Pero negó enfáticamente haber sabido que «cualquier droga se iba a usar en un prisionero».[15] Después de su arresto en 1959 había jurado lo contrario: «Él [Röhde] me dijo que quería llevar a cabo experimentos... Era claro para mí que el doctor Röhde llevaba a cabo estos experimentos en presos».[16]

La audiencia terminó con una fallida moción de Steinacker para una fianza de 100,000 marcos alemanes (25,000 dólares) para terminar con la detención preventiva de su cliente. Capesius esperaba que esa moción lo liberara de la cárcel después de casi 18 meses. Más tarde confiaría a su familia que se sintió «hundido» cuando el juez la negó, al dictaminar que Capesius presentaba riesgo de fuga.

De vuelta en su celda, Capesius siguió con pesimismo el avance del juicio de Eichmann. En la prensa alemana había una saturación de reportajes. Un elemento clave se centraba en torno a la responsabilidad de Eichmann por las deportaciones masivas de judíos húngaros a Auschwitz en la primavera de 1944, y esas declaraciones juradas de los sobrevivientes de esas deportaciones ahora estaban resultando muy comprometedoras para Capesius y su equipo de defensa.

La defensa y acusación de Eichmann descansó el 14 de agosto de 1961. Ese mismo mes, Bauer logró que Heinz Düx —un juez con una reputación impecable— fuera nombrado juez instructor. Ello marcó la segunda fase de la investigación de Bauer sobre Auschwitz. Bajo la ley alemana, una vez que los fiscales creían que habían reunido suficiente evidencia para proceder, se les requería que turnaran los archivos a un juez independiente.[17] El abrumador trabajo de Düx era esencialmente llevar a cabo sus propias investigaciones, al margen de la policía y de la oficina del fiscal. Tenía que revisar más de 50 gruesas carpetas previamente integradas, llenas de declaraciones de testigos y de evidencia documental. Antes de que pudiera finalizar su labor, Düx tendría que llevar a cabo cientos de entrevistas propias a los testigos.[18]

Pero antes de que llegara muy lejos en su nuevo encargo, dos colegas jueces de la corte de Fráncfort le hicieron una visita. Narró lo que ocurrió a continuación: «Ellos pensaban que la carga de trabajo sería menor si rechazaba la jurisdicción de la Corte Regional de Fráncfort en al menos algunos de los acusados, puesto que eran muchos. Si siguiera ese consejo, podría contar con que la administración de la corte me cubriría las espaldas. Era muy fácil leer su propuesta, que no tenía que ver con mi carga de trabajo sino con evitar procedimientos que por fin documentarían las estructuras de un campo de exterminio alemán 15 años después del fin de la Segunda Guerra Mundial».[19]

Düx, cortés pero con firmeza, dijo que no. Y cuando demostró ser particularmente activo en su nuevo papel, un abogado defensor intentó infructuosamente apartarlo por «imparcialidad». En otras ocasiones, el ministro de Justicia se negó a ayudarlo para obtener declaraciones de testigos de detrás de la Cortina de Hierro.[20]

El año de 1961 cerró con una nota ominosa para Capesius y sus colegas SS que eran el blanco de la inmensa investigación de Bauer. El 12 de diciembre, tres jueces de una corte en Jerusalén encontraron a Eichmann culpable de crímenes de guerra y crímenes contra la humanidad. Determinaron que había ido muy lejos simplemente obedeciendo órdenes y que había sido un importante arquitecto del genocidio. Tres días después de la audiencia, Eichmann fue la primera persona, en los cortos 13 años de historia del nuevo Israel, en ser sentenciada a muerte. A pesar de que en Alemania no existía la pena capital, las noticias sobre el destino de Eichmann provocaron un escalofrío en los presos acusados de Auschwitz.

Incluso Josef Mengele, que se ocultaba en la selva tropical de Paraguay, a unos 10,500 kilómetros de Fráncfort, estaba angustiado por la incesante cobertura sobre Eichmann. En el diario que llevaba mientras estaba prófugo, escribió que sospechaba que de alguna manera los judíos debían estar detrás del resurgimiento del interés legal por los crímenes nazis: «Son increíbles las infames calumnias que se permiten en las revistas alemanas. Estas son la prueba ilustrada de la falta de carácter y de la ausencia de una correcta actitud del actual gobierno alemán al tolerar tal autohumillación. La mentira política triunfa, y el tiempo y la historia han sido distorsionados y doblegados. Rezuman "humanitarismo y cristianismo", y "en este Dios" es lo que se cita con mayor frecuencia. Detrás de todo eso está solo una cosa: el odio del Antiguo Testamento hacia todo lo que hay de heroico y verdaderamente superior en la conciencia alemana».[21]

Capítulo 19

«No tenía el poder para cambiarlo»

Mientras transcurría 1962, el estado de ánimo de Capesius estaba decaído. Solo dos meses antes había marcado su segundo aniversario en prisión. Las facturas legales iban en aumento y ninguno de sus abogados le podía dar una estimación realista de cuándo Bauer podría por fin presentar la acusación final o anunciar que la evidencia no era suficiente y liberarlo. Sin embargo, Steinacker y Laternser eran realistas, así que le informaron que las probabilidades de una revocación eran muy escasas. El fiscal y su equipo habían invertido demasiado tiempo y esfuerzo en el caso, y los ojos del mundo, particularmente después del juicio de Eichmann, estaban puestos sobre ellos. Era muy probable, le dijo Steinacker, que enfrentara un juicio.

El 10 de enero Capesius tuvo la sensación de que por lo menos su caso estaba empezando a progresar. En compañía de Steinacker fue transportado en una camioneta de la policía al juzgado de Fráncfort. Bajo la ley alemana, cada acusado es interrogado en procedimientos separados por el fiscal y en otro momento por el juez instructor. En esta ocasión era el turno del juez Heinz Düx.

Antes de que iniciara la audiencia, hubo un momento muy dramático, cuando Capesius inesperadamente se encontró cara a cara con Josef Glück, uno de los sobrevivientes acusadores.[1] Glück era el manufacturero textil rumano que fue uno de los principales clientes de Capesius antes de la guerra. Capesius lo había seleccionado en la estación de Auschwitz en junio de 1944. Esa mañana de miércoles en el juzgado, la víctima y el agresor se vieron el uno al otro por primera vez en 18 años, cuando uno salía del juzgado y el otro entraba. Aquellos que estaban presentes más tarde narraron en un documento judicial que Glück estaba muy agitado y mostraba «considerables signos de excitación». Declaró: «¡Ese es Capesius! ¡Se ve igual que antes! No ha perdido nada de peso. ¡Lo reconozco con absoluta certeza!».

Después, Glück se vio tan abrumado por la emoción que no pudo hablar. Estaba tan perturbado que malinterpretó una expresión de burla de Capesius como una cicatriz en la boca. Cuando Capesius fue conducido fuera del corredor, Glück estaba «tan sobrecogido... que estalló en lágrimas».[2]

Capesius, por su parte, parecía estar totalmente impávido ante el encuentro y en cambio se veía ansioso por iniciar su audiencia. Ello era consecuencia de la frustración acumulada durante su larga reclusión preventiva y de su errónea convicción de que de alguna manera podría librarse de los cargos.

Ante cada acusación en su contra, Capesius inicialmente repetía lo que había dicho antes y a veces se extendía en algunos detalles nuevos. Con frecuencia se expresaba en términos absolutos. «Nunca hice una selección en la rampa».[3]

Cuando el juez Düx preguntó sobre algunos testimonios específicos que lo identificaban llevando a cabo las selecciones de vida y muerte en la estación, Capesius de pronto se veía afectado por una muy mala memoria. Respecto a algunos testigos oculares, alegaba: «No lo conozco». En otros casos la respuesta era: «No puedo recordarlo». Algunas veces «negaba» categóricamente el incidente. Y ofreció una nueva explicación sobre por qué mucha gente que lo conoció antes de la guerra lo reconocía en la estación: «Supongo que todos esos testigos me confunden con el doctor Klein. El doctor Klein era húngaro. Hablaba el húngaro incluso mejor que yo».[4]

La cuidadosa preparación de Steinacker se hizo evidente cuando Capesius se extendió respecto a lo que había dicho sobre su resistencia inicial, cuando Eduard Wirths le ordenó que llevara a cabo las selecciones. Ahora sostuvo que Wirths no negoció ningún compromiso porque «yo no era militar. También mi educación militar en Rumania se limitó a un entrenamiento básico de un mes. A propósito, yo estaba activo solo como farmacéutico. Supongo que por lo tanto Wirths no pensaba que yo fuera un enérgico oficial SS».[5]

Añadió un nuevo giro a su cuento para ilustrar lo perturbado que estaba frente a la orden de llevar a cabo las selecciones. Cuando regresó a su dispensario, arguyó que le dijo al farmacéutico preso Jurasek que estaba pensando en desertar.[6] Lo que le impidió hacerlo fue que más tarde ese día el doctor Fritz Klein se compadeció de su sufrimiento por cumplir con su deber de selección. Tal vez fue Steinacker quien convenció a Capesius de que su anterior testimonio de que Klein había hecho el espeluznante trabajo extra por solo una botella de aguardiente parecía poco creíble. Así que en esta ocasión Capesius lo hizo sonar como si le hubiera ofrecido a Klein una compensación mayor, dándole toda su *Marketenderware* (cupones para una ración especial), incluyendo otras más preciadas para alcohol, cigarros y ocasionalmente alimentos difíciles de conseguir.[7]

El juez Düx observó que el testimonio de Capesius contradecía sus anteriores declaraciones juradas. En su primera declaración después de su arresto no había mencionado para nada a Klein. De hecho, cuando se le había preguntado qué médicos se habían, presuntamente, hecho cargo de su deber de selección, había dicho: «No puedo ni siquiera recordar el nombre de uno de ellos».[8] Y también proporcionó dos diferentes escenarios sobre cómo y cuándo supuestamente recurrió a Klein y le imploró que se hiciera cargo de sus obligaciones en la estación.

Steinacker era un abogado lo suficientemente astuto como para saber que el juez y los fiscales saltarían sobre cualquier inconsistencia. Como resultado de ello, había preparado cuidadosamente a su cliente para dar una explicación convincente. Sin titubear, Capesius alegó que no podía prestarse atención a su primera declaración puesto que era una época en «que estaba bajo la conmoción de un arresto repentino. No me expresé correctamente». Más todavía, le dijo al juez que Kügler lo había engañado para que firmara una declaración jurada cuyos contenidos él no entendía «puesto que no sé leer taquigrafía». Había firmado la declaración incriminatoria del 4 de diciembre de 1959, insistía sorprendentemente, porque él pensaba que estaba firmando solo lo «que Kügler mismo había dicho».[9]

«No mencioné al doctor Klein en mi primer interrogatorio», le dijo Capesius más tarde a un periodista, «porque temía incriminar a sus hijas en Rumania. Solo traje a colación al doctor Klein después de que me dijeron que no importaría que lo hiciera».[10]

Sobre los cargos de que se había beneficiado robando los objetos de valor de las pertenencias de aquellos que eran enviados a la cámara de gas, otra vez dijo que todo era una calumnia. Admitió haberse llevado 1,500 maletas de la estación a su dispensario, pero alegaba increíblemente que el único artículo personal que había tomado alguna vez para su uso personal fueron «unos buenos granos de café».[11] Cada informe que decía que había robado objetos de valor era «incorrecto» o él «impugnaba su veracidad».

Y otra vez Capesius negó saber que el fenol que almacenaba en su dispensario era empleado por los médico SS para matar a los presos. Solo supo de ello, dijo, por lo que leyó después de la guerra.[12] Y en todo caso, le dijo al juez Düx, el fenol estaba bajo el control de uno de sus farmacéuticos presos, Fritz Peter Strauch. Strauch, por supuesto, estaba muerto. Capesius empleó la misma excusa respecto a otro experimento del cual alegaba no tener conocimiento: el Evipan empleado por el doctor Röhde para matar a varios presos. Ese brebaje «fue [también] preparado por Strauch... Strauch era el responsable».[13]

Capesius estaba convencido de que había realizado una fantástica actuación de confusión, distorsión, lapsus estratégicos de memoria, y un esfuerzo concertado para hacer recaer la responsabilidad por cualquier delito ya fuera en sus asistentes presos o en algunos de sus colegas SS que estaban convenientemente muertos. Steinacker no estaba tan complacido. Pensaba que Capesius había fallado en dejar establecido que todo lo que hizo en el campo fue obedecer órdenes. Las conversaciones entre abogado y cliente resultaron en una vuelta con el juez Düx justo dos semanas después, el 24 de enero. Capesius sorprendió a la corte:

«Durante mi última comparecencia [11 de enero] me encontraba en una mala condición física y mental, porque durante el receso había perdido el rastro de cada sumario de las acusaciones del fiscal Kügler. Por tanto, mis explicaciones fueron hechas sin estar en mi sano juicio o deliberadamente. Como seguí oponiendo resistencia... ya no estuve en la posición de poder aclarar algunos puntos importantes o continuar defendiéndome. Por lo tanto, me retracto de la declaración que firmé el 11 de enero de 1962».[14]

En esta nueva audiencia, además de repetir muchas de sus ahora ensayadas defensas, desde el Zyklon B hasta las selecciones y los experimentos médicos, sobre todo Capesius dejó asentada información, que su equipo de defensores más tarde citaría como evidencia, que él creía que cualquier cosa que estaba haciendo en Auschwitz era simplemente obedecer las órdenes legítimas de sus superiores, porque él creció en un hogar en el que su «padre constantemente afirmaba que Alemania era un modelo de orden y del imperio de la ley. De acuerdo con esta actitud, asumí que lo que estaba ocurriendo en Auschwitz era legal, aunque me parecía cruel».[15]

—Y las selecciones para las cámaras de gas? —le preguntó Düx.

—Nunca he pensado que en Alemania una cosa así sea posible sin una ley —repitió.

Steinacker había claramente hecho penetrar en su cliente el concepto de que, con objeto de evadir una cadena perpetua por asesinato injustificado, tenía que hacer énfasis en que en el peor de los casos él era un simple engranaje en la maquinaria mayor del asesinato en masa. «Por cierto, quiero mencionar que nunca fui hostil con los judíos ahí. Al contrario, en opinión de [algunos de] los testigos... yo trataba a los judíos muy bien respecto a los polacos».[16]

Düx trató una vez más de hacer que Capesius se saliera de su guion.

—¿Lo que estaba ocurriendo en Auschwitz era compatible con la ley existente como usted la conocía?

—Internamente rechazo cualquier campo de concentración del estilo de Auschwitz, pero yo no tenía poder para cambiarlo. Por cierto, realmente intenté escapar de Auschwitz. Más aún, asumí una postura en contra cuando fui asignado a hacer la selección, como describí anteriormente.

Más allá de establecer una base para una defensa de «simplemente obedecía órdenes», Capesius utilizó su última comparecencia frente a Düx para también enturbiar algunos registros de su servicio en el campo. Por ejemplo, cambió su asignación a Auschwitz al 12 de abril de 1944. Arguyó que había recordado la «fecha correcta» recientemente al rememorar que había pasado la Semana Santa de 1944 con su madre y su hermana cuando aún estaba destacado en Dachau. Fue un audaz intento de Capesius de eliminar cerca de cuatro meses de su incursión en Auschwitz. De tener éxito, automáticamente eliminaría el testimonio condenatorio sobre él de testigos presenciales antes de esa fecha.

En ese momento Joachim Kügler no lo recusó, a pesar de que los documentos de la corte registraban sus servicios desde «fines de 1943».[17] Más tarde habría oportunidad de sobra para mostrar como falso el cambio de fechas de Capesius. En realidad, en sus cartas privadas escritas desde la prisión, Capesius revelaba que no tenía un recuerdo preciso de cómo había sido su primer día en el campo. «Sería bueno, también, conocer la fecha de la muerte del farmacéutico Krömer», escribió, «mi antecesor en Auschwitz, porque todo mundo da una fecha diferente, y algunos la sitúan tan temprano como el otoño de 1943. ¿Estuvimos un mes en Varsovia o seis semanas? ¿Dónde estábamos en la Navidad de 1943?».[18]

La audiencia del 24 de enero terminó con Capesius nombrando a unas cuantas personas a las que esperaba llamar en su defensa. Entre ellas se encontraban los Stoffel, la pareja con la que había pasado muchos fines de semana cuando estaba en Auschwitz. También estaba incluido Armin Rump, el farmacéutico alemán de origen de Oswiecim, y Lotte Lill, una enfermera de Auschwitz con quien había estado brevemente de licencia en 1944. También incluyó a Victoria Ley, una paisana transilvana que nunca había estado en Auschwitz, pero que estaba casada con otro oficial SS, el finado Josef Becker, y podía testificar evidentemente sobre las similitudes físicas entre Capesius y Fritz Klein.[19]

Después de esa comparecencia en el tribunal del 24 de enero, Capesius regresó a su celda. Mientras los fiscales continuaban armando metódicamente el caso en su contra, él se sentía cada vez más aislado. Su contacto con el mundo exterior era en gran parte por medio de las visitas de su equipo legal y no había habido ningún progreso en sus esfuerzos por llevar a su esposa y sus tres hijas a Alemania.

Para el 31 de mayo, el ánimo de Capesius y de los otros detenidos por Bauer era sombrío. La suprema corte de Israel había rechazado la apelación final de Adolf Eichmann. Unos minutos antes de la medianoche, Eichmann fue ahorcado en la prisión de Ramle. (Sus cenizas fueron más tarde arrojadas al mar, más allá de las aguas territoriales de Israel, para que le fuera imposible a los neonazis hacer de su sepultura un santuario).

Unos cuantos días más tarde, problemas más apremiantes alejaron a Eichmann de la mente de Capesius. Fritz Steinacker llamó a Joachim Kügler. Le informó que Adolph Rögner estaba tratando de extorsionar a Capesius a cambio de encontrar testigos exculpatorios. Rögner, el *kapo* de Auschwitz con un largo historial de arrestos y una condena por perjurio, que había sido responsable de la pista que condujo al arresto del oficial SS Wilhelm Boger. Los fiscales no tenían ninguna duda de que a Rögner lo movía una combinación de venganza, notoriedad y dinero. Ahora Kügler estaba alarmado de que Rögner pudiera acercarse a los sobrevivientes que conocía y emplear la dinámica del agresor-víctima que tan bien le había funcionado como *kapo* en Auschwitz, esta vez para presionarlos para hacer declaraciones que pudiera vender a Capesius y a los otros acusados. Kügler no perdió tiempo en llamar a Rögner e informarle sin rodeos que lo arrestaría si no se detenía inmediatamente. Esa fue la última vez que Rögner interfirió con Capesius.[20]

El resto de 1962 fue tranquilo pero frustrante para Capesius. Cada vez estaba más impaciente por su largo encarcelamiento sin cargos formales. No era sorprendente que siguiera bombardeando a sus abogados con un volumen constante de preguntas sobre el caso y exhortaciones para apresurar el proceso. Envió una serie de cartas a conocidos en las que a veces parecía no importarle si las autoridades de la prisión revisaban o no su correspondencia. Le dijo a su cuñado que «mi inocencia ha sido probada... Ya no tengo nada que hacer por ella. Pero, por favor, mantén esta información estrictamente para ti».[21] En una carta a los Stoffel era sorprendentemente directo al sugerirles qué tenían que decir cuando fueran llamados a rendir su testimonio. Refiriéndose a él en tercera persona escribió: «El doctor Capesius siempre subrayó cuánto lo deprimía toda la atmósfera de Auschwitz cuando, camino a la así llamada rampa para recoger las maletas de los médicos, alcanzaba a ver un tren que llegaba y ocasionalmente hacía comentarios desanimados sobre eso».[22]

Apremiaba a los Stoffel a decir con qué frecuencia lo habían visitado en el dispensario de las SS y «a menudo» platicado con sus asistentes presos. «Siempre tuvimos la impresión de que todos estaban a gusto con su jefe. En particular Strauch cantaba sus alabanzas. Todo el mundo daba la impresión de estar bien alimentado, todo mundo siempre era tratado amablemente. Él era bueno con los prisioneros».

No era una coincidencia que Capesius sugiriera que hicieran énfasis en Strauch. No solo estaba convenientemente muerto, y por tanto no podía refutar nada de lo que se dijera sobre él, también era alguien cuyo testimonio en un anterior juicio sobre los crímenes de guerra había ligado a Capesius al Zyklon B. Capesius recordaba a los Stoffel que no debían olvidar hablar sobre su «naturaleza gregaria», o que «tenemos con el doctor C. una deuda de gratitud» por habernos presionado para abandonar el área de Auschwitz antes de la llegada de las tropas rusas.

Cuando los Stoffel fueron finalmente llamados por los fiscales para rendir su declaración, se apegaron en su mayoría al guion desvergonzado y autocomplaciente que Capesius había escrito.[23]

La única buena noticia para él a fines de 1962 era algo muy diferente de sus problemas legales. El dinero que había pagado al programa de «recompra de la familia» en Rumania por fin estaba funcionando. Su hija menor, Christa, fue la primera en obtener permiso para emigrar a Alemania Occidental. A pesar de que su esposa y sus otras dos hijas, Melitta e Ingrid, todavía estaban en la lista de espera, la tramitación de su solicitud ahora solo era cuestión de tiempo. También estaba complacido de que su hija mediana, Ingrid, había recibido el título de biología en la Universidad de Cluj. Eso le abriría las puertas a muchas oportunidades en Alemania Occidental. Sin embargo, Capesius se sentía frustrado porque después de tantos años la primera reunión con una de sus hijas sería en una celda de la cárcel. Sin embargo, se aferraba a la esperanza de que, el día que saliera libre, su familia completa estaría ahí para recibirlo.

CAPÍTULO 20
«Perpetradores culpables de asesinato»

El juez Heinz Düx inició 1963 informando que su investigación de casi dos años había finalizado. Durante su indagación independiente había tomado miles de páginas de declaraciones juradas de cientos de sobrevivientes en Estados Unidos, Rusia, Israel, Brasil y en toda Europa. Era uno de los archivos más grande jamás reunido por un juez de instrucción, y daba luz verde a Bauer para que finalmente presentara las acusaciones oficiales. Bauer no podía esperar a hacerlo, ya que Alemania se encontraba en medio de un acalorado debate sobre extender o no el estatuto de prescripción de asesinato. El límite existente de 20 años significaba que sería imposible acusar después de 1965 a los culpables de Auschwitz, a menos que el Bundestag cambiara la ley. La oficina del fiscal no quería depender de un resultado político incierto con tan fuertes implicaciones jurídicas.[1]

El 4 de abril, Fritz Bauer expidió su tan esperada acusación. Algunos analistas judiciales habían pronosticado que la demora de tantos años desde los primeros arrestos podía hacer que los cargos formales fueran anticlimáticos. Sin embargo, el aplastante espectro de los crímenes contra 24 acusados expuestos en un documento de 698 páginas sacudió a Alemania. En las primeras 175 páginas, los fiscales se apoyaban en gran medida en un puñado de apreciados historiadores del Tercer Reich para establecer una exhaustiva historia de Auschwitz. Ello sentó las bases para demostrar que los crímenes de los acusados eran una parte integral de la burocracia asesina del campo. Las declaraciones de más de 200 testigos completaban los detalles de los cargos contra cada uno de los acusados. El retrato que hacía el fiscal de ellos era inequívoco: fueron ejecutores dispuestos que excedieron con mucho sus simples órdenes para cumplir celosamente con la Solución Final.

Bauer esperaba que la acusación acotara la discusión pública. Esta incluía algunos de los relatos más impactantes reunidos durante la investigación de cinco años. El horror de las cámaras de gas, por ejemplo, fue revivido en una declaración de Richard Böck, un oficial de las Waffen-SS del grupo motorizado de Auschwitz: «Simplemente no puedo describir cómo gritaba esa gente. Eso duraba cerca de ocho o diez minutos y después se hacía el silencio. Un poco después, algunos presos abrían la puerta y todavía podía verse una niebla azul que pendía sobre la inmensa maraña de cuerpos. Los cuerpos estaban apretujados unos con otros de tal manera que no se podía decir a qué individuo pertenecían las extremidades y otras partes del cuerpo. Por ejemplo, observé que una de las víctimas había clavado su dedo índice varios centímetros dentro de la cuenca del ojo de otro. Eso da una idea de lo indescriptiblemente terrible que debe haber sido la agonía de esa persona. Me sentí tan mal que estuve a punto de vomitar».[2]

Otros relatos desgarradores acompañados de la magnitud y la especificidad de todos los cargos habían, sin duda, captado la atención del público.

Además de Capesius, los acusados representaban una amplia sección del campo. El último comandante, Richard Baer, era el oficial de más alta graduación. Los otros incluían a uno de los asistentes de Baer, Karl Höcker, y Robert Mulka, el asistente de Rudolf Höss. Estaba el jefe de la guardia de protección (capitán Franz Hofmann) y dos hombres clave en su comando (Oswald Kaduk y Stefan Baretzki), un médico SS (Franz Lucas), los dentistas SS y amigos de Capesius (Willi Frank y Willi Schatz), oficiales SS de la Gestapo/Departamento Político (Wilhelm Boger, Klaus Dylewski, Pery Broad, Johann Schoberth y Hans Stark), jefes de bloque y guardianes (Heinrich Bischoff y Bruno Schlage), enfermeros (Josef Klehr, Emil Hantl, Herbert Scherpe, Gerhard Neubert y Hans Nierzwicki), el administrador de las pertenencias de los presos (Arthur Breitwieser) y un *kapo* preso (Emil Bednarek).

Algunos sorprendentemente habían sido juzgados y hallados culpables en casos anteriores.

Arthur Breitwieser, por ejemplo, fue hallado culpable y sentenciado a muerte en el gran juicio sobre Auschwitz de 1946 en Polonia. Su sentencia fue conmutada a cadena perpetua en 1948, pero después de 11 años en prisión los polacos lo deportaron a Alemania Occidental. Había reanudado su vida civil como contador antes de que Fritz Bauer lo detuviera en 1961.

Pero la mayor parte de los acusados, hasta la llegada de los fiscales de Fráncfort, había vuelto a sus carreras de antes de la guerra bajo sus nombres reales. Un ejemplo de ello era el caso del ayudante Karl Höcker, que había regresado a su ciudad natal de Eingershausen y reanudado su negocio bancario. Los dentistas del campo y amigos de Capesius, Willi Frank y Willi Schatz, habían abierto sus respectivamente exitosas clínicas dentales en Stuttgart y Hannover. El doctor Franz Lucas, ginecólogo, había vuelto a empezar como asistente médico en un hospital de Elmshorn; después se convirtió en asistente del director, para finalmente ser promovido a jefe del departamento de ginecología. El hospital le pidió su renuncia después de que en 1963 los periódicos relataran su servicio en Auschwitz, pero inició una próspera práctica privada antes de que Bauer finalmente lo detuviera. El ejemplo más notorio tal vez haya sido Emil Bednarek, que increíblemente se las había arreglado para obtener un pago como reparación por ser víctima de un campo, antes de ser desenmascarado como un sádico *kapo*.

Los inculpados fueron acusados de los cargos más serios como «perpetradores responsables de asesinato». Algunos cargos eran muy generales, ya que los fiscales no podían identificar a una víctima individual. Esos crímenes se cometieron como parte de un carácter genocida global. Por ejemplo, el asistente del campo, Robert Mulka, fue acusado de ser «exclusivamente responsable de la preparación y ejecución de medidas de exterminio», a pesar de que no había relatos de testigos presenciales de él llevando a cabo sus deberes. Bauer sabía que bajo la ley alemana los cargos genéricos eran difíciles de comprobar, y el abogado defensor de inmediato atacó esos cargos de la acusación. El defensor de Mulka hizo notar que en Alemania no existía el concepto de «culpabilidad funcional», y afirmó que «si se despoja a la acusación de sus a veces polémicos comentarios generales… no hay una sola acción concreta en que la evidencia demuestre algo en su contra».[3]

En otros casos, sin embargo, la acusación identificaba los nombres de los que habían sido asesinados y vinculaba los asesinatos a un acusado en especial. Por ejemplo, Oswald Kaduk fue acusado de «golpe[ar] a los presos del Bloque 8 y después estrangularlos hasta la muerte, colocando un bastón sobre sus gargantas y parándose sobre él; de esta manera mató, entre otros, al comerciante de diamantes, Moritz Polakewitz, antiguo secretario del Consejo Judío de Amberes».[4]

El 27 de junio los fiscales sufrieron un golpe cuando el acusado más notable, Richard Baer, murió inesperadamente de un ataque cardiaco en la cárcel. El historiador David Pendas escribió que la muerte de Baer «representó más que una simple pérdida de publicidad para el juicio de Fráncfort; también significó que el plan para celebrar un juicio a toda la jerarquía de Auschwitz tendría que proseguir sin la cabeza de esa jerarquía».[5] La inesperada muerte de Baer fue un regalo para los abogados defensores. Se dieron cuenta de que esta les permitía enturbiar los asuntos en relación con la cadena de mando y las cuestiones de la responsabilidad individual *versus* simplemente obedecer órdenes. Esto era crítico, puesto que el código jurídico alemán solo permitía la condena de alguien que llevara a cabo una orden ilegal *si* esa persona sabía que la orden era ilegal. De otra manera, la responsabilidad recae solo en el oficial superior que expidió la orden.[6]

Los fiscales sufrieron otro golpe antes del inicio del juicio. En Alemania, una acusación es solo una recomendación a la corte de los cargos correspondientes. La Tercera División Criminal de la Corte de Distrito de Fráncfort no estaba persuadida de que todos debían ser juzgados bajo los cargos más serios como perpetradores de asesinato. A principios del verano, la corte de distrito redujo los cargos contra la mitad de los acusados a complicidad en asesinato. Eso significaba que estaban enfrentando penas máximas de diez años.[7]

La defensa recibió las noticias de la corte de distrito con júbilo. Sin embargo, Capesius y su bien remunerado equipo no celebraron. El cargo contra él seguía siendo «autor responsable de asesinato». Ahora era uno de los siete que enfrentaban cadena perpetua. Para agravar sus problemas, era el único acusado también de ser participante voluntario en experimentos médicos mortales.[8]

Cuando un periodista le preguntó a Fritz Bauer sobre la culpabilidad legal del acusado, el fiscal principal no titubeó: «Personalmente creo que la pregunta puede responderse si la planteamos de esta manera: ¿aquellos que estuvieron presentes en Auschwitz lo estuvieron porque fueron nazis comprometidos o no? En términos generales, especialmente para aquellos en Auschwitz, uno debe responder esto de manera afirmativa. Este no fue un crimen extraño o foráneo, los perpetradores en su mayoría eran gente que en ese tiempo estaba convencida de que hacía lo correcto, a saber, llevando su visión del mundo nacionalsocialista a la victoria. A mis ojos, esos hombres son simples perpetradores, junto con Hitler, comprometidos con él en la "Solución Final de la Cuestión Judía", que ellos creían que era correcta».[9]

Aunque Bauer no se avergonzaba de expresar sus opiniones, y era la fuerza impulsora detrás de la investigación de muchos años, se rehusó a desempeñar un papel directo en el juicio. En su lugar nombró a cuatro de sus mejores y más jóvenes fiscales: Hans Großmann como abogado principal, acompañado por Joachim Kügler, Gerhard Wiese y Georg Friedrich Vogel. Todos habían iniciado sus carreras jurídicas después de 1945, eliminando por tanto cualquier posible acusación de que estuvieran influenciados o sesgados por su experiencia en el Tercer Reich.

El 20 de diciembre de 1963, más de cinco años después de que se había iniciado la investigación, el juicio de Auschwitz se puso en marcha. A la esposa de Capesius, Fritzi, y a su segunda hija, Ingrid, se les había permitido emigrar de Rumania a Alemania Occidental solo unos meses antes. Habían llegado justo a tiempo para ver a Capesius en el juicio por su vida.[10]

Capítulo 21

Burócratas sin inspiración

Se esperaba que el juicio durara 20 meses. Los alemanes habían construido en Fráncfort un tribunal especial, el Bürgerhaus Gallus, capaz de albergar a todos los acusados, a sus abogados, a los fiscales, al personal de la corte y a una supuesta multitud de espectadores y reporteros. Como el Bürgerhaus no estaba terminado cuando se inició el proceso, la corte se reunió en el ayuntamiento, el único edificio gubernamental con capacidad para alojar a un conjunto tal.

Tres jueces supervisaron el juicio. Hans Hofmeyer, de 59 años, con una sólida reputación como un juez sumamente hábil y sensato, fue nombrado juez principal. Esto fue antes de que otro jurista, Hans Forester, declinara por un conflicto de intereses, ya que los nazis habían perseguido a su familia. Sin embargo, nadie se opuso enérgicamente a Hofmeyer, que no solo había servido como oficial de inteligencia alemán, sino también había sido juez de las cortes militares nazis. Debido a las edades de todos los jueces superiores que eran elegibles para supervisar tan importantes asuntos, era imposible evitar seleccionar a cualquiera cuya carrera no se hubiera desarrollado durante el Tercer Reich. Hofmeyer trató de minimizar su papel durante la guerra haciendo notar que las cortes nazis tuvieron muy poca independencia. «El NSDAP y sus organizaciones tenían en sus manos el poder de doblegar a las cortes a su voluntad».[1] Unos cuantos observadores jurídicos pensaron que era una ironía, por lo menos, que el juez principal justificara su pasado con el argumento —obedecer órdenes— que estaría en el núcleo del inminente juicio.

Sin embargo, la historia de Hofmeyer en el Tercer Reich era el centro de la atención de la prensa de Alemania Oriental. *Neues Deutschland*, el periódico oficial del Partido Comunista, repetidamente se refería a él como el «juez militar nazi» y acusaba que había sido elegido «porque no excavaría mucho en el juicio».[2] Los medios de Alemania Oriental también protestaban por la ausencia de los ejecutivos de I.G. Farben, ya que el juicio pretendía ser el definitivo sobre Auschwitz. La cobertura fue particularmente virulenta cuando más tarde un testigo experto presentó un estudio patrocinado por Alemania Oriental sobre el papel de Farben, el que Hofmeyer se rehusó a aceptar como evidencia, descartándolo por irrelevante.[3]

Los otros dos jueces eran el magistrado de la corte de distrito, Josef Perseke, y el del tribunal del condado, Walter Hotz (había también dos suplentes en caso de que alguno de los tres se enfermara o se incapacitara). En un marcado contraste con los juicios en Estados Unidos y Gran Bretaña, en Alemania los interrogatorios al acusado y a los testigos no son del dominio exclusivo de los fiscales y de los abogados de la defensa, sino que en realidad están dominados por los jueces.

Había también un jurado de seis personas, integrado por tres amas de casa, un oficinista, un obrero y un comerciante de carbón. Y había tres suplentes, todas amas de casa. Hubo dificultades para encontrar profesionistas que estuvieran dispuestos a participar en un caso tan largo. En Alemania, el jurado delibera con los jueces. Deciden cuestiones de hecho y de derecho, y solo se le excluye de asuntos como admisión de evidencia o el alcance de un testimonio.[4] En una sociedad respetuosa, en la cual los matices de la complicada ley eran críticos, la mayoría de los observadores esperaba que los jueces dominaran los procedimientos y deliberaciones y que relegaran al jurado a un papel mínimo.

El juicio de Auschwitz se desarrolló en el contexto de una intensa preocupación por la Guerra Fría entre la Unión Soviética y sus satélites de Europa del Este, y los Estados Unidos y sus aliados occidentales. Alemania era zona cero. En 1961 Alemania Oriental construyó un muro que dividía Berlín. El año anterior al juicio, un número récord (22) de alemanes orientales había muerto al tratar de escapar a Berlín Occidental. La tensión entre las dos Alemanias a principios y mitad de la década de 1960 fue muy alta ya que ambos lados se preparaban para una posible invasión militar. A la presión del juicio de Auschwitz se añadía el hecho de que la ley admitía que los demandantes con intereses en el proceso criminal fueran representados por sus propios abogados. A los abogados de dichos demandantes se les permitía realizar contrainterrogatorios y presentar evidencia.

Todavía no daba inicio el juicio cuando surgió la primera crisis por la solicitud de un extravagante abogado de Alemania del Este, Friedrich Karl Kaul, que exigió un asiento civil en representación de un grupo de nueve alemanes orientales que habían perdido a sus familiares en Auschwitz. Kaul, quien había sido despedido como abogado por los nazis porque su madre era judía, era un conocido abogado en el Este que tenía un popular programa de televisión y una serie de exitosas novelas de detectives. Sin ninguna duda aprovecharía la oportunidad de entrelazar los objetivos de exterminio masivo de los nazis con los intereses financieros del monolito Farben y las SS en la operación de Auschwitz.

El abogado defensor se opuso rotundamente a que Kaul fuera admitido, argumentando que sus demandantes no podían demostrar que sus parientes habían muerto a manos de alguno de los 22 acusados. Sin embargo, después de muchas discusiones legales, a regañadientes los jueces aceptaron que desempeñara una función, ya que de lo contrario corrían el riesgo de ser acusados de parcialidad.[5] Todos en Alemania Occidental se prepararon para la inevitable ola de propaganda que él podría generar.

La corte estableció un calendario para el juicio de lunes, miércoles y viernes; el resto de los días se emplearían en el trabajo procesal y los recursos legales. El primer día hubo 22 acusados. Dos habían sido dispensados por mala salud. A seis se les consideraba los encausados principales, con la máxima acusación de perpetradores de asesinato intencional y premeditado. Capesius era uno de ellos.

Esa mañana, como ocurriría todos los días del resto del juicio, a las 8:00 a.m. un convoy de tres camionetas Volkswagen, con autos de la policía al frente y atrás, transportaba a los acusados de Hammelsgasse. Una vez que llegaban, la policía los escoltaba hasta la sala del juzgado. Algunos llevaban lentes oscuros en ese corto trayecto. Unos cuantos se cubrían la cara con el periódico del día. Capesius usaba lentes oscuros incluso dentro de la sala.

Por consejo de sus abogados, todos vestían conservadores trajes oscuros, camisa blanca y corbata negra. Ninguno de los trajes era elegante o parecía caro. Ninguno llevaba un reloj caro. Sus zapatos estaban bien lustrados, pero se veían más propios de un cartero o un empleado que de un hombre de negocios. Nada en su apariencia daba la impresión de riqueza o estatus, o transmitía el más remoto sentido de privilegio. Al contrario, se parecían en mucho a los empleados que esperaban imitar, hombres comunes con los que uno se encuentra en la calle y no voltea a ver.

Los abogados de la defensa comprendían que, en la medida en que sus clientes parecieran burócratas adocenados, se reforzaría el argumento de que ellos simplemente no tenían las agallas para hacer otra cosa que obedecer órdenes en la cadena de mando. Algunos abogados pensaban que tal vez sería posible hacer aparecer a sus clientes casi como víctimas, hombres que deseaban hacer lo correcto sirviendo a su país, pero que habían sido secuestrados por sus superiores nazis en una maquinaria asesina sobre la cual no tenían ningún control y a la que no podían objetar. Sin duda, continuaba la suposición, este era un concepto que un jurado de alemanes comunes podría aceptar. Y al hacerlo, podrían enviar un mensaje a toda una generación de alemanes del tiempo de la guerra de que solo un puñado de dementes fueron los responsables de los horrores del Holocausto y que el resto del país fue manipulado contra su voluntad.

Una vez adentro, los acusados se sentaban en bancos de madera que normalmente eran ocupados por los concejales locales. Un policía se colocaba a la derecha de cada uno. A todos los acusados se les asignó un número que aparecía en forma destacada en un cartel frente a cada uno. Eso era para facilitarle a los testigos identificar por el número cuál de los acusados era el sujeto de su testimonio. Atrás de ellos, desplegados frente a unas altas ventanas, se encontraban dos grandes tableros con dibujos detallados de Auschwitz I y Birkenau.

Se permitió el acceso a las cámaras de televisión durante 15 minutos solo el primer día. Mientras las cámaras grababan, Capesius mantuvo la cabeza baja y colocó su mano del lado que daba a la cámara. Sus excompañeros que lo vieron en televisión, como Roland Albert, se sorprendieron de que lucía pesado, incluso más gordo de lo que había estado durante la guerra. Su cabello estaba más gris, pero lo seguía peinando hacia atrás.

Ese primer día ocurrió algo raro. Se habían reservado asientos para los miembros de las familias de los acusados y una gran sección para la prensa. También se habían apartado 60 asientos para la esperada multitud de curiosos. En realidad, la policía había pensado que tendría que regresar a mucha gente. Habían colocado una cuerda divisoria de cerca de 30 metros para acomodar a los que todo el mundo pensó que serían alemanes interesados en conocer el más oscuro capítulo de su historia. Pero muchos de los asientos de la sala del juzgado se quedaron vacíos. Eso provocó encabezados al día siguiente en los periódicos de Estados Unidos: «21 en un juicio de asesinato de millones», con el subtítulo: «Se muestra poco interés pues los asientos de la corte de Fráncfort no se llenan».[6] Los abogados de la defensa no estaban sorprendidos: 90% del correo que recibían era contra el juicio, considerándolo punitivo y muy posterior a los crímenes.[7] El escaso interés y la ambivalencia del público alemán no cambió mientras el juicio avanzaba.

Lo que siguió fue uno de los casos legales más largos en la historia moderna de Alemania. No terminó sino hasta abril de 1965. Para entonces, la corte había escuchado a 359 testigos de 19 países. La mayoría, 211, eran supervivientes del campo, aunque 85 eran antiguos SS. Fue particularmente difícil para muchos sobrevivientes, que tuvieron que revivir eventos espeluznantes y cuya credibilidad y recuerdos constantemente eran cuestionados por agresivos abogados defensores. Más aún, habían tenido que viajar a Alemania. Para algunos era su primera visita a la nación responsable de Hitler y la Solución Final. No habían visto a sus torturadores en 20 años y el juicio se desarrollaba en alemán, la lengua de sus verdugos.

En agudo contraste, los 85 testigos SS no tenían ninguna dificultad. Ellos no sabían nada, no habían visto nada o habían olvidado todo. No tenían vergüenza, no mostraban culpabilidad, y en ninguna ocasión tuvieron alguna duda sobre sus espantosos servicios durante la guerra. Para evitar cualquier posibilidad de autoincriminarse, subrayaron que lo que había ocurrido en Auschwitz podría parecer horrible en la Alemania de 1964, pero era legal, en observancia de las leyes, reglamentos y decretos nazis. Por momentos, los testigos SS eran tan arrogantes que incluso los acusados empezaron a molestarse porque ellos estaban libres y nunca habían sido acusados.[8]

Capítulo 22

«No es motivo de risa»

Las primeras semanas se dedicaron a presentar la evidencia de todos los interrogatorios a los acusados. Era la oportunidad para el público de saber qué habían dicho los acusados en sus declaraciones juradas ante el fiscal y juez de instrucción. El 7 de febrero de 1964, el decimoquinto día, un profesor alemán se convirtió en el primer testigo. Explicó la estructura de las SS.[1] Una semana más tarde, el doctor Otto Walken fue el primer testigo ocular. Era un médico vienés que pasó 18 meses en el campo y había llevado un diario, un relato que había sobrevivido a la guerra.

Pero fue el segundo testigo, Hermann Langbein, quien muchos observadores en la corte esperaban que fuera el que marcara el tono de todos los que le seguían. Y Langbein no defraudó.

El viernes 6 de marzo, Langbein, de 51 años, subió al estrado. Era alto, delgado y se sentaba ligeramente inclinado hacia adelante con las manos firmemente entrelazadas frente a él. La corte estaba embelesada con el ponderado y puntual recuento de Langbein sobre las horrendas condiciones del campo y lo que presenció en su papel de secretario preso del médico SS en jefe.

En cierto punto el fiscal lo interrumpió y le preguntó si podía identificar a alguno de los acusados. El juez le permitió caminar entre las filas de los acusados para verlos más de cerca. Se les ordenó a todos que se pusieran de pie. Se hizo un silencio en la sala mientras Langbein se dirigía hacia ellos. Algunos inclinaron la cabeza y apartaron la mirada. Ello no disuadió a Langbein de aprovechar el momento. El juicio era la culminación personal de sus 18 años de trabajo incansable de rastrear nazis, encontrar testigos y acumular evidencia.

Se detuvo frente a Oswald Kaduk, el sargento de 1.90 metros de altura con una notable reputación por su crueldad.

—Encantado de verte otra vez —le dijo Langbein a Kaduk, quien apretó la quijada—. ¡Y aquí, entre todos los lugares!

—Me conoces —gritó Kaduk, atrayendo la atención—. Es cierto. ¡Pero es basura lo que has dicho sobre mí aquí!

—Cómo quisieras que así fuera —le respondió Langbein tranquilamente mientras continuaba con su lenta inspección.

A continuación, se detuvo frente a Capesius. El juez le ordenó al exfarmacéutico que se quitara los lentes. Transpiraba profusamente, su frente brillaba por el sudor.

—Y aquí está el buen doctor Capesius. ¿Cómo está doctor?

—Nunca tomé parte en la selección de prisioneros para las cámaras de gas como testificó.

A diferencia de Kaduk, la voz de Capesius temblaba ligeramente.

—Ciertamente lo hizo, y usted lo sabe.

El único sonido en la enorme sala del juzgado eran los zapatos de Langbein sobre el piso de madera y los fugaces intercambios entre él y los acusados. Durante 15 minutos identificó a ocho acusados, diciendo que «entre todos mantenían funcionando la fábrica asesina que era Auschwitz».[2]

En tanto que la poderosa confrontación de Langbein fue catártica para él y muchos de sus compañeros sobrevivientes, en los acusados solo provocó desafío. De hecho, durante los 15 meses restantes del juicio la única constante fue que la lealtad SS permaneció intacta entre ellos: nadie habló contra nadie, y con excepción de cuando se les solicitaba que presentaran sus peticiones o respondieran preguntas dirigidas por el juez, nadie se sentó en el banquillo en su propia defensa.

En cambio, los acusados pusieron su destino en las manos de sus abogados. Y ninguno era más agresivo que el abogado de Capesius, Hans Laternser. Fritz Bauer creía que no era coincidencia que los únicos acusados que podían costear al aclamado y muy caro Laternser eran Capesius y sus dos amigos dentistas, Willi

Frank y Willi Schatz. Este era el mismo trío que Bauer sospechaba que había robado oro dental de Auschwitz y que después, en 1947, se habían citado para dividir su macabro botín (el joven socio de Laternser, Fritz Steinacker, representaba a Broad y a Dylewski).

Laternser, de quien algunos comentaristas pensaban que era «un simpatizante nazi de derecha», ciertamente hacía honor a su reputación como un abogado que hacía cualquier cosa por sus clientes.[3] Franco y pintoresco, tenía una estrategia muy superior a solo conformar una defensa de «obedecer órdenes». Lideró los esfuerzos por presionar a los testigos, sugiriendo que estaban exagerando o que sus recuerdos no eran confiables debido al trauma y al paso del tiempo. Laternser recusaba el testimonio más devastador insinuando que estaba teñido por la sed de venganza,[4] y desestimó como inútiles todos los relatos condenatorios de los testigos presenciales de los países comunistas, alegando que eran parte de un insidioso complot rojo para avergonzar a Alemania Occidental.[5]

No era de sorprender que Ella Böhm, que había sido seleccionada en la estación por Capesius, y muchos de sus compañeros supervivientes, tomaran tranquilizantes para calmar sus nervios antes de sentarse en el estrado a testificar. La doctora Ella Lingens tuvo pesadillas durante semanas antes y después de su testimonio.[6]

«Era muy difícil para nosotros estar entre la gente de la tierra del enemigo», rememoró Böhm. «Cada piedra nos hacía llorar, cada palabra hería. Éramos como niños que se habían quemado».[7] El interrogatorio de Laternser a ella fue áspero. «Mi interrogatorio en la sala duró cerca de una hora. Laternser nos trataba de una manera muy despectiva. Nos bombardeaba con preguntas engañosas, confusas. Cuando me preguntó sobre el número de mi tatuaje y contesté que ya no me lo sabía de memoria, me echó una mirada de despectiva indignación. Y encima de todo, a la mañana siguiente el *Frankfurter Allgemeine* dijo que yo había sido dramática».[8] En ese duro ataque a los sobrevivientes, muchos observadores en la sala pensaron que Laternser acosaba a las víctimas una vez más.

Para agravar el problema, cada uno de los acusados hacía lo mejor que podía para permanecer imperturbable frente a lo que cualquier testigo decía. Un ejemplo típico fue una ocasión en la que Oswald Kaduk jugaba indiferentemente con su pluma fuente mientras un antiguo preso describía con escalofriantes detalles la manera en la que Kaduk había golpeado y después ejecutado a unos prisioneros con un solo disparo de su pistola.[9]

La única señal de que estaban poniendo atención era cuando alguno de ellos miraba con furia a un testigo. «Observaba eso cuando miraba la cara de Boger o Kaduk, pero también de Capesius y Klehr», rememoró Henry Ormond, un abogado civil que representaba a las familias de algunos sobrevivientes. «Particularmente durante los testimonios incriminatorios, no podía escapar a la sensación de que ellos querían decir: "Fue un error haberte dejado con vida. Obviamente se nos olvidó gasearte. Ahora eso regresa a perseguirnos". Desde luego no había rastro, absolutamente ninguna traza de remordimiento».[10]

Entretanto, Capesius no tenía rival cuando se trataba de parecer tranquilo. Lo diferenciaba de los otros que era el único que a veces sonreía o se reía. Constantemente sonreía a los otros acusados o a su familia y amigos que habían ido a apoyarlo (la última de sus hijas, Melitta, de 29 años, había llegado a mitad del juicio, en octubre de 1964). La sonrisa de Capesius, sobre la que incluso unos cuantos amigos pensaban que era inadecuada, era más pronunciada cuando el testimonio en su contra era particularmente incriminatorio. Y en los momentos en que cualquiera de los jueces le hacía alguna pregunta, con frecuencia parecía distraído, como si de alguna manera tuviera que obligarse a sí mismo a enfocarse en el momento en la corte. Ocasionalmente tuvo dificultad para dar una respuesta articulada; otras veces era olvidadizo y a menudo estaba nervioso.

Nadie estaba seguro de qué había detrás de esa extraña conducta. ¿Sonreír era la manera de demostrar que era un hombre inocente que tenía pocos temores sobre el proceso? ¿O su sonrisa y ocasionales ataques de risa eran una forma de denigrar como cómica la evidencia en su contra? Algunos creían que todo estaba pensado para hacerlo aparecer como un tonto de remate con la esperanza de que eso pudiera borrar el dañino retrato de la fiscalía como un oficial SS homicida.

Incluso la prensa alemana acabó describiendo la conducta de Capesius como «extraña» y «fuera de lugar». Cuando en una ocasión el juez Hofmeyer le preguntó sobre el cargo de que había proporcionado el ácido fenólico empleado para matar prisioneros mediante inyecciones en el corazón, Capesius aprovechó el momento para intentar explicar su discutible comportamiento. «Su Señoría, la pasada mañana del lunes estaba bajo gran presión. Eso hizo que me confundiera un poco más tarde, y la gente me ha criticado por sonreír de manera inconsciente todo el tiempo. Ciertamente no sentía que hubiera nada por qué sonreír, y solo puedo explicarlo diciendo que estuve en régimen de aislamiento durante cuatro años. Esto, más todas estas personas aquí, y todas estas luces eléctricas, me distrajeron, y por tanto casi no podía concentrarme en lo que estaba diciendo».[11]

Pero muy pocos fueron comprensivos. Para entonces, un flujo continuo de testigos presenciales había pasado al estrado en su contra y la mayoría había permanecido indoblegable frente a los ataques de su abogado sobre su credibilidad.

Entre ellos, Ella Böhm narró su llegada a Auschwitz y cómo reconoció a Capesius en la rampa. Su madre, pediatra, estaba en el mismo tren y confirmó que enviaba a los nuevos presos a la derecha o a la izquierda. El doctor Mauritius Berner, que había reconocido a Capesius ya que habían hecho negocios antes de la guerra, narró la desgarradora historia de cómo le suplicó a Capesius en vano para que perdonara a sus hijas gemelas.

Muchos de los testimonios contra Capesius eran diferentes de los que se hacían contra cualquier otro acusado. Ninguno de los otros había sido identificado por los sobrevivientes como alguien a quien hubieran conocido antes de la guerra. Pero, en el caso de Capesius, ese testimonio se amontonó. Estaba Josef Glück, que había sido un cliente muy importante de Farben/Bayer en Rumania. Él no solo atestiguó que Capesius lo seleccionó en Auschwitz, sino que describió varias ocasiones dentro del campo en que Capesius y Mengele seleccionaban a prisioneros para ser gaseados. «Mientras hacían esto se reían», recordó. «Probablemente pensaban que era gracioso ver a los niños gritar llamando a sus madres».[12]

Uno tras otro pasaron al estrado y narraron sus historias de cómo habían conocido a Capesius cuando trabajaba para Farben/Bayer y el momento en el que lo reconocieron en la rampa en

Auschwitz. Entre ellos estaban Paul Pajor, el farmacéutico alemán; Adrienne Krausz, a cuya madre envió a la cámara de gas; Sarah Nebel, cuya familia vivía en el mismo edificio en Bucarest antes de la guerra; el doctor Lajos Schlinger, a cuya esposa Capesius despachó hacia su muerte; Albert Ehrenfeld, otro cliente a cuya familia envió a las cámaras de gas.

El fiscal Joachim Kügler explicó a la corte por qué estos extraordinarios relatos eran particularmente condenatorios: «La peculiar y monstruosa parte de esta situación para Capesius era que no solo se trataba de masas anónimas, sino que de pronto se vio confrontado con gente a la que había conocido previamente, personal o profesionalmente, personas que estaban totalmente confiadas, que pensaron que verlo era un buen augurio. Confiaban en él. ¿Qué clase de ser humano debe ser este doctor Capesius, quien —sabiendo que aquellos enviados a la izquierda con un movimiento de su mano tenían solo una o dos horas más de vida— con una sonrisa amigable y unas cuantas palabras tranquilizadoras envió a las familias de sus antiguos amigos y colegas de negocios, a sus esposas y a sus hijos, a sus muertes?

»¿Cuánta brutalidad emocional, qué sadismo diabólico, qué cinismo inmisericorde se necesita para actuar de la manera en la que este monstruo actuó? Y pensar que solo le hubiera costado, a este *Hauptsturmführer* de las SS, literalmente una palabra, solo un gesto para devolverles a estas pocas personas sus vidas, a esos cuantos que apenas importaban en esa inmensa masa de gente?».[13]

No todos los que testificaron contra Capesius lo habían conocido antes de la guerra. Muchos lo vieron por primera vez en Auschwitz. Erich Kulka, un judío checo que trabajaba como cerrajero en el equipo de mantenimiento en Birkenau, fue testigo de muchos de los trenes que arribaban repletos de prisioneros. Cuando se le pidió que identificara a cuál de los acusados había visto llevar a cabo las selecciones de vida o muerte, enumeró a Boger, Baretzki, Broad, Kaduk y Mulka. Después extendió su brazo derecho y señaló a través de la corte. "Ese caballero que está detrás del número 18».

—¿Conoce su nombre?

—No.

El hombre detrás del cartel con el número 18 era Capesius. Estaba helado en su asiento.

—Es muy importante para la corte saber —dijo el juez Hofmeyer— si está usted seguro de reconocer con certeza al Número 18 como una de las personas que hacía selecciones en la rampa.

—Vi al Número 18 con frecuencia. Los hombres y las mujeres desfilaban frente a él. Él decidía a qué lado debían dirigirse. Su cara no ha cambiado mucho. Definitivamente lo reconozco.[14]

Además de los testimonios de prisioneros como Kulka, estaban también los farmacéuticos presos, hombres en los que Capesius había confiado para manejar su dispensario. Ellos eran los que tenían los relatos más incriminatorios. Wilhelm Prokop y Jan Sikorski, los asistentes de más confianza, definitivamente ligaron a Capesius tanto a la supervisión del Zyklon B como al robo al por mayor de las pertenencias personales, incluido el oro, de los muertos. Como con el resto de su excéntrico comportamiento en la corte, la respuesta de Capesius a lo que dijeron fue con frecuencia desconcertante. Cuando Prokop, por ejemplo, testificó que Capesius estaba «a cargo de las llaves» de la habitación donde se almacenaba el Zyklon B, Capesius se rio a carcajadas. Prokop continuó y describió la escena en la que había visto de casualidad a Capesius hurgando en las maletas con dientes y cómo el farmacéutico en jefe había amenazado su vida si se lo decía a alguien. Eso provocó que Capesius otra vez explotara en carcajadas.

«Doctor Capesius», le dijo el juez Hofmeyer, en tono severo, «esto no es ningún motivo de risa. Se trataba de una amenaza de muerte».[15]

Capesius no solo se veía completamente perplejo por cualquier cosa que se decía sobre él en la corte, sino que algunas veces respondía de la misma manera displicente cuando se trataba de lo que había ocurrido con sus compañeros acusados. Por ejemplo, una vez un antiguo prisionero testificó que Oswald Kaduk lo había golpeado salvajemente porque su saco no estaba abotonado. Cuando Hofmeyer le preguntó a Kaduk si reconocía al testigo, Kaduk dijo: «Su señoría, el testigo me parece familiar. Pero había 17,000 prisioneros en Auschwitz y teníamos que mantenerlos a raya». Admitió que ocasionalmente había golpeado a algunos. «Pero algunos se tiraban al suelo nada más con que levantara la mano; solo fingían». Esto hizo que Capesius riera incontrolablemente.[16]

Algo que evidentemente no encontró divertido fue cuando el sensacionalista testimonio contra él fue motivo de las primeras páginas de los periódicos del día siguiente. Las historias más impactantes eran las que vendían más periódicos y elevaban los *ratings* de los noticieros de televisión. No era sorprendente que en Alemania la mayoría de los que seguían el juicio se informaran en los tabloides como *Bild-Zeitung*. La cobertura mediática era una locura como, por ejemplo, cuando en el día 118 una estrujante fotografía de Auschwitz se presentó como evidencia. Era una colección de fotografías del sargento SS Bernhard Walter, quien tenía una sádica pasión por capturar en fotografías la miseria y muerte del campo.

Algunos comentaristas calificaron la obscena información como «la pornografía del horror», y un académico concluyó que este «contribuía a un distanciamiento público colectivo de los acusados en el juicio».[17] Con frecuencia se perdía de vista lo que Fritz Bauer había esperado que el juicio pudiera ofrecer: una oportunidad para que la Solución Final fuera instructiva para una nueva generación de alemanes, al tiempo que provocara una introspección y revaloración por parte de la generación de la guerra.

Cuando el enfermero preso, Ludwig Wörl testificó en abril que un amigo de Capesius sugirió que podría haber 50,000 marcos alemanes para cualquier testigo que pudiera proporcionar evidencia de que el Zyklon B no era responsabilidad del farmacéutico en jefe, al día siguiente los encabezados decían: «¡Denuncia de sobornos en el juicio de Auschwitz!».[18] En junio, el testimonio de Jan Sikorski condujo a «El farmacéutico de Auschwitz, etiquetado como una personalidad del tipo Jekyll-Hyde».[19] Y ese mismo mes, después del espeluznante relato de Prokop sobre Capesius a la caza de oro en medio de dentaduras putrefactas, los artículos principales eran «Químico almacenó dientes de oro» y «Botín del horror en un relato del campo nazi».[20]

«La historia de Auschwitz escrita en sangre», fue el encabezado de agosto de 1964, cuando Josef Glück se deshizo en lágrimas al sacar una fotografía de su bolsillo de su difunto sobrino de 16 años. «Niños degollados abren sus brazos y escriben sus nombres con sangre».[21] El mismo mes, cuando el doctor Berner narró cómo Capesius había enviado a su esposa e hija a las cámaras de gas, la cobertura de los encabezados periodísticos fue: «Médico testifica que el nazi a quien ayudó mató a su familia».[22] Y una semana después de que Berner había estado en el estrado, Magda Szabó narró la ocasión en que Capesius le gritó a un preso: «Soy Capesius de Transilvania. Conmigo vas a conocer al demonio».[23] «¡Nazi se llamó a sí mismo el demonio!», fue el siguiente titular matutino.[24]

En cada ocasión, el juez Hofmeyer le preguntaba si deseaba decir algo sobre el fulminante testimonio en su contra. Capesius parecía curiosamente incapaz de esbozar algo más allá de una conspiración para tratar de explicarlo. En el caso de Magda Szabó, por ejemplo, optó por la temática establecida por su abogado de que todos los testigos del bloque del Este formaban parte de un complot comunista. Ella había mentido y se había coludido con otros testigos para incriminarlo, acusó Capesius. Eso suscitó una advertencia de Hofmeyer de que «objetaba de la manera más enérgica» cualquier insinuación de que un testigo presencial formara parte de una conspiración no demostrada e imprecisa.[25] Ello no disuadió a Capesius. Cuando Sarah Nebel testificó que conocía a Capesius desde la década de 1930, cuando ambos vivían en el mismo edificio de departamentos de Bucarest, y de que la seleccionó en la estación de Auschwitz, él declaró: «El hecho de que mis paisanos digan eso una y otra vez no es ninguna prueba. Se ha urdido un complot sobre eso en Rumania».

Hofmeyer destrozó el esquema de inspiración comunista de Capesius: «La testigo viene de Israel».[26]

Entonces, Capesius volteó a su alrededor para determinar si de alguna manera había sido engañado. Laternser, su abogado, hizo una mueca.

En otra ocasión, el farmacéutico Paul Pajor testificó que él no solo conocía a Capesius de su época en Farben/Bayer, sino que Capesius lo había seleccionado en Auschwitz: «El doctor Capesius estaba de pie a unos tres o cuatro metros de mí, se dirigió a mí en húngaro y me seleccionó. De que hacía selecciones estoy 100% seguro; uno no puede olvidar una cosa así».

Hofmeyer se dirigió a Capesius.

—Lo que deseamos saber de usted es sobre todo si seleccionó a los recién llegados en la rampa o no. En resumen, lo que dijo el testigo suena muy plausible.

—Solo suena de esa manera —replicó Capesius. Y después se lanzó a una diatriba sobre cómo la Rumania comunista lo había incriminado desde 1946, cuando había sido condenado en ausencia.[27]

Cuando otro testigo presentó una tarjeta de Navidad que dijo que Capesius le había dado antes de la guerra, Hofmeyer le preguntó si era su letra. Capesius dijo que sí. Unos cuantos días más tarde, aparentemente recordando su argumento de que todos los rumanos mentían, cambió de parecer y puso en entredicho la letra.

En otros casos, la respuesta estándar de Capesius —negando que recordara conocer a ninguno de los testigos antes de la guerra y asegurando que debían haberlo confundido con el doctor Fritz Klein en la rampa de Auschwitz— sonaba caduca y cada vez más descabellada cuanto más la repetía. Cuando un testigo declaró que a sus espaldas lo llamaban Capesius *Mopsel* (cara de perro pug o rechoncho), aprovechó la oportunidad para decir que él no tenía cara de perro pug pero que la descripción se ajustaba a la del doctor Klein. Eso provocó que uno de los abogados civiles, Henry Ormond, dijera que él había conocido a Klein durante el juicio de Bergen-Belsen y que «es difícil de imaginar a alguien con tan poco parecido con el doctor Klein que usted».[28] Ella Lingens, una de las médicas presas de Mengele, dijo: «El doctor Klein tenía entonces (1944) la misma edad que el doctor Capesius hoy (1964). Sus rostros no tenían ningún parecido entre sí... El doctor Klein hablaba un alto alemán sin acento. Yo no sabía que fuera de Rumania. El lenguaje de los dos no era similar. El doctor Klein hablaba más sin acento; el doctor Klein hablaba como alguien cuya madre hablaba alemán. Incluso tal vez hablara un poco en dialecto suabo. Hablaba como transilvano de la misma manera en la que yo hablo como vienesa. Pero para mí, el doctor Capesius habla como alguien que tuvo un padre que hablaba rumano. El doctor Capesius habla alemán como un rumano, más como un extranjero».[29] (Una de las testigos de Capesius, una amiga de la infancia, Viktoria Ley, más tarde trató de fortalecer la defensa de la semejanza con Klein, testificando que había conocido a Klein una vez en 1944 y que este le había confiado que él «cubría todas las tareas desagradables de Capesius». Al ser interrogada por Hofmeyer, admitió que los elementos clave de su testimonio provenían de los reportajes de los periódicos que había leído).[30]

En otras ocasiones, Capesius no pudo ofrecer ninguna explicación satisfactoria sobre por qué alguien de su rango tenía que ir a la rampa a recoger equipaje y provisiones médicas en lugar de asignar esas tareas a un oficial subalterno, especialmente si para él la rampa era tan perturbadora como declaraba. Y una vez, cuando el fiscal le mostró una fotografía de una selección en marcha, Capesius se rehusó a admitir que la reconocía. Los jueces parecían desconcertados por su intrincado esfuerzo para evadir la pregunta. Cuando se le presionaba, levantaba los brazos con desesperación: «¡No tengo una idea precisa de cómo se supone que debería haberse visto!».[31]

Aunque le gustaba fingir que no mucho de lo presentado en la corte le afectaba, sus abogados sabían que estaba particularmente irritado porque la prensa constantemente retrataba a uno de sus coacusados, el doctor Franz Lucas, como el «buen alemán». Lucas reivindicó que en los cinco meses de 1944 que estuvo en Auschwitz, no había «infringido órdenes, pero hice lo que pude para sortearlas».[32] Capesius pensaba que merecía algo de buena prensa por reivindicar que había tratado de zafarse de la tarea de selección. Renegaba de que Lucas aparentemente era el favorito de los medios. Una humillación mayor era que el equipo de Fritz Bauer había elegido a Capesius como el modelo para denunciar que los nazis robaban a los muertos.

En un momento, el fiscal argumentó: «Capesius sistemáticamente y sin piedad se aprovechó de la situación en Auschwitz, y deliberadamente buscó sus propios intereses materiales. La evidencia mostrará cómo fue culpable, no de atraco o extorsión —ya que la gente de cuyas pertenencias se apropió estaban muertas—, sino más bien cómo perpetró su particular y repugnante forma de expoliar a los muertos. La evidencia probará que el acusado, Capesius, tenía un gran interés personal en permanecer en

Auschwitz y en la continuación de los eventos homicidas ahí, un hecho que es legalmente muy significativo y revela las verdaderas intenciones del acusado. [Era] una costumbre muy extendida en Auschwitz con respecto a los objetos de valor confiscados a los prisioneros a su llegada al campo: algunos SS los guardaban como una especie de seguro de vejez para ellos. Pero, de acuerdo con lo que hemos escuchado, ninguna de las personas acusadas se permitió esta práctica hasta tal punto, con tal eficiencia formal y tan inescrupulosamente como Capesius».[33]

Una cosa era ser acusado de asesinar judíos, que eran considerados infrahumanos por el Tercer Reich, pensaba Capesius, pero ser señalado públicamente como poco menos que un ladrón de tumbas, era insultante.

Sin embargo, por más que Capesius estaba furioso por estas acusaciones, procuró no mostrar su nerviosismo. El esfuerzo por esconder su furia y humillación condujo a algunos momentos vergonzosos. En junio de 1964, el farmacéutico preso Wilhelm Prokop había asombrado a la corte al describir cómo Capesius «se había inclinado y empezado a escoger entre los maxilares» de los muertos en busca de oro. Eso provocó que Capesius se riera estruendosamente hasta que Hofmeyer le ordenó: «¡Deténgase!».

Cuando Prokop acabó de testificar, Hofmeyer le preguntó a Capesius si quería decir algo. Ya sin sonreír, se irguió en la mesa de los acusados: «Nunca extraje oro de los dientes. Solo una vez examiné una dentadura, y el oro ya no estaba».[34]

Incluso Laternser parecía desconcertado por su cliente.

Según se desarrollaba el juicio, parecía que Capesius estaba en su propio mundo: pasaba gran parte de su tiempo en la cárcel leyendo sobre Auschwitz, redactando notas, sugiriendo estrategias a sus abogados y en general sintiendo pena por él mismo. Las cartas que escribió en la prisión revelan que en lugar de que el juicio incitara a su alma a la introspección y a analizar lo que había hecho en el campo, se quejaba incesantemente de todo, de la soledad, la mala calidad de la comida hasta de su aparente privación sexual.

Se quejaba de que en Hammelsgasse «solo permiten un paquete de cinco kilos si estás en prisión preventiva. Pero a los presos sentenciados que están cumpliendo su condena se les permite medio pollo y un pastel en la visita mensual de su familia; a los que estamos detenidos cuando mucho se nos da una botella de coca-cola de la máquina de bebidas de aquí, ¿y se supone que eso evita que nos escapemos?». Capesius decía que «mis presos [de Auschwitz] estaban mejor alimentados». La mala comida le había provocado en un primer momento perder 18 kilos, lo que decía que lo había dejado «prácticamente impotente, y sin deseo de relaciones sexuales. No hay sexo con la esposa o novia, y todos tienen que lidiar con eso de alguna manera. Pero tienes que continuar con este régimen durante mucho tiempo, dada la tensión nerviosa que sientes constantemente. Esto luego conduce al tormento sexual, o por lo menos a la necesidad... Incluso en Auschwitz, instalar un burdel era solo una medida paliativa».[35]

Capesius también estaba exasperado por lo que él llamaba «toda clase de privaciones para alguien que está en confinamiento solitario... No tienes compañía, nadie con quien hablar». En otras ocasiones se quejaba del «distanciamiento» de su familia y de que «en casa hay personas que necesitan que nos ocupemos de ellas». Su esposa, observaba, acababa de llegar a Alemania Occidental y «mis niñas todavía no tienen padre; las tres están aún en la escuela porque no les acreditan sus estudios aquí, o solo parcialmente. Estos son problemas a los que se hubieran podido enfrentar de manera diferente si tuvieran un padre libre, en lugar de un padre en la cárcel. ¿Qué es tener un padre que será libre... porque ellos no tienen ninguna prueba contra él?».

¿Qué pasaba con los testigos y con la evidencia de su culpa? «Por supuesto, una conciencia en paz es un gran alivio, pero, cuando te das cuenta de la manera en que las acusaciones se exageran con mentiras, ya no entiendes el mundo. Se puede presentar al testigo como poco fiable, pero aún así figura en todos los libros y en el teatro, incluso a pesar de que el testimonio haya sido rechazado en el primer veredicto: la acusación de que enviaste a 1,200 niños a la cámara de gas permanece, porque "*scripta manent*" [proverbio latino que dice "las palabras habladas vuelan, las palabras escritas permanecen"]».[36]

Aunque Capesius no tenía más que alabanzas para su equipo legal, anotó: «La riqueza y la propiedad se han ido. Las deudas se amontonan». Finalmente, gastó cerca de 100,000 marcos alemanes en su defensa.

Capesius se sintió complacido de que el juicio llegara a su fase concluyente. Un evento inusual fuera de la sala del juzgado le dio alguna esperanza de que los alemanes modernos se estaban volviendo más indulgentes con los crímenes de guerra. Heinrich Bütefisch, el químico y director de Farben que había sido sentenciado a siete años en el juicio de Farben, había regresado exitosamente a los consejos de dirección de algunas grandes compañías químicas de Alemania. De esa manera, él era parecido a sus colegas directores condenados, todos los cuales habían recuperado sus puestos en lo más alto de la industria alemana. La diferencia a finales de 1964 era que el presidente de Alemania concedió a Bütefisch la máxima condecoración civil por servicio público: la Gran Cruz del Mérito. La idea de que un criminal de guerra confeso recibiera la Gran Cruz desató una tormenta. Y si bien Bütefisch más tarde la devolvió, mientras el juicio de Auschwitz se acercaba a su conclusión, a Capesius le parecía simplemente otro indicador de que la buena fortuna podría estar abriéndose camino.

Capítulo 23

El veredicto

Los alegatos finales empezaron el 7 de mayo de 1965. En su absoluta negación, Capesius pensó que eso significaba que estaba a un paso de su absolución. Por esa época, dos de los acusados, Heinrich Bischoff y Gerhard Neubert, habían llevado sus casos por separado debido a su mala salud. Los fiscales, representantes de los demandantes y abogados por cada uno de los restantes 20 acusados, se tardaron tres meses en terminar. Los fiscales hicieron una enérgica clausura, no solo reafirmando que Auschwitz era el principal centro de asesinato en la Solución Final, sino destacando también la evidencia principal contra cada uno de los acusados. Por lo que concernía a Fritz Bauer, el núcleo de la petición de la fiscalía era de sentido común: «Que el principio y el fin de este juicio sea: "Ustedes debieron decir no"».[1]

En el alegato final de los abogados de los clientes civiles, Henry Ormond llamó a Capesius «uno de los monstruos más grandes».[2]

En junio, Hans Laternser hizo su muy esperado resumen para Capesius y sus otros clientes. El *Frankfurter Allgemeine Zeitung* describió su alegato como «irónico, insultante, pero muy lógico y astuto». Laternser desacreditó a todos los testigos presenciales como poco fiables, puesto que estaba «más allá de las capacidades humanas» recordar con exactitud esos terribles acontecimientos 20 años después de ocurridos. Además, dijo, la mezcla de motivaciones de venganza y propaganda política de los testigos del bloque comunista arrojaba aún más dudas sobre su confiabilidad.[3]

Y repitió su tema recurrente de la manipulación de los testigos, haciendo notar que, puesto que más de la mitad de ellos era de países extranjeros, no podían ser juzgados en Alemania.

Pero lo que captó la atención del público fue el distorsionado argumento de Laternser de que la selección no era un crimen sino más bien un acto de misericordia. Puesto que Auschwitz era un campo de exterminio, los sobrevivientes le debían sus vidas a los oficiales SS que los habían seleccionado en la rampa. Bajo su singular punto de vista, la selección saboteaba la directriz del Tercer Reich de liquidar a todos los judíos de Europa. La selección, sostenía, era una obstrucción del asesinato, no una ayuda a este; los acusados habían elegido la vida, no la muerte, al cumplir su misión en la rampa de Auschwitz. «Se puede decir que aquellos que participaron en las selecciones fueron los salvadores de aquellos que seleccionaron, y de esa manera socavaron el plan de Hitler», afirmó.[4]

El socio de Laternser, Fritz Steinacker, siguió con una andanada verbal de que todo el juicio había sido deficiente puesto que no era más que una farsa política. Argumentó enérgicamente que, sin importar cuán censurable se considerara, la Solución Final había sido ordenada legalmente por los arquitectos del Tercer Reich. Sus clientes solo eran hombres comunes que había cumplido su deber con el Estado.

El 6 de agosto de 1965, el día 180 del proceso, los acusados presentaron sus peticiones finales (bajo la ley alemana, estas vienen al final del juicio, no al principio). Capesius se las arregló para evitar su estigma de vacilante y olvidadizo. Obviamente había practicado su declaración muchas veces. Dijo que solo había sido una «desafortunada circunstancia» la que lo había llevado a él, «un oficial rumano, un ciudadano rumano casado con una media judía… a ser el farmacéutico en jefe de Auschwitz, de cuya existencia ni siquiera sabía».

Unos cuantos espectadores y reporteros detrás de él fruncieron el ceño cuando empleó una palabra que se había convertido en una forma peyorativa del Tercer Reich para designar a una mujer judía.*

---

* En el original en inglés, *jewess*, que en español tiene la misma equivalencia que *jew* (judío, judía), pero es un término ofensivo para designar a una

«¡Su Señoría! No le hice daño a nadie en Auschwitz. Fui correcto, amistoso y servicial cada vez que pude. Estuve en la rampa en varias ocasiones para recoger el equipaje de los médicos para las farmacias del campo. Nunca llevé a cabo una selección, y debo subrayarlo enfáticamente. En mi condición de farmacéutico desempeñé mi trabajo lo mejor que me permitieron las circunstancias… No soy culpable de ningún crimen en Auschwitz. Le suplico que me absuelva».[5]

A pesar de que los relatos de muchos testigos independientes sobre él llevando a cabo selecciones en la rampa parecían concluyentes, sabía que tenía que negar todo. Admitir aunque fuera una sola vez, sería tan condenatorio para su destino legal como si hubiera realizado decenas de ellas.

Todos los acusados fueron mantenidos en prisión preventiva mientras el juicio se acercaba a su fin ese mismo día (dos de ellos, Willi Schatz y Pery Broad, habían sido liberados bajo fianza hasta entonces). Era tiempo de que los jueces y el jurado deliberaran. Cualquier voto debía ser respaldado por una mayoría de cinco, puesto que eran tres jueces y seis jurados.

En las primeras discusiones, algunos jurados pensaban que había transcurrido mucho tiempo para que los testigos fueran creíbles y que un juicio no solo se podía basar en su testimonio. Pero había documentos que respaldaban a los testigos, como señalaron los jueces. Y más importante aún, una visita a Auschwitz cerca del final del juicio (en diciembre 14-16 de 1964) por parte de los jueces, los jurados y los abogados, había corroborado gran parte de los testimonios. Después de diez días empezaron finalmente a votar sobre los cargos contra cada acusado. Por reglas de la corte, los jurados votaron antes que los jueces, siendo el más joven el primero.

El jueves 19 de agosto de 1965 fue el día del veredicto. Los observadores legales estaban sorprendidos de que les hubiera tomado solo 12 días llegar a las sentencias en tantos cargos para todos los acusados. La sala del juzgado estaba repleta. No solo la prensa del mundo había regresado sino que los espectadores llenaban

muchacha o mujer judía. *(N. de la T.)*

cada asiento existente. A pesar de que las encuestas mostraban que más de la mitad de los alemanes no había seguido el juicio por ningún medio, parecía que de pronto todo el mundo quería estar ahí para un momento de historia.[6]

A las 8:30 los acusados empezaron a ingresar en la sala. Höcker y Baretzki se unieron a Capesius, escondiéndose detrás de grandes lentes oscuros. Los tres jueces entraron unos cuantos minutos antes de las 9:00 a.m. El juez Hofmeyer anunció, como lo había hecho cada día durante los pasados 20 meses: «El caso de Mulka y otros se está instruyendo». Todos los acusados se levantaron por última vez.

Hofmeyer anunció que leería un veredicto sumario desde el estrado. En realidad, era una «justificación oral» de la revisión total que, observó, constaba de 457 páginas e «incluye razonamientos específicos y evidencia para el veredicto emitido en el caso de cada acusado».[7] Incluso el sumario oral y los veredictos se llevaron dos días.

El juez empezó por explicar que la corte había decidido que no estaba obligada a llegar a un veredicto que entrañara un significado histórico sobre Auschwitz: «A pesar de que el juicio ha despertado la atención más allá de las fronteras de este país y se le ha dado el nombre de "Juicio de Auschwitz", en lo que concierne a la corte es el proceso de Mulka y otros. Es decir, en lo que respecta a la corte, la única consideración fue la culpa de los acusados. La corte no fue convocada para controlar el pasado; tampoco tuvo que decidir si este juicio sirvió a ese propósito o no. La corte no puede llevar a cabo un juicio político, menos aún un simulacro de proceso».[8]

Después, Hofmeyer rechazó inequívocamente la afirmación de la fiscalía de que todo aquel que trabajó en Auschwitz fue automáticamente cómplice de los crímenes que se cometieron ahí. El juez principal dijo que, si los acusados fueran encontrados culpables con base en su pertenencia a las SS y su servicio en el campo de exterminio, entonces el juicio se habría acabado en unas horas y la corte de Alemania Occidental «no sería mejor que el estado de derecho practicado en Auschwitz».[9]

Sin embargo, Hofmeyer dejó en claro que los acusados no se beneficiarían por ser «gente común», puesto que «habían sido tan esenciales para la realización del plan de exterminio como aquellos que trazaron dicho plan en sus escritorios».

Para llegar a un veredicto, Hofmeyer hizo notar la dificultad que presentaron los relatos de los testigos presenciales dados los muchos años transcurridos después de los eventos. «La corte cuidadosa y sensatamente revisó la declaración de cada testigo», dijo, «y como resultado de ello no pudo llegar a veredictos de culpabilidad en cada uno de los puntos de la acusación». Señaló que la capacidad de la corte para verificar la exactitud de los testimonios fue limitada, ya que los nazis «eliminaron todos los rastros» de sus crímenes: «documentos que hubieran sido de gran ayuda para la corte fueron destruidos», y los mismos acusados «no han proporcionado ninguna pista para ayudar en la búsqueda de la verdad, sino que han guardado silencio en muchos puntos y fallado en gran medida en decir la verdad».

Después procedió a la sentencia de cada uno de los 20 acusados por orden de numeración en el cual se sentaron durante el juicio. Eso significaba que Capesius tenía que escuchar 17 veredictos antes de conocer su suerte. De esos 17, 15 fueron encontrados culpables ya fuera del cargo principal de asesinato como perpetradores o del cargo menor de complicidad y encubrimiento de asesinato. El amigo de Capesius, el doctor Willi Schatz, fue absuelto. Eso debe haberle dado a Capesius alguna esperanza de que su defensa también había convencido a la corte de su inocencia.

Capesius prestó atención cuando Hofmeyer se volvió hacia él. El presidente del tribunal empezó por desestimar el alegato de Capesius de que puesto que vivía en Rumania no estaba plenamente consciente de que lo ocurría en Auschwitz era un crimen universal. Y Hofmeyer describió su conducta en el campo como «cruel» y «maliciosa». Más tarde, Capesius le contaría a un amigo que no podía creer que las palabras desde el estrado se referían a él. La corte concluyó que había llevado a cabo selecciones en la estación y al hacerlo había sido responsable de haber enviado «por lo menos a 8,000 de sus conciudadanos rumanos a la muerte en la rampa». En realidad, su persistente negativa a admitir su papel en la rampa, falló el tribunal, era evidencia de que «él sabía muy bien que estaba facilitando el programa de exterminio y contribuyendo a la muerte de las víctimas» mediante las selecciones.[10] Capesius también era responsable, dijo Hofmeyer, por los asesinatos «en la medida en que también supervisó la introducción del Zyklon B».

Una pequeña buena noticia era que Capesius no era responsable de distribuir el fenol empleado para matar a los presos, puesto que la corte determinó que esos experimentos habían terminado antes de que se convirtiera en el farmacéutico en jefe. Y tampoco lo responsabilizaba de infligir palizas y llevar a cabo selecciones en el campo de mujeres, descartando los testimonios que lo habían colocado ahí.

Sin embargo, la conclusión de Hofmeyer fue particularmente condenatoria. El tribunal encontró «despreciable que el acusado se hubiera enriquecido con la propiedad de las víctimas asesinadas».[11]

A algunos observadores les pareció como si a Capesius se le hubiera salido todo el aire. Tenía los hombros caídos, agachó la cabeza hacia abajo y se recostó en la orilla de la mesa de los acusados. Cuando el juez dejó de hablar, su abogado le tuvo que decir que era momento de tomar asiento.

Esa mañana para Capesius fue una pesadilla. No podía entender cabalmente que 20 años después del fin de la guerra una corte alemana insistiera en hacerlo legalmente responsable por las muertes de Auschwitz. A lo largo de las décadas transcurridas se había imbuido totalmente de su propia negación, convenciéndose por completo de que era víctima del destino y de la mala suerte. La responsabilidad criminal nunca le había parecido un riesgo real, incluso después de su arresto en 1959. Pero ahora, al escuchar la avalancha de palabras de Hofmeyer, no podía entender que la corte no hubiera valorado su sufrimiento. El veredicto de culpabilidad no fue un momento de revelación que hiciera que Capesius de pronto se diera cuenta de que su pasado finalmente lo alcanzaba. En cambio, sintió pena de sí mismo. Así como los nazis lo habían hecho «víctima» al reclutarlo en las Waffen-SS, pensaba que ahora una corte alemana otra vez lo hacía víctima de pagar por crímenes que estaban más allá de su control.[12]

La atención de Capesius volvió a la sala cuando Laternser lo jaló del saco. El juez Hofmeyer había terminado de leer los veredictos. Diecisiete de los acusados habían sido hallados culpables de por lo menos algunos de los cargos. Tres fueron absueltos de todos los cargos (Breitwieser, Schatz y Schoberth). A pesar de que Capesius estaba apesadumbrado, Laternser estaba complacido. Su cliente era el único de los siete acusados imputados por «asesinato intencional como perpetrador» que había sido hallado culpable del cargo menor de «cómplice de asesinato».

A continuación, Hofmeyer pasó a las sentencias. A los seis que fueron encontrados culpables de asesinato deliberado les dio cadena perpetua (Boger, Kaduk, Klehr, Hofmann, Baretzki y Bednarek). El resto, acusado de complicidad y encubrimiento, obtuvo sentencias reducidas. Estas iban de tres años para el doctor Franz Lucas a 14 para Mulka. A Capesius le dieron nueve años. Volteó a ver a Laternser como buscando confirmación de que había escuchado el número correctamente.[13]

«De esta forma, este juicio ante la corte de Fráncfort ha llegado a su fin», declaró el juez Hofmeyer. «Durante los 20 meses del juicio la corte ha tenido que revivir el sufrimiento y las torturas a las que estuvieron sometidas las personas y que para siempre serán vinculados al nombre de Auschwitz. Habrá muchos de nosotros que por mucho tiempo no podremos mirar los ojos felices y confiados de un niño sin ver los ojos vacíos, interrogantes, sin poder entender, llenos de miedo, de los niños cuyo último camino fue Auschwitz».[14]

Hofmeyer agradeció a los jurados, a los fiscales y a los abogados de la defensa, y después ordenó que todos aquellos que habían sido encontrados culpables fueran llevados a prisión.

Después, fijó su atención en los hombres a los que acababa de sentenciar. —Que los acusados se levanten. Ya escucharon el veredicto. Es mi deber proporcionarles algunos consejos legales. Pueden apelar la sentencia, pero solo sobre la base de que el veredicto viole la ley, no con el argumento de que los hallazgos de la corte no estén basados en los hechos. La apelación debe ser presentada en una semana.

Golpeó el mazo por última vez.

—La corte está cerrada.

Fritz Bauer estaba terriblemente decepcionado por el veredicto. Pensó que era otra muestra de la poca voluntad de los alemanes de confrontar su pasado durante la guerra. Las condenas por los cargos menores de complicidad y encubrimiento fueron la manera de la corte, dijo, de alimentar «una fantasía idealista residual de que hubo pocas personas con responsabilidad en el estado totalitario del periodo nazi y que el resto solo eran parásitos aterrorizados, violados, o personajes despersonalizados, deshumanizados, que se vieron forzados a actuar contrariamente a su naturaleza. Alemania no era, por así decirlo, una sociedad que apoyaba el nazismo, sino un país ocupado por el enemigo. Pero esto tuvo muy poco que ver con la realidad histórica. Ellos [los "don nadie"] eran virulentos nacionalistas, imperialistas, antisemitas y odiadores de los judíos. Sin ellos, Hitler era inimaginable».[15]

Bauer pensaba que una deficiencia subyacente en el sistema judicial era la negativa alemana a aplicar retroactivamente las leyes de 1954 que prescribían el genocidio y el asesinato en masa de los nazis: «Hubo una orden de liquidar a los judíos en la Europa controlada por los nazis; los instrumentos para el asesinato fueron Auschwitz, Treblinka, y así sucesivamente. Cualquiera que haya operado esa maquinaria asesina es culpable de participación en homicidio… [de la misma manera que si alguien] es miembro de una banda de asaltantes, entonces es culpable de homicidio, sin importar si dio la orden de asesinato como jefe en el escritorio, si distribuyó las armas o si disparó con su propia mano».[16]

En menos de una semana todos los acusados habían presentado apelaciones buscando revertir sus condenas. Bajo la ley alemana, los fiscales también estaban autorizados a apelar. Pidieron que se revirtiera la absolución de Willi Schatz y nuevos juicios para Capesius, Mulka, Höcker, Dylewski, Broad, Stark y Schlage.[17] Todos, argumentó la moción, habían salido muy bien parados, y la cadena perpetua era el castigo adecuado para cada uno.

Los fiscales no eran los únicos abatidos. Hermann Langbein, ahora secretario general de otro grupo de supervivientes —el Comité Internacional de Campos en Bruselas—, en el mejor de los casos tenía sentimientos mezclados. En tanto que estaba complacido de que 17 acusados hubieran sido encontrados culpables, pensaba que la corte había sido demasiado indulgente en sus sentencias. Langbein estaba perplejo de que los dos asistentes del campo, Höcker y Mulka, no hubieran recibido las sentencias máximas. Además, lo que tenía a Langbein y a otros sobrevivientes enfurecidos era que Capesius había sido condenado solo como cómplice y no como perpetrador voluntario. «Cualquiera que no se avergonzó de lucrar con el asesinato en masa claramente lo quería y era su voluntad», le dijo Langbein a un periodista.[18]

Langbein no estaba solo. Los periódicos de Zúrich, París y Londres criticaban las sentencias y señalaban a Capesius y a Mulka como los que habían salido muy bien parados.[19] El *Neues Deutschland* escribió: «El juicio es un insulto para los muertos de Auschwitz».[20] Al año siguiente, el dramaturgo Peter Weiss estrenó su drama de cuatro horas, *La investigación*, basado casi por completo en los testimonios del juicio. Una vez más, Capesius fue retratado como alguien que se zafó con un tirón de orejas.

«El respeto ha desparecido del mundo», le escribió Capesius a su familia. «Estoy señalado por la prensa, y además esa pequeña obra teatral de Weiss, donde me cita, pero en realidad es [el doctor Fritz] Klein: "Se volverán a ver en una hora". Decían sus diálogos en el escenario...libros sobre el juicio, y la mención a Auschwitz en cada artículo, incluso cuando no tiene que ver nada con el tema; pero en muchos países esta cacería de brujas promueve las ventas».[21]

Para Capesius, toda esa notoriedad tuvo al menos una inesperada ventaja. Entre los curiosos y aquellos que querían demostrarle algún apoyo, el negocio de la Markt-Apotheke, en Göppingen, estaba en auge.[22]

Capítulo 24

«Todo fue una pesadilla»

La conclusión formal del juicio no detuvo el activismo de los sobrevivientes como Langbein. En septiembre de 1964 se puso en contacto con la Universidad de Viena solicitando la revocación del doctorado en farmacia de Capesius. La universidad no conocía a Langbein y supuso que se iría si ellos sencillamente le decían que no. Una vez que lo rechazaron, hizo lo que había hecho tantas veces al enfrentarse a resistencias e inercias burocráticas aparentemente inamovibles. Se ocupó debidamente de construir una sólida coalición para demandar su revocación. Esta incluía al Centro Simon Wiesenthal, asociaciones de inmigrantes rumanos y húngaros, unos cuantos médicos prominentes sobrevivientes que vivían en Israel, e incluso el embajador israelí en Austria. En noviembre, para indignación de Capesius, la Universidad de Viena lo despojó de su grado profesional.[1] (Langbein también tuvo éxito en anular los grados médicos del dentista Willi Frank y del médico Franz Lucas).

Además de motivar aún más a Langbein y a otros sobrevivientes, el juicio tuvo otras consecuencias buenas e inesperadas. Gran parte de los testimonios del juicio condujeron a desenmascarar al doctor Horst Fischer, un colega austriaco de Capesius, que había estado ejerciendo la medicina en Alemania Oriental. Después de su arresto, una corte local lo encontró culpable y Fischer fue la última persona que fue ejecutada en 1966 por guillotina.

El juicio de Fráncfort impulsó también a Fritz Bauer para concluir varias investigaciones relacionadas con el tema. Desde 1966 hasta 1971, Bauer presentó tres juicios de Auschwitz más pequeños. En ellos logró una serie de condenas contra algunos de los principales *kapos* tanto de Auschwitz como de Farben/Monowitz. El personaje acusado más destacado fue el doctor Horst Schumann, que había llevado a cabo espeluznantes experimentos de esterilización en mujeres en el hospital de Auschwitz. Schumann había estado prófugo en Ghana hasta noviembre de 1966, cuando fue finalmente extraditado a Alemania. (A los seis meses de su juicio fue liberado de la cárcel por "mala salud"; vivió 11 años más como hombre libre).

El juicio de Auschwitz también revitalizó el debate, que había sido escandalosamente prolongado durante años, sobre si debería o no haber una ley de prescripción para los crímenes nazis. En la Alemania Occidental posterior a 1945, el límite original para acusar a alguien de homicidio era de 20 años. Cuando estaba a punto de expirar, en 1965, el límite se había extendido temporalmente para cubrir todos los casos de Bauer. Pero él y otros emplearon el generalizado registro histórico desde el juicio a Capesius y sus 21 colegas SS para argumentar enérgicamente que no debería haber ningún límite para los crímenes cometidos durante la era nazi. (No sería sino hasta 1979 cuando se convirtió en ley).

En cuanto a Capesius, permaneció en la cárcel y prosiguió su apelación. Su esposa e hijas lo visitaban regularmente, además de algunos viejos amigos, como los Stoffel. Como había sido durante el juicio, sus visitas más asiduas eran sus abogados. Capesius pasaba sus días tratando de ayudarlos revisando el caso que se había presentado contra él y buscando causas por las cuales su veredicto debía ser sobreseído.

El 24 de enero de 1968, a menos de dos años y medio de su sentencia de nueve, la Suprema Corte alemana asombró a casi todo mundo liberando a Capesius de prisión mientras su recurso estaba pendiente. La corte hizo notar que tenía negocios bien establecidos y nexos familiares en Alemania y por tanto no creía que hubiera riesgo de fuga. Además, aceptó el argumento humanitario de su abogado de que debería haber alguna consideración por los cuatro años y medio que estuvo en prisión preventiva desde el momento de su arresto hasta que fue sentenciado.[2] Antes de su cumpleaños 61, Capesius salió de la cárcel mientras su recurso avanzaba. Eso provocó una tormenta de furia en la oficina de Bauer, entre los sobrevivientes y en gran parte de la prensa.

Pero para Capesius fue un momento de victoria. Su abogado, Hans Laternser, pronosticó correctamente que nunca volvería a prisión. Capesius hubiera preferido que una corte de apelaciones hubiera anulado su condena y lo hubiera declarado inocente. Pero, a falta de eso, haber cumplido menos de tres años de su sentencia de nueve era, sin duda alguna, un consuelo.

Después de su liberación, la primera aparición pública de Capesius en Göppingen fue una tarde con su familia en un concierto de música clásica. Cuando entraba a la sala, el auditorio rompió espontáneamente en un entusiasta aplauso.[3]

Fritzi, que nunca se sintió particularmente en casa en Alemania, al principio le sugirió que sería mejor que iniciaran una nueva vida en el extranjero. Ansiaba regresar a su natal Transilvania, pero eso no era posible, puesto que la sentencia de muerte contra él desde 1946 estaba en plena vigencia y efecto. Más importante aún, él no quería dejar Alemania. Era su nuevo hogar y le había dado mucho, decía, ya que después de haber sido juzgado y condenado todo había terminado en solo «empaque y váyase». La calurosa recepción de sus vecinos, aunada a la inesperada noticia ese verano de que Fritz Bauer había muerto a los 64 años de un ataque cardiaco, habían reforzado en parte su confianza en que la decisión correcta era quedarse.

Sin embargo, lo más importante era que no quería abandonar a sus hijas después de haber estado separado de ellas tantos años. Era claro que estaban echando raíces en el Oeste. Su hija mayor, Melitta, estudiaba ingeniería en la Universidad Técnica de Stuttgart, la misma a la que él se había inscrito después de la guerra (una vez que obtuvo el grado en ingeniería mecánica, al año siguiente se mudó al cercano Ludwigsburg y entró a trabajar para la firma manufacturera Mann + Hummel). Mientras estuvo en prisión, Ingrid, la segunda hija, recibió su doctorado en Biología y Ciencias Naturales de una de las escuelas más antiguas y prestigiosas, la

Universidad Eberhard Karls, en Tübingen. Mientras él se adaptaba a la vida de un hombre libre, ella continuó sus estudios posdoctorales (un año después de que él fuera liberado, se unió al cuerpo docente del Departamento de Biología de la Universidad de Heidelberg). Y en cuanto a Christa, su hija menor, había decidido seguir los pasos de su padre al obtener el grado de farmacéutica (se empleó en una *Apotheke* en Schwäbisch Hall, a una hora al norte de la casa de sus padres).

Sus hijas también querían que él se quedara. Como adultas solo lo habían visto en la cárcel o en el juicio. Su libertad significaba que tenían la oportunidad de por fin conocer a su padre.*

Durante los siguientes 17 años —hasta su muerte por causas naturales el 20 de marzo de 1985, a los 78 años— Capesius y su esposa vivieron solos en la misma casa de Göppingen que él había adquirido a principios de la década de 1950 (Fritzi se quedó ahí sola hasta su muerte en 1998). La pareja volvió a ser propietaria y a manejar la farmacia y la tienda de cosméticos, aunque, al haber sido despojado de su grado de farmacéutico, él ya no pudo extender recetas.

Sin embargo, con los años, muchos visitantes de la pareja advertían que parecía agobiada por la nostalgia y la constante necesidad de él de justificar su servicio durante la guerra. A pesar de que

---

* Melitta Capesius se jubiló de Mann + Hummel en 1992 y más tarde se convirtió en presidenta del condado de la Asociación Transilvana Sajona, la más grande en Alemania, una organización cultural para alemanes de origen de Rumania. Era un grupo en el que su madre, Friederike, había sido muy activa. Melitta murió en 2013. Ingrid Essigmann-Capesius se convirtió en profesora de biología de tiempo completo en la Universidad de Heidelberg en 1980, un puesto que desempeñó durante 20 años. Sus investigaciones científicas fueron ampliamente publicadas. Y Christa Eißer —la única hija que se quitó el apellido *Capesius* de soltera después de su matrimonio— se jubiló como farmacéutica en 2014. La autora localizó a Ingrid y a Christa, pero ninguna de las dos aceptó una entrevista o participar de cualquier manera. Sin embargo, al declinar, Ingrid hizo algunos comentarios, haciendo notar que «en el pasado lo que se dijo se convirtió en mentiras». En Cluj, donde ella y sus hermanas crecieron, dijo que «había armonía entre los diferentes grupos étnicos». Reivindicó que «él hubiera preferido no estar ahí [Auschwitz]. Él trató de ayudar a la gente». Uno de los asistentes presos de mayor confianza de su padre, cuyo nombre no podía recordar [de hecho, Fritz Peter Strauch], era judío, dijo, y hubiera testificado favorablemente, pero murió antes del juicio.

era un hombre libre, los amigos encontraban a Capesius prisionero de los recuerdos de su tiempo en Auschwitz.

El poeta rumano Dieter Schlesak, cuya familia había conocido a Capesius antes de la guerra, visitó a la pareja en 1978 para una investigación que estaba llevando a cabo para una novela basada en Capesius. Schlesak se sorprendió por cómo confundían nombres y lugares y cómo se equivocaban con frecuencia en sus recuerdos de los acontecimientos.

Más tarde escribió: «La cosa más irritante de Capesius que uno no podía pasar desapercibida era esa voz suave, tensa y sin embargo informal, con acento de Transilvania. Estoy convencido de que en el campo tenía una voz de mando, pero después, en su caída de comandante a prisionero, transformó su personalidad, de tal forma que ahora sonaba como un hombre viejo confundido y quejumbroso. Cuando mi madre escuchó su voz en la cinta me dijo sorprendida: "Vic era un hombre culto, pero ahora escucha cómo se oye, definitivamente ya no razona bien"».[4]

Para Schlesak y otros amigos y conocidos que estaban dispuestos a escuchar, Capesius pasaba horas interminables hablando sobre cómo su condena había sido un error de la justicia. ¿Qué había de los muchos testigos presenciales que lo colocaban en el centro de las selecciones en la estación y supervisando el Zyklon B?

«Eran extranjeros, habían sido comprados; era una conspiración. Tenían que difamarme, hacer propaganda comunista... un complot comunista en mi contra... les fui entregado, ¡y ellos acabaron conmigo!».[5]

A veces se le llenaban los ojos de lágrimas, envuelto en un tsunami de autocompasión. Fritzi deseaba desesperadamente creer que el hombre del que se había enamorado cuando ambos eran estudiantes de medicina en Viena era incapaz de haber cometido los crímenes de los que se le había acusado. En muchos aspectos ella contribuía a la negación de Capesius. Argumentaba que desde el juicio él había estado «sumamente deprimido». Y a menudo afirmaba que él hubiera sido exonerado de no haber «estado con frecuencia confundido... por [esos] años de confinamiento solitario, y toda esa gente y esas luces, él estaba desconcertado y distraído... por su falta de concentración... sonreía inconscientemente».[6]

—¿Qué hay de las selecciones en la estación?

—Porque tienes que hacer todo lo que se te ordena, sin protestar, como en casa —respondía Capesius.

—Sí, porque te resististe a hacer «selecciones» —añadía Fritzi.

—Así es —confirmaba Capesius.[541]

¿Qué había de Auschwitz mismo? Si le disgustaba su destino tanto como decía, ¿por qué no pidió ser transferido al Frente Oriental?

—No podía ser voluntario en el frente; era demasiado viejo.

¿Alguna vez lo intentó?

—No. Nos decían que no podíamos hacerlo, que se nos necesitaba ahí, que solo podíamos ser utilizados detrás de las líneas.

En una ocasión se le señaló a Capesius que su amigo, Roland Albert, había solicitado, y conseguido, ser transferido al frente.

«Fue reasignado en noviembre de 1944, pero para entonces todo se había acabado». Por supuesto, si Capesius hubiera solicitado una transferencia al mismo tiempo, se habría evitado los últimos tres meses en Auschwitz.

«Todo el horror», decía Fritzi, «Victor a veces ha dicho que todo fue una pesadilla. No soñada por él sino por alguien más».

Al final, Capesius se disculpó y justificó lo que había hecho, amparándose en el argumento convencional de que no había tenido otra alternativa.

—¿Podía huir?

—¡No! ¡No era posible la deserción! ¡Habrías sido atrapado inmediatamente! Habrías sido colgado del poste más cercano. Los individuos no podían hacer nada para resistirse... No podías ir contra el sistema. La disciplina era el valor más alto. Era la guerra.

Henry Ormond, uno de los abogados de algunos de los querellantes civiles en el juicio de Auschwitz, demostró que su defensa era una mentira absoluta.

«Esto me lleva a hacer algunas observaciones sobre el mito —el mito de *Befehlsnotstand* o el requisito de la obediencia forzosa a las órdenes de un superior— que en los últimos años se ha vuelto una absoluta falsificación de la historia. Cuando se estableció la Oficina Central para la Investigación de los Crímenes Nazis en Ludwigsburg en 1958, se empezó a investigar este asunto más a fondo y a observar más de cerca a aquellos testigos que pasaban de un proceso a otro, así como a revisar sus declaraciones de manera más intensa. Y, tomen nota: resultó que ni un solo caso podía ser corroborado —*repito, ni un solo caso*— en el que alguien podía ser llevado frente a un oficial SS o a un juzgado de guardia, como les gusta describirlo, ni mucho menos ser ejecutado sumariamente, colgado o gaseado. Dicho de manera sencilla, alguien que declaraba su incapacidad para participar en asesinatos criminales, ¡no podía esperar ser castigado!».[8]

Eso era solo lo que parecía, clamaba Capesius.

«En el juicio todo era diferente a como eran las cosas en Auschwitz».

Epílogo

Durante muchas décadas, el Juicio de Auschwitz de 1963-1965 pareció una nota al pie de página en la historia jurídica de Alemania. Tenía muy poco efecto en la manera en que los historiadores veían el Holocausto y no generó un examen de conciencia entre los alemanes de a pie. Eso fue en gran parte debido a que el registro del juicio en sí mismo no estuvo disponible durante mucho tiempo y nadie podía estudiarlo. Fue el caso más grande antes de que se conservaran las transcripciones textuales. En su lugar, la declaración de cada testigo era grabada y se pretendía que se utilizara durante las deliberaciones de los jueces y el jurado. Después del veredicto, el plan era destruir todos los archivos y cintas. Por razones que no están claras, el juez Hofmeyer no las destruyó, sino que las selló y las puso bajo custodia por 30 años, hasta 1995. Las cintas se almacenaron en un sótano de la oficina del fiscal general en Fráncfort, donde una estación local de radio las encontró casi desintegrándose en 1993. Eso puso en marcha un proyecto de dos años para transferir las grabaciones a archivos digitales.

A partir de que el material se hizo público en 1995, el Instituto Fritz Bauer, un centro de documentación sobre el Holocausto, llamado así en honor del anterior fiscal, inició la ardua tarea de transcribir las más de 500 horas de testimonios en el tribunal. La disponibilidad del material del juicio permitió a los historiadores, profesores David Pendas y Rebecca Wittmann, concluir unas celebradas investigaciones académicas sobre el juicio y sus secuelas en 2006 y 2012.[1]

En 2011, una corte alemana impuso una sentencia de cárcel de cinco años a John Demjanjuk por su participación en la muerte de 28,000 presos cuando se desempeñaba como un sádico guardia en el campo de exterminio de Sobibor. Este era un caso famoso, ya que Demjanjuk era un antiguo obrero automotriz de Ohio y había peleado su extradición de Estados Unidos a Alemania durante años. Pero los expertos legales sabían que el caso tenía potencialmente mayor impacto que la mera condena de otro criminal nazi. Como demostró el juicio de Fráncfort Auschwitz, no era posible alcanzar una condena por asesinato a menos de que la evidencia estableciera de manera convincente que el acusado estaba vinculado a matanzas específicas. Pero, en el caso de Demjanjuk, el fiscal de Múnich había convencido al juez de instrucción de que era imposible que alguien que hubiera prestado sus servicios en Sobibor no hubiera sido parte integrante del asesinato de masas.

Esa decisión dio a los fiscales de Alemania la oportunidad de abrir decenas de investigaciones contra guardias de campos, casos que habían sido cerrados porque era imposible comprobar actos individuales de asesinato. *The New York Times* llamó a los nuevos fiscales «la generación de nietos» y observó que «aportan una visión menos conflictiva por la culpa por los crímenes cometidos durante la guerra».[2]

Después de seis meses de la sentencia de Demjanjuk, la Oficina Central para la Investigación de los Crímenes Nazis en Ludwigsburg había conseguido una lista de 50 antiguos guardias de Auschwitz del museo del campo. Había también identificado a siete sospechosos más que vivían fuera de Alemania, dispersos en EU, Austria, Brasil, Croacia y Polonia. Para septiembre de 2013, la oficina de Ludwigsberg había enviado casos contra 30 antiguos guardias de Auschwitz, que oscilaban entre los 86 y los 97 años, a los fiscales locales.

«Mi opinión personal es que, ante la monstruosidad de estos crímenes, uno le debe a los sobrevivientes y a las víctimas no solo decir "ya ha pasado cierto tiempo, esto debe ser barrido abajo de la alfombra"», dijo Kurt Schrimm, que desde 2000 ha desempeñado el mismo papel de fiscal por los crímenes de la era nazi que Fritz Bauer.[3] «Adoptamos el criterio de que ese trabajo, más allá de lo que puedan ser acusados individualmente, los hace culpables de complicidad en el asesinato».[4]

Schrimm dejó en claro que los antiguos nazis de Auschwitz eran los primeros blancos, pero no los únicos. Prometió ampliar la investigación a los exguardias de los otros cinco campos de la muerte —Belzec, Chelmno, Majdanek, Sobibor y Treblinka—, así como a los SS que integraron los escuadrones móviles de ejecución, los *Einsatzgruppen*.

Los agresivos pasos para juzgar a los últimos nazis fueron muy alabados. Uno de sus simpatizantes fue Efraim Zuroff, el principal cazador de nazis del Centro Simon Wiesenthal. «Este es realmente un hito importante en los esfuerzos para llevar a los nazis ante la justicia. Nunca había habido nada como esto en años recientes».[5]

Muchos pensaron que el renovado vigor en la fiscalía era una manera de demostrar que el mismo sistema legal alemán que durante décadas había lidiado con cómo hacer que los exnazis respondieran por sus crímenes, había sido finalmente capaz de llevar a los perpetradores sobrevivientes ante la justicia.

«Y es mejor tarde que nunca», concluyó Lawrence Douglas, un experto investigador legal del Amherst College que ha estudiado los crímenes nazis.[6]

El primer juicio a partir de todas las nuevas investigaciones fue el caso de 2015 de Oskar Groening, de 95 años de edad, un bibliotecario de Auschwitz, que fue condenado y sentenciado a cuatro años por complicidad en el asesinato de 300,000 personas. Durante los pasados dos años se programaron otros tres juicios. Un acusado, integrante de las tropas de asalto que sirvió en Auschwitz durante dos años, murió justo antes de su juicio en abril de 2016. Otro caso, de un médico de Auschwitz, se suspendió cuando otro médico dictaminó que estaba demasiado enfermo. Pero ningún caso tan dramático llegó a juicio como el de 2016 de Reinhold Hanning, de 94 años, un guardia SS.[7] Hanning fue hallado culpable de complicidad en el asesinato de 170,000 personas durante los 18 meses que estuvo en el campo de exterminio.

Durante los dos primeros meses de su juicio, Hanning no dijo nada. Pero el 29 de abril de 2016 rompió su silencio. Sentado en una silla de ruedas, con voz débil se dirigió a la corte:

«Deseo manifestar que me perturba profundamente haber formado parte de una organización criminal como esa. Me avergüenza haber visto que se cometían injusticias y no haber hecho nada para evitarlas. Me disculpo por mis acciones. Estoy muy, muy apenado».[8]

Para muchos sobrevivientes esa disculpa no era suficiente. Una mejor medida de justicia se ofreció cuando la corte lo encontró culpable y lo condenó a cinco años de cárcel. Hanning, quien dijo que «había dedicado toda su vida a olvidar esa época [ya que] Auschwitz era una pesadilla», parecía que esperaba pasar toda su vida en la cárcel. «Lamento profundamente haber prestado oídos a una organización criminal que es responsable de la muerte de mucha gente inocente», dijo, «de la destrucción de innumerables familias, del sufrimiento, dolor y penas de las víctimas y sus parientes».[9]

Hanning reconoció que por el simple hecho de trabajar en un campo de exterminio había permitido muchos asesinatos; fue la primera vez que un soldado SS se disculpó o aceptó alguna responsabilidad por lo que había ocurrido en Auschwitz. Eso fue precisamente lo que Victor Capesius, sin la carga de una conciencia culpable, siempre evitó. En cambio, prefirió ir a la tumba alegando su inocencia. Al hacer eso, se distinguió no solo como un asesino convicto y un saqueador de tumbas, sino como un hombre sin el carácter moral para aceptar cualquier responsabilidad por sus actos en Auschwitz. Capesius fue, en muchos sentidos, el hombre común que le gustaba representar frente al público. Pero era capaz, como muchos otros nazis iguales a él, de crímenes extraordinarios. Al final, escogió el camino de los cobardes y prefirió vivir y morir en la negación. Para su vergüenza eterna.

Agradecimientos

Escribir sobre un hombre que pasó más de la mitad de su vida resuelto a enterrar su pasado por medio de distorsiones y mentiras no fue una tarea fácil. Este libro es el resultado de dos años de investigación. Durante ese tiempo reuní un gran archivo documental sobre Victor Capesius y también sobre I.G. Farben, su empleador antes de la guerra. Estoy satisfecha de haber llevado a cabo una investigación minuciosa, y asumo toda la responsabilidad por la exactitud y la solvencia de los juicios.

Gran parte de mi investigación no hubiera sido posible sin la ayuda de muchas personas y organizaciones. En el desarrollo de la documentación, tuve la ayuda de Paul B. Brown, de la Oficina de Referencias; Larry Shockley, especialista en archivos, y Rick Peuser, jefe de las Secciones de Referencias de los Archivos Nacionales y Servicios de Registros en Washington, DC. Rosmarie Lerchl, archivista, Archivos Estatales de Múnich. Christiane Kleemann, archivista diplomada, Archivos del Estado de Hessian, Wiesbaden, Alemania. De los archivistas Michael Conen, Berit Walter y Sven Devantier, Archivos Federales, Koblenz, Alemania. Dr. Peter Gohle, Departamento de la Oficina de Archivos Federales en Ludwigsburg, Alemania. Dr. Liviu-Daniel Grigorescu, jefe de archivo, y Laura Dumitru, Publicaciones y Publicaciones Científicas, Archivos Nacionales, Bucarest, Rumania. Sigrid Bratzke, Archivos Provinciales, Baden-Württemberg, Alemania. Mihai Cuibius, Archivos Nacionales del Condado de Cluj, Cluj-Napoca, Rumania.

Dr. Ioan Dragan, director de Archivos en el Ministerio del Interior, Bucarest, Rumania. Vincent Slatt, Museo Conmemorativo del Holocausto de Estados Unidos, Washington, DC, y Emmanuelle Moscovitz, de Yad Vashem, Jerusalén.

Agradezco también la rápida y útil información en respuesta a muchas solicitudes por parte de Peter Stroh y Roland Klostermann, DPA Picture-Alliance, Fráncfort, y Carol Leadenham, Archivos Institucionales Hoover, de la Universidad de Stanford. Gracias a la especial guía del doctor Werner Rens, del Archivo y Documentación del Instituto Fritz Bauer en Fráncfort.

El profesor Tudor Parfitt me brindó asistencia más allá de su obligación. Tina Hampson pasó días en los Archivos Nacionales en Kew, Inglaterra, en busca de archivos —que aún son escurridizos— sobre Capesius y su tiempo después de la guerra bajo custodia británica. Aprecio mucho su diligencia para buscar en sus inmensos registros.

El rabino Abraham Cooper, de la Asociación Dean del Centro Simon Wiesenthal, me alentó en mis inicios para proseguir este proyecto.

También le debo un reconocimiento especial a David Marwell, amigo e historiador, cuya especialidad es la Segunda Guerra Mundial y el Tercer Reich. Fue muy amable al responder a mis muchas preguntas, sugirió otras respecto a los documentos de archivos y también hizo buenas críticas a los primeros borradores. Y fue muy amable al recomendarme a Ilona Moradof, quien me ayudó con las solicitudes de entrevistas en Alemania.

Las fotografías de este libro fueron posibles gracias a la generosidad de varias personas que trabajaron para proporcionarme las imágenes a un costo asequible. A este respecto, agradezco a Christine Scherrer, de Distribución y Mercadotecnia de Hamburg Studio y las imágenes que trabajó para Norddeutscher Rundfunk (NDR) y el filme de 1964, *Bleiben die Mörder unter uns?* [¿Se quedaron los asesinos entre nosotros?]. También un agradecimiento especial para Gaby Schindler, de Schindlerfoto Oberusel.

Estoy en deuda por su gran generosidad con Michael Hofmann, director del Programa de Ventas de HR Media (Hessicher Rundfunk) con sede en Fráncfort. Permitió el uso sin costo de un número importante de imágenes que ayudaron a ilustrar la historia de Capesius, especialmente después de la guerra. Ninguna de las fotografías de HR Media hubiera sido posible sin el innovador trabajo a partir del cual se tomaron esas imágenes: el documental *Auschwitz vor Gericht*, [El juicio de Auschwitz], de los cineastas Rolf Bickell y Dietrich Wagner.

Los muchos documentos históricos en alemán, rumano, húngaro y hebrero requirieron un grupo de traductores que trabajaron largas horas, a menudo sobre documentos antiguos con muy mala legibilidad. Sus diligentes traducciones fueron cruciales para la historia de Capesius. Un agradecimiento especial a Ruth Winter, de Israel; Alex Ringleb, Thomas Just y Oren Nizri, en Miami. Estoy en deuda con buenos amigos como Christopher Petersen y Ann Foehlich por su revisión del manuscrito. Dedicaron un tiempo en sus apretadas agendas para revisar meticulosamente el manuscrito y sus críticas constructivas fueron fundamentales para hacer de este un mejor libro. Ellen Kurkin fue una cuidadosa editora que perfeccionó el manuscrito.

En la consecución de este proyecto, un reconocimiento especial a mi editor, Christopher Lascelle. Fue totalmente receptivo a mi propuesta de una biografía sobre Victor Capesius. Su entusiasmo, trabajo de edición e inteligente participación en cada etapa de este libro actualmente es muy rara en el mundo de las publicaciones y estoy en gran deuda con él.

Y por último quiero agradecer a mi esposo, Gerald Posner. Siempre me alentó a escribir este libro. Su convicción en mi capacidad para hacerlo me dio la confianza para terminar con éxito este proyecto. En todos los aspectos de la vida estamos unidos indisolublemente como socios igualitarios. Este sin duda fue el caso al desvelar la historia de Victor Capesius. Gerald es un investigador infatigable y su ojo editor siempre me mantuvo enfocada en la narración. No habría libro sin él.

Bibliografía escogida

Arendt, Hannah. *Eichmann in Jerusalem: A Report on the Banality of Evil*. Nueva York, Viking, 1964.

Bonhoeffer, Emmi. *Auschwitz Trials: Letters from an Eyewitness*. Traducido por Ursula Stechow. Richmond, VA, John Knex Press, 1967.

Borkin, Joseph. *The Crime and Punishment of I.G. Farben*. Nueva York, The Free Press, 1978.

Browning, Christopher. *Ordinary Men: Reserve Police Battalion 101 and the Final Solution in Poland*. Nueva York, Harper Collins, 1992.

DuBois, Josiah E. Jr. *The Devil's Chemist: 24 Conspirators of the International Farben Cartel Who Manufacture Wars*. Boston, The Beacon Press, 1952.

Ferencz, Benjamin B. *Less Than Slaves: Jewish Forced Labor and the Quest for Compensation*. Cambridge, MA, Harvard University Press, 1979.

Goran, Morris. *The Story of Fritz Haber*. Norman, OK, University of Oklahoma Press, 1967.

Gross, Rachel y Werner Renz. *Der Frankfurter Auschwitz-Prozess (1963-1965)*. Fráncfort, Campus Verlag, 2013, 2 vols.

Hayes, Peter. *From Cooperation to Complicity: Degussa in the Third Reich*. Cambridge, Cambridge University Press, 2007.

Higham, Charles. *Trading with the Enemy: The Nazi-American Money Plot 1933-1949*. Nueva York, Barnes and Noble Books, 1983.

Hilberg, Raul. *The Destruction of the European Jews*. Chicago, Quadrangle Books, 1961.

Höss, Rudolf. *Commandant of Auschwitz*. Nueva York, World Publishing Co., 1960.

Jeffreys, Diarmuid. *Hell's Cartel: IG Farben and the Making of Hitler's War Machine.* Nueva York, Henry Holt and Co., 2008. Edición en Kindle.

Kraus Ota y Erich Kulka. *Tovarna na smrt* (Fábrica de la muerte). Praga, Nase Vojsko, 1957.

Langbein, Hermann. *Der Auschwitz-Prozess. Eine Dokumentation.* Fráncfort, Europaäische Verlagsanstalt, 1965, 2 vols.

________________. *People in Auschwitz.* Chapell Hill, NC, University of North Carolina Press, 2004.

Laternser, Hans. *Die andere Seite im Auschwitz-Prozess 1963/65. Reden eines Verteidigers*. Stuttgart, Seewald Verlag, 1966.

Levi, Primo. *Survival in Auschwitz*. Chicago, IL, BN Publishing, 2007.

Lifton, Robert Jay. *The Nazi Doctors: Medical Killing and the Psychology of Genocide*. Nueva York, Basic Books. 1986.

Moeller, Robert. *War Stories: The Search for a Usable Past in the Federal Republic of Germany*. Berkeley, University of California Press, 2001.

Naumann, Bernd. *Auschwitz: A Report on the Proceedings Against Robert Karl Ludwig Mulka and Others Before the Court at Frankfurt*. (Traducido por Jean Steinberg). Nueva York, Frederick A. Praeger, 1966.

Nyiszli, Miklós. *I Was Doctor Mengele's Assistant*. Cracovia, Polonia, Frap-Books, 2000.

Pendas, Devin O. *The Frankfurt Auschwitz Trial, 1963-1965: Genocide, History, and the Limits of the Law*. Boston, Cambridge University Press, 2006.

Posner, Gerald y John Ware. *Mengele: The Complete Story*. Nueva York: McGraw-Hill, 1986.

________________. *God's Bankers: A History of Money and Power at the Vatican*. Nueva York, Simon and Schuster, 2015.

Renz, Werner. *Fritz Bauer und das Versagen der Justiz. Nazi-Prozesse und ihre «Tragödie»*. Hamburgo, Europäische Verlagsanstalt, 2015.

Rückerl, Adalbert. *The Investigation of Nazi Crimes, 1945-1978: A Documentation*. Traducción de Derek Rutter. Heidelberg, C.F. Müller, 1979.

Schlesak, Dieter. *The Druggist of Auschwitz: A Documentary Novel*. Nueva York, Farrar, Straus and Giroux, 2011.

Solonari, Vladimir. *Purifying the Nation: Population Exchange and Ethnic Cleansing in Nazi-Allied Romania*. Baltimore, MD, Johns Hopkins University Press, 2009.

Steinke, Ronen. *Fritz Bauer: oder Auschwitz vor Gericht*. Gebundene Ausgaben, 2013.

Taylor, Telford. *Sword and Swastika: Generals and the Nazis in the Third Reich*. Chicago, IL, Quadrangle Books, 1969.

Wittmann, Rebecca. *Beyond Justice: The Auschwitz Trial*. Cambridge, MA, Harvard University Press, 2012.

Artículos y publicaciones periódicas

«Auschwitz: 60 Year Anniversary. The Role of IG Farben-Bayer». Alliance for Human Research Protection, 27 de enero de 2005.

«Auschwitz Druggist Tagged As Jekyll-Hyde Character». *Nevada State Journal*, Reno, NV, 21 de junio de 1964.

Bauer, Fritz. «Zu den Naziverbrecher Prozessen». *Stirnrne der Gemeinde zum Kirchlichen Leben, sur Politik, Wirtschaft und Kultur*, vol. 18, 1963.

«Bribe Allegations At Auschwitz Trial». *The Sydney Morning Herald*, Sydney, Nueva Gales del Sur, Australia, 8 de abril de 1964.

«Chemist "Stored Gold Teeth"». *Sydney Morning Herald*, Sydney, Nueva Gales del Sur, Australia, 20 de junio de 1964.

«Doctor Testifies Man He Aided Killed Family». *The Fresno Bee Republican*, Fresno, CA, 18 de agosto de 1964.

«Horror Loot of a Nazi Camp Told». *Independent*, Long Beach, CA, 19 de junio de 1964.

«"Jekyll-And-Hyde" Described». *Tucson Daily Gazette*, Tucson, AZ, 19 de junio de 1964.

«Mass Killer Also Accused of Theft». *Tucson Daily Gazette*, Tucson, AZ, 27 de agosto de 1964.

«Past Notes: SS Orderly Kills 250 Patients». *The Guardian*, Londres, 31 de enero de 1995.

«Spectators At War Crimes Trial Call For Lynching Of "Child-Killer"». *The Lincoln Star*, Lincoln, NE, 7 de abril de 1964.

«Summation and Replies of Friedrich Karl Kaul, legal representative of the co-plaintiffs in the German Democratic Republic in the criminal proceedings against Mulka and others before the criminal court at the Provincial Court in Frankfurt-am-Main». Dresden, Verlag Zeit im Bild, 1965.

«Survivor Of Auschwitz Labels Capesius "Devil"». *The Lincoln Star*, Lincoln, NE, 25 de agosto de 1964.

Day, Matthew. «SS Documents Discovered near Auschwitz». *The Telegraph*, 23 de marzo de 1970.

Gutman, Yisrael y Michael Berenbaum. *Anatomy of the Auschwitz Death Camp*. Bloomington, IN, Indiana University Press, 1998.

Kellerhoff, Sven Felix. «Dokumente zu KZ-Ärzten in Auschwitz entdeckt». *Die Welt*, 24 de marzo de 2010.

Martin, Tom. «Nazi Scientist Stripped Me of Motherhood and I Still Need an Apology». *Sunday Express*, Reino Unido, 17 de agosto de 2003.

Miller, Phil. «Scots Holocaust Victim In Fight for Compensation». *Sunday Times*, Londres, 30 de diciembre de 2001.

Pendas, Devin O. «"I Didn't Know What Auschwitz Was": The Frankfurt Auschwitz Trial and the German Press, 1963-1965». *Yale Journal of Law and Humanities* 12, 2000.

«Displaying Justice: Nazis on Trial in Postwar Germany». Disertación doctoral, Universidad de Chicago, 2000.

Solonari, Vladimir. «The Treatment Of The Jews Of Bukovina By The Soviet And Romanian Administrations In 1940-1944». *Holocaust and Modernity*, No. 2 (8) 2010.

Wittmann, Rebecca E. «Holocaust On Trial? The Frankfurt Auschwitz Trial In Historical Perspective». Tesis para obtener el grado de Doctor en Filosofía, Departamento de Graduados en Historia, Universidad de Toronto, 2001.

«Telling The Story: Survivor Testimony and The Narration Of The Frankfurt Auschwitz Trial». Disertación en la presentación del Premio Fritz Stern, 15 de noviembre de 2002 y reimpreso en *GHI Bulletin*, núm. 32, primavera de 2003.

«Legitimating the Criminal State: Former Nazi Judges on the Stand at the Frankfurt Auschwitz Trial». *Lessons and Legacies VI: New Currents in Holocaust Research*, ed. Jeffry Diefendorf, Chicago, Northwestern University Press, primavera de 2004.

«The Wheels of Justice Turn Slowly: The Pre-Trial Investigations of the Frankfurt Auschwitz Trial, 1963-1965». *Central European History 35*, núm. 3, 2002.

Zuppi, Alberto L. «Slave Labor in Nuremberg's I.G. Farben Case: The Lonely Voice of Paul M. Hebert». *Louisiana Law Review*, vol. 66, núm. 2, invierno 2006.

Publicaciones gubernamentales

«Elimination of German Resources for War». Audiencias ante un Subcomité del Comité de Asuntos Militares, Senado de los Estados Unidos, 79º. Congreso, 1ª. Sesión, Parte X, 1945.

«The Francolor Case in France». *Trials of the War Criminals Before the Nuremberg Military Tribunals*, Consejo 10, vol. VIII, sección D, Archivos Nacionales de Estados Unidos.

Trials of War Criminals before the Nuremberg Military Tribunals under Control Council Law No. 10. Washington DC, U.S. Government Printing Office, 1949.

World War II Crimes and Prosecutions: Nuremberg Industrialists, vol. 1-2, and the Farben Trial, vol. 8, Archivos Nacionales de Estados Unidos.

Archivos

Archive Nationale Istorice Centrale România, Bucarest, Rumania. Archive România Cluj Judet, Cluj-Napoca, Rumania. Bundesarchiv, Koblenz, Alemania. Bundesarchiv Außenstelle Ludwigsburg, Ludwigsburg, Alemania. Bundesarchiv Dienststelle, Berlín. DPA Picture Alliance, Fráncfort. Comisionado Federal para los Registros del Servicio de Seguridad del Estado de la Antigua República Democrática Alemana (BStU), Berlín. Instituto Fritz Bauer, Fráncfort. Hessian Hauptstaatsarchiv, Wiesbaden, Alemania. Hoover Institution of War, Revolution and Peace, Stanford, California. Howard Gotlieb Archival Research Center, Boston. International Auschwitz Committee, Berlín.

Lastenausgleichsarchiv (Archivo de Indemnizaciones de Guerra), Bayreuth, Alemania. Öffentlicher Ankläger (Oficina del Fiscal), Fráncfort. Staatsarchiv München, Múnich. Archivos Nacionales del Reino Unido, Kew, Inglaterra. Museo Conmemorativo del Holocausto de EU, Washington DC. Administración de los Archivos y Registros Nacionales de EU, College Park, Maryland. Yad Vashem, Jerusalén.

Cine y televisión

183 Tage-Der Auschwitz-Prozess Deustchland (183 días. El Juicio de Auschwitz, Alemania), escrito y dirigido por Janush Kozminski, en asociación para Medios y Cultura Judíos, Múnich, 2014.

Fritz Bauer: Gespräche, Interviews und Reden aus den Fernseharchiven 1961-1968 (Fritz Bauer: Conversaciones, entrevistas y discursos de archivos de televisión) 2 DVD. Berlín, Absolut Medien, 2014.

Auschwitz vor Gericht (El Juicio de Auschwitz), Rolf Bickell y Dietrich Wagner, directores, HR Productions, 2013.

Der Auschwitz-Prozess: Tonbandmitschnitte, Protokolle, Dokumente (El Juicio de Auschwitz: Grabaciones, discos, documentos), editados y recopilados por el Instituto Fritz Bauer, Berlín, Directmedia Publishing, 2004.

Kingreen, Monica. *Der Auschwits-Prozess 1963-1965: Geschichte, Bedeutung und Wirkung: Materialien für die pädagogische Arbeit mit CD: Auschwitz-Überlebende sagen aus* (El Juicio de Auschwitz 1963-1965: Historia, significado y efecto: materiales para el estudio educativo con CD: Los sobrevivientes de Auschwitz lo cuentan todo). Fráncfort, Instituto Fritz Bauer, 2004.

Veredicto sobre Auschwitz: el Juicio Fráncfort Auschwitz 1963-1965, documental realizado por Rolf Bickell y Dietrich Wagner, First Run Films, 1993.

Notas

Capítulo 1. «El tío farmacéutico»

1. Testimonio de Mauritius Berner en la presentación de la acusación contra Robert Mulka, 4 Ks 2/63 Corte de Distrito en Fráncfort del Meno, testimonio del 17 de agosto de 1964. Véase también el testimonio de Mauritius Berner en el *Veredicto sobre Auschwitz. El Juicio Fráncfort Auschwitz 1963-1965*, película documental de Rolf Bickell y Dietrich Wagner, First Run Films, 1993.

   Hasta 1965, los juicios alemanes no tenían transcripciones textuales diarias como en las cortes estadounidenses y británicas. En algunos casos, el testimonio que se cita proviene de recuentos periodísticos contemporáneos y grabaciones de audio de los propios testigos. Además, las declaraciones de los testigos y los acusados tomadas antes de los juicios por los fiscales, más tarde se presentaban como parte del registro del juicio completo.

   Para comentarios generales sobre testimonios presenciales proporcionados por testigos como Berner, véase en general Rebecca E. Wittmann, *Telling the Story: Survivor Testimony and The Narration of the Frankfurt Auschwitz Trial*, disertación en el Premio Fritz Stern, 15 de noviembre de 2002, Marquette University; también la carta al Comité Auschwitz (Berlín) de Paul Hoffmann, noviembre 22, 1950, Bielefeld. StA b. LG Osnabrück, 4 Ks 2/52, Hauptakten, vol. II, p. 17R.

   La cinta con grabaciones de las declaraciones de los testigos está en 4 Ks 2/63. «Strafsache gegen Mulka…». (Proceso judicial criminal contra Mulka y otros), Hessisches Staatsarchiv, Wiesbaden, Alemania.

2. Berner citado en «Doctor Testifies Man He Aided Killed Family», *The Fresno Bee Republican*, Fresno, CA, 18 de agosto de 1964, p. 31. Véase también el Testimonio de Mauritius Berner, en la presentación del juicio contra Robert Mulka, 4 Ks 2/63 Corte de Distrito de Fráncfort del Meno, testimonio de agosto 17 de 1964.

3. Berner citado en «Doctor Testifies Man He Aided Killed Family», *The Fresno Bee Republican*, p. 31. Véase también el Testimonio de Mauritius Berner, en la presentación del juicio contra Robert Mulka, 4 Ks 2/63 Corte de Distrito de Fráncfort del Meno, testimonio de agosto 17 de 1964.
4. Testimonio de Mauritius Berner, 4 Ks 2/63, Hessisches Staatsarchiv. También «Veredicto sobre Auschwitz. El juicio Fráncfort Auschwitz 1963-1965». También Berner citado en «Doctor Testifies Man He Aided Killed Family», *The Fresno Bee Republican*, p. 31.
5. Testimonio de la doctora Gisela Böhm como se relata en Bernd Naumann (traducido por Jean Steinberg), *Auschwitz: A Report on the Proceedings Against Robert Karl Ludwig Mulka and Others Before the Court at Frankfurt*. Nueva York, Frederick A. Praeger, 1966, p. 305; 4 Ks 2/63, Hessisches Staatsarchiv.
6. Testimonio de Ella Salomon (de soltera Böhm), 4 Ks 2/63, Hessisches Staatsarchiv, y como se relata en Naumann, *Auschwitz*, pp. 304-305.
7. Testimonio de Ella Salomon (de soltera Böhm), en la presentación del juicio contra Robert Mulka, 4 Ks 2/63, Corte de Distrito en Fráncfort del Meno, testimonio del 19 de noviembre de 1964.

Capítulo 2. La conexión Farben

1. Agfa era Aktiengesellschaft für Anilinfabrikation, o Compañía para la Fabricación de Anilina, y BASF era Badische Anilin und Soda Fabrik.
2. Véase Joseph Borkin, *The Crime and Punishment of I.G. Farben*. Nueva York, The Free Press, 1978, pp. 6-7.
3. «Eliminación de los recursos alemanes para la guerra», Audiencias frente a un Subcomité del Comité de Asuntos Militares, Senado de Estados Unidos, 79º. Congreso, 1ª. Sesión, Parte X, 1945.
4. Borkin, *The Crime and Punishment of I.G. Farben*, pp. 54, 57-58.
5. Citado en Morris Goran, *The Story of Fritz Haber*. Norman, OK, University of Oklahoma Press, 1987, p. 39.
6. Véase principalmente Peter Hayes, *Industry and Ideology: IG Farben in the Nazi Era*. Nueva York, Cambridge University Press, 1987.
7. Diarmuid Jeffreys, *Hell's Cartel: IG Farben and the Making of Hitler's War Machine*. Nueva York, Henry Holt and Co. Edición en Kindle, pp. 170, 172.
8. Carta de Heinrich Gattineau, I.G. Farben, al doctor Karl Haushofer, 6 de junio de 1931, Crímenes y Juicios de la Segunda Guerra Mundial, Archivos Nacionales de EU.
9. Declaración jurada de Heinrich Gattineau, Crímenes y Juicios de la Segunda Guerra Mundial: Industriales de Núremberg, 4833, pp. 1-2, Archivos Nacionales de EU.
10. Véase Goran, *The Story of Fritz Haber*, pp. 38-39.
11. Véase Josiah E. DuBois, Jr., *The Devil's Chemist: 24 Conspirators of the International Farben Cartel Who Manufacture Wars*. Boston, The Beacon Press, 1952, pp. 264-269.

12. Gráfica de empleados, directivos y miembros de I.G. socios de organizaciones nacionalsocialistas, Crímenes y Juicios de la Segunda Guerra Mundial: Industriales de Núremberg, 12,042 y Gráfica del Consejo Supervisor de I.G. Farben, Crímenes y Juicios de la Segunda Guerra Mundial: Industriales de Núremberg, 7975, Archivos Nacionales de EU.
13. Jeffreys, *Hell's Cartel*, p. 229.
14. Charles Higham, *Trading with the Enemy: the Nazi-American Money Plot 1933-1949*. Nueva York, Barnes and Noble Books, 1983, p. 133.
15. Para más detalles sobre la toma de Skodawerke véase DuBois, Jr., *The Devil's Chemist*, pp. 219-221; también Raul Hilberg, *The Destruction of The European Jews*. Chicago, Quadrangle Books, 1961, p. 61.
16. Borkin, *The Crime and Punishment of I.G. Farben*, p. 98; véase también DuBois, Jr., *The Devil's Chemist*, pp. 113-115.
17. «The Francolor Case in France», *Trials of the War Criminals Before the Nuremberg Military Tribunals*, Consejo 10, vol. VIII, Sección D; véase también «Elimination of German Resources for War», Audiencias frente a un Subcomité del Comité de Asuntos Militares, Senado de Estados Unidos, 79o. Congreso, 1ª. Sesión, Parte X, p. 1387, 1945; véase también DuBois, Jr., *The Devil's Chemist*, pp. 287-298.
18. Higham, *Trading with the Enemy*, p. 133.
19. DuBois, Jr., *The Devil's Chemist*, pp. 143-147.
20. Los polacos lo llamaban Oswiecim. Jeffreys, *Hell's Cartel*, edición en Kindle, p. 281. Nota en el archivo de la conferencia sostenida con Ambros, Ter Meer y Kauch, 6 de febrero de 1941, *Trials of War Criminals Before the Nuremberg Military Tribunals*, Consejo 10, vol. VIII, pp. 349-351, Washington, DC, US Government Printing Office. Véase también la carta del doctor Otto Ambros a Fritz ter Meer, director de I.G. Farben, respecto a la ayuda de las SS para construir el campo de Farben en Auschwitz, 1941, reproducida en Telford Taylor, *Sword and Swastika: Generals and the Nazis in the Third Reich*. Chicago, IL., Quadrangle Books, 1969.

Capítulo 3. I.G. Auschwitz

1. El Departamento de Historia de la Universidad de California en Santa Bárbara proporciona una gráfica de «Conversión histórica de dólares a marcos», en http://www.history.ucsb.edu/faculty/marcuse/projects/currency.htm#tables. El último año de guerra en el que hubo una comparación de *Reichsmarks* (RM) a dólares fue en 1941, cuando 2.5 RM equivalían a un dólar.
2. DuBois, Jr., *The Devil's Chemist*, p. 219; véase Jeffreys, *Hell's Cartel*, edición en Kindle, p. 4591 de 9525 pp.
3. Benjamin B. Ferencz, *Less Than Slaves: Jewish Forced Labor and the Quest for Compensation*. Cambridge, MA, Harvard University Press, 1979, pp. 9-10.
4. Ambros a Ter Meer, citado en DuBois, Jr., *The Devil's Chemist*, p. 172.
5. Véase Jeffreys, *Hell's Cartel*, edición en Kindle, pp. 4638 a 4654 de 9525.

6. Ferencz, *Less Than Slaves*, p. 15.
7. Citado en Jeffreys, *Hell's Cartel*, p. 293.
8. DuBois, Jr., *The Devil's Chemist*, p. 179.
9. Jeffreys, *Hell's Cartel*, edición en Kindle, p. 4898 de 9525 pp.
10. Alberto L. Zuppi, «Slave Labor in Nuremberg's I.G. Farben Case: The Lonely Voice of Paul M. Hebert», *Louisiana Law Review*, volumen 66, núm. 2, invierno de 2006, 509, núm. 57; Yisrael Gutman y Michael Berenbaum, *Anatomy of the Auschwitz Death Camp*. Bloomington, IN, Indiana University Press, 1998, pp. 17-18.
11. Jeffreys, *Hell's Cartel*, edición en Kindle, p. 4928 de 9525 pp.
12. Ferencz, *Less Than Slaves*, pp. 24-25.
13. DuBois, Jr., *The Devil's Chemist*, p. 223.
14. Con frecuencia a los judíos se les trataba peor que al resto de los prisioneros con respecto a la dieta. Véase DuBois, Jr., *The Devil's Chemist*, p. 221.
15. Ferencz, *Less Than Slaves*, xvii.
16. Robert Jay Lifton, *The Nazi Doctors: Medical Killing and the Psychology of Genocide*. Nueva York, Basic Books, 1986, p. 187.
17. C. Krauch a Reichsführer SS, 27 de julio de 1943, Juicio de Núremberg, vol. VIII, p. 532.
18. Primo Levi, *Survival in Auschwitz*. Chicago, IL., BN Publishing, 2007, p. 72.
19. Algunas estimaciones tempranas calculaban más de 200,000 muertos, pero se basaban en una información prematura errónea citada por investigadores aliados. Véase en general DuBois, Jr., *The Devil's Chemist*, pp. 220-221 y 224.

Capítulo 4. Capesius hace su entrada

1. Naumann, *Auschwitz*, p. 22.
2. Transcripción de la Audiencia Judicial, Corte de Distrito, Fráncfort, Viktor Capesius en persona frente al juez de instrucción Heinz Düx, 8 páginas, 4 Js 444/59, 24 de enero de 1962, cortesía del Instituto Fritz Bauer, 5, 4; *Fragebogen* (Cuestionario) del Gobierno Militar de Alemania, 27 de diciembre de 1946, 6 páginas, Landesarchiv Baden-Württemberg.
3. Dieter Schlesak, «Fragwürdiger Holocaustworkshop in Siebenbürgen/Hermannstadt», *Zeit Online*, 1o. de junio de 2010.
4. Hans Nogly, «Die Mörder sind wie du und ich», *Stern*, núm. 10, 1965, p. 58.
5. Carta de Victor Capesius, 12 de mayo de 1947, en referencia a Spruchkammer des Interniertenlagers 74, Artículo/Caso 895/J/74/1213, en referencia a Klageschrift del 2 de mayo de 1947, 2 páginas, Landesarchiv Baden-Württemberg, pp. 1-4.
6. *Fragebogen* (Cuestionario) del Gobierno Militar de Alemania, 27 de diciembre de 1946, 6 páginas, Landesarchiv Baden-Württemberg; véase también la carta de Victor Capesius, 12 de mayo de 1947, en referencia a Spruchkammer des Interniertenlagers 74, Artículo/Caso

895/J/74/1213, en referencia a Klageschrift del 2 de mayo de 1947, 2 páginas, Landesarchiv Baden-Württemberg, p. 1.

7. Nogly, «Die Mörder sind wie du und ich», p. 58.
8. *Fragebogen* (Cuestionario) del Gobierno Militar de Alemania, 27 de diciembre de 1946, 6 páginas, Landesarchiv Baden-Württemberg.
9. «Estadísticas de Ingresos para 1934», Parte I, Departamento del Tesoro de EU, Unidad del Impuesto sobre la Renta, Imprenta del Gobierno, 1936, pp. 23, 78.
10. Schlesak, *The Druggist of Auschwitz*, edición impresa, pp. 232, 236.
11. «Después de recibirme como doctor en Filosofía, me contrataron, a partir del 1 de febrero de 1934, como gerente de Romigefa SAR, en Bucarest, para representar en toda Rumania a Bayer-Medicamente, y después de un curso de tres meses en mi nueva especialidad profesional fui asignado a Leverkusen». Gran parte del material biográfico sobre Capesius proviene de sus propias cartas y presentaciones durante los procesos de su desnazificación en 1947 en Alemania. Carta de Victor Capesius del 12 de mayo de 1947, con referencia a Spruchkammer des Interniertenlagers 74, Artículo/Caso 895/J/74/1213, en referencia a Klageschrift del 2 de mayo de 1947, 2 páginas, Landesarchiv Baden-Württemberg, pp. 1-4, y también la presentación del caso contra los acusados del fiscal Joachim Kügler, Juicio Fráncfort Auschwitz, «Caso criminal contra Mulka *et al.*», 4 Ks 2/63, Landgericht Frankfurt am Main, 13 de mayo de 1965; véase también en general Dieter Schlesak, *The Druggist of Auschwitz: A Documentary Novel.* Nueva York, Farrar, Straus and Giroux, 2011.
12. Nogly, «Die Mörder sind wie du und ich», p. 61.
13. Presentación del caso contra los acusados por el fiscal Joachim Kügler, Juicio Fráncfort Auschwitz, «Caso criminal contra Mulka *et al.*», 4 Ks 2/63, Landgericht Frankfurt am Main, 13 de mayo de 1965; véase también la carta manuscrita de cuatro páginas de Capesius al Fiscal, Ludwigsburg, 3 de enero de 1947, p. 1, Landesarchiv Baden-Württemberg.
14. Nogly, «Die Mörder sind wie du und ich», pp. 60-61.
15. Capesius entrevistado en Schlesak, *The Druggist of Auschwitz,* edición impresa, p. 271.
16. Roland Albert entrevistado en Schlesak, *The Druggist of Auschwitz,* edición impresa, p. 206.
17. Capesius entrevistado en Schlesak, *The Druggist of Auschwitz,* edición impresa, p. 271.
18. Roland Albert entrevistado en Schlesak, *The Druggist of Auschwitz,* edición impresa, p. 235.
19. *Ibid.*, p. 236.
20. Capesius en Schlesak, *The Druggist of Auschwitz*, edición en Kindle, p. 1580 de 5519 pp.
21. Ambos eran el doctor Alexandro Bardeanu (antes Rotbart) y el doctor Mortiz Scheerer. Carta de Victor Capesius, 12 de mayo de 1947, en referencia a Spruchkammer des Interniertenlagers 74, Artículo/Caso

895/J/74/1213, en referencia a Klageschrift del 2 de mayo de 1947, 2 páginas, Landesarchiv Baden-Württemberg, pp. 1-4.

22. Hans Nogly, «Die Mörder sind wie du und ich», *Stern*, núm. 10, 1965, p. 61.
23. Naumann, *Auschwitz*, pp. 22-23.
24. Karl Heinz Schuleri citado en Schlesak, *The Druggist of Auschwitz*, pp. 141-142.
25. Nogly, «Die Mörder sind wie du und ich», p. 62.
26. *Ibid.*
27. Helge Krempels, «Kreisgruppe Ludwigsburg: In Erinnerung an Melitta Capesius», *Siebenbürgische Zeitung*, 3 de diciembre de 2013.
28. Naumann, *Auschwitz*, p. 23; véase también Hans Nogly, «Die Mörder sind wie du und ich», *Stern*, núm. 10, 1965, p. 60.
29. Schlesak, *The Druggist of Auschwitz*, edición impresa, p. 174.
30. En los recuentos más tempranos publicados sobre Capesius hubo cierta confusión acerca de si tenía o no el tatuaje de las SS. La autora lo confirmó al conseguir el archivo anteriormente clasificado en cumplimiento de una Solicitud de Libertad de Información: «Caja Sospechoso Principal y Testigo de Crímenes de Guerra», Cuartel General, Caja de Reclusión de Civiles, APO 205, Ejército de EU, 20 de diciembre de 1946, página 8, conservado en Expediente 76950, 17 de mayo de 1951, Sujeto, «Capesius, Victor Ernst», desclasificado el 1 de abril de 2016, NARA.
31. Schlesak, *The Druggist of Auschwitz*, edición impresa, p. 175.
32. Naumann, *Auschwitz*, pp. 22-23.
33. Roland Albert entrevistado en Schlesak, *The Druggist of Auschwitz*, edición impresa, p. 204.
34. Paul Georgescu, «Volksdeutsche in der Waffen-SS», *Südostdeutsche Vierteljahreshefe*, 53(2), 2004, pp. 117-123.
35. Paul Meskil, *Hitler's Heirs. Where are They Now?* Nueva York, Pyramid Books, 1961, p. 36.
36. *Ibid.*, pp. 36-37.
37. Yisrael Gutman y Michael Berenbaum, *Anatomy of the Auschwitz Death Camp*. Bloomington, IN, Indiana University Press, 1998, pp. 6, 8-9.
38. Las cinco principales batallas en las que tomaron a la mayoría de los prisioneros rusos durante los primeros meses de lucha fueron: Vyazma y Bryansk, 512,000; Kiev, 452,000; Smolensk, 300,000; Bialystok/Minsk, 290,000, y Uman, 103,000.
39. Thilo, citado el 5 de septiembre de 1942, en el diario del doctor Johann Paul Kremer, The Holocaust Education & Archive Research Team.
40. Capesius citado en Schlesak, *The Druggist of Auschwitz*, edición impresa, p. 174.
41. Schlesak, *The Druggist of Auschwitz*, edición impresa, p. 175.

Capítulo 5. Bienvenido a Auschwitz

1. Gerald Posner y John Ware, *Mengele: The Complete Story*. Nueva York: McGraw Hill, 1986, pp. 11-13.

2. Lingens citada en Schlesak, *The Druggist of Auschwitz*, edición impresa, pp. 269-270.
3. 5 de septiembre de 1942, diario del doctor Johann Paul Kremer, The Holocaust Education & Archive Research Team.
4. Respecto a que Köning se emborrachaba antes de las selecciones, véase Hermann Langbein, *People in Auschwitz*. Chapel Hill, NC, University of North Carolina Press, 2004, p. 353, y Naumann, *Auschwitz*, p. 93. Respecto a Mengele en la rampa de selección, véase Posner y Ware, *Mengele*, pp. 26-27.
5. DuBois, Jr., *The Devil's Chemist*, p. 213.
6. Testimonio de Höss en el Juicio de los Mayores Criminales de Guerra ante el Tribunal Militar Internacional de Núremberg, 1947, vol. XI, p. 348.
7. John Cornwell, *Hitler's Pope: The Secret History of Pius XII*. Nueva York, Viking Press, 1999, p. 281.
8. Jeffreys, *Hell's Cartel*, edición en Kindle, pp. 5161-5183 de 9525 pp.
9. Posner, *God's Bankers. A History of Money and Power at the Vatican*. Nueva York, Simon and Schuster, 2015, pp. 91-92.
10. Capesius citado en Schlesak, *The Druggist of Auschwitz*, edición en Kindle, p. 1259 de 5519 pp.
11. Capesius citado en Schlesak, *The Druggist of Auschwitz*, edición impresa, p. 84.
12. Matthew Day, «SS Documents Discovered Near Auschwitz», *The Telegraph*, 23 de marzo de 1970.
13. Schlesak, *The Druggist of Auschwitz*, edición en Kindle, p. 2862 de 5519 pp.

Capítulo 6. El dispensario

1. Gutman y Berenbaum, *Anatomy of the Auschwitz Death Camp*, p. 382.
2. *Ibid.*
3. Staatsanwaltschftliche Vernehmung (Interrogatorio del Fiscal General), Corte de Distrito, Göppingen, Viktor Capesius en persona frente al Magistrado Superior, doctor Trukenmüller, 14 páginas, 4 Js 444/59, 4 de diciembre de 1959, cortesía del Instituto Fritz Bauer, p. 6; véase también Capesius citado en Dieter Schlesak, *The Druggist of Auschwitz. A Documentary Novel*. Nueva York, Farrar, Straus and Giroux, 2011, edición en Kindle, p. 1220 de 5519 pp.
4. Naumann, *Auschwitz*, p. 191.
5. Staatsanwaltschftliche Vernehmung, p. 6.
6. Jan Sikorski, declaración bajo juramento y testimonio en el Juicio de Auschwitz, Corte de Distrito, Fráncfort del Meno, 19 de junio de 1964.
7. Naumann, *Auschwitz*, p. 191.
8. Declaración bajo juramento y testimonio de Jan Sikorski en el Juicio de Auschwitz, Corte de Distrito, Fráncfort del Meno, 19 de junio de 1964; citado en Schlesak, *The Druggist of Auschwitz: A Documentary Novel*, edición en Kindle, pp. 1287-1299 de 5519 pp.

9. El peso y la altura de Capesius provienen de sus respuestas al *Fragebogen* (Cuestionario) del Gobierno Militar de Alemania, 27 de diciembre de 1946, 6 páginas, Landesarchiv Baden-Württemberg.
10. Ludwig Wörl citado en «Spectators at War Crimes Trial Call for Lynching of "Child-Killer"», *The Lincoln Star*, Lincoln, NE, 7 de abril de 1964, p. 2.
11. Capesius citado en Dieter Schlesak, *The Druggist of Auschwitz*, edición en Kindle, p. 1245 de 5119 pp.
12. Sikorski citado en Schlesak, *The Druggist of Auschwitz: A Documentary Novel*, edición en Kindle, p. 1488 de 5519 pp.
13 Documentos de Capesius preparados para su defensa en el Juicio de Auschwitz, Corte de Distrito, Fráncfort del Meno, 19 de junio de 1964, citado en Schlesak, *The Druggist of Auschwitz*, edición en Kindle, p. 191 de 5519 pp.
14. La SD, Sicherheitsdienst, policía de seguridad.
15. Testimonio de Wilhelm Prokop en 4Ks 2/63, Hessiches Staatsarchiv, y citado en Naumann, *Auschwitz*, p. 190.
16. Capesius citado en Dieter Schlesak, *The Druggist of Auschwitz*, edición en Kindle, p. 1245 de 5119 pp.
17. Testimonio de Sikorski en 4Ks 2/63, Hessisches Staatsarchiv, y citado en Naumann, *Auschwitz*, pp. 191-192.
18. Wörl fue honrado después de la guerra como «Gentil justo» por el Museo del Holocausto de Israel, Yad Vashem. Ludwig Wörl citado en *The Bridgeport Telegram*, Bridgeport, CT, 7 de abril de 1964, p. 11; Josef Klehr citado en *Pittsburgh Post-Gazette*, Pittsburgh, PA, 7 de abril de 1964; también Klehr citado en *Kingsport News*, Kingsport, TN, 31 de enero de 1963, p. 23, y en "Past Notes: SS Orderly Kills 250 Patients", *The Guardian,* Londres, 31 de enero de 1995, t. 3.
19. Declaración bajo juramento y testimonio de Jan Sikorski en el Juicio de Auschwitz, Corte de Distrito, Fráncfort del Meno, 19 de junio de 1964.
20. Capesius citado por Sikorski, declaración bajo juramento y testimonio en el Juicio de Auschwitz, Corte de Distrito, Fráncfort del Meno, 19 de junio de 1964; véase también Prokop en Schlesak, *The Druggist of Auschwitz*, edición en Kindle, p. 1928 de 5519 pp.
21. Interrogatorio del fiscal a Victor Capesius, Fráncfort del Meno, 7 de diciembre de 1959, citado en Schlesak, *The Druggist of Auschwitz*, edición en Kindle, p. 1314 de 5519 pp.
22. Aun cuando después de la guerra sus recuerdos eran imprecisos, afirmó que el almacenaje del Zyklon B era «muy misterioso», y que «no podía decir» con certeza cuánto se almacenaba ahí. Interrogatorio a Victor Capesius durante la investigación judicial de conformidad con el Juicio de Auschwitz, 7 de diciembre de 1959, citado en Schlesak, *The Druggist of Auschwitz*, edición en Kindle, p. 1311 de 5519 pp.
23. Jan Sikorski, declaración bajo juramento y testimonio en el Juicio de Auschwitz, Corte de Distrito, Fráncfort del Meno, 19 de junio de 1964, 4Ks 2/63, Hessisches Staatsarchiv.

24. Testimonio de Fejkiel Wladyslaw 4Ks 2/63, Hessisches Staatsarchiv, y en Naumann, *Auschwitz*, p. 156.
25. Ludwig Wörl citado en «Bribe Allegations at Auschwitz Trial», *The Sydney Morning Herald*, Sydney, Nueva Gales del Sur, Australia, 8 de abril de 1964, p. 3.
26. Testimonio de Tadeusz Szewczyk citado en Naumann, *Auschwitz*, p. 225.
27. Peter Hayes, *From Cooperation to Complicity: Degussa in the Third Reich*. Cambridge, Cambridge University Press, 2007, p. 298.
28. Testimonio de Zdzislaw Mikolajski citado en Naumann, *Auschwitz*, p. 253.
29. Klehr entrevistado en Schlesak, *The Druggist of Auschwitz*, edición en Kindle, p. 1054 de 5519 pp.
30. Testimonio de Paisikovic en el Juicio Fráncfort Auschwitz, «Caso criminal contra Mulka *et al.*», 4 Ks 2/63, Landgericht Frankfurt am Main, 6 de agosto de 1964.
31. Capesius citado en Schlesak, *The Druggist of Auschwitz*, edición en Kindle, p. 861 de 5519 pp.
32. Testimonio de Wilhelm Prokop 4Ks 2/63, Hessisches Staatsarchiv, y citado en Naumann, *Auschwitz*, p. 189.
33. Capesius citado en Schlesak, *The Druggist of Auschwitz*, edición en Kindle, p. 1190 de 5519 pp.
34. *Ibid.*, p. 1174 de 5519 pp.
35. Miklós Nyiszli, *I Was Doctor Mengele's Assistant*. Cracovia, Polonia, Frap-Books, 2000, p. 88.
36. Hermann Langbein, testimonio ante el Juicio de Auschwitz, Corte de Distrito, Fráncfort del Meno, 4Ks 2/63, Hessisches Staatsarchiv, y citado en *Democrat and Chronicle*, Rochester, NY, 7 de marzo de 1964, p. 1. Véase también Miklós Nyiszli, *I Was Doctor Mengele's Assistant*. Cracovia, Polonia, Frap-Books, 2000, pp. 90-92.
37. Miklós Nyiszli, *I Was Doctor Mengele's Assistant*. Cracovia, Polonia, Frap-Books, 2000, p. 92.
38. *Ibid.*
39. DuBois, Jr., *The Devil's Chemist*, p. 221.
40. Prokop citado en Schlesak, *The Druggist of Auschwitz*, edición en Kindle, pp. 1916-1926 de 5519 pp.
41. Testimonio de Wilhelm Prokop 4Ks 2/63, Hessisches Staatsarchiv, y citado en Naumann, *Auschwitz*, p. 190.

Capítulo 7. «Conocer al demonio»

1. Capesius y Röhde citados en Naumann, *Auschwitz*, pp. 68-69; véase también Wladyslaw Fejkiel citado en p. 62.
2. Capesius citado en Naumann, *Auschwitz*, p. 69.
3. Capesius citado en Schlesak, *The Druggist of Auschwitz*, edición en Kindle, p. 356 de 5519 pp.
4. Roland Albert entrevistado en Schlesak, *The Druggist of Auschwitz*, edición en Kindle, p. 1637 de 5519 pp.

5. Testimonio de Jan Sikorski 4Ks 2/63, Hessisches Staatsarchiv y citado en Naumann, *Auschwitz*, p. 193.
6. Schlesak, *The Druggist of Auschwitz*, edición en Kindle, p. 2299 de 5519 pp.
7. Naumann, *Auschwitz*, p. 124.
8. Testimonio de Erich Kulka, 4Ks 2/63, Hessisches Staatsarchiv y citado en Naumann, *Auschwitz*, p. 125.
9. Testimonio de Hermann Langbein, Juicio Fráncfort Auschwitz, «Caso criminal contra Mulka *et al.*», 4 Ks 2/63, Landgericht Frankfurt am Main, 3 de junio de 1964, 58, referencia 4Ks 2/63, Hessisches Staatsarchiv; Capesius en Schlesak, *The Druggist of Auschwitz*, edición en Kindle, p. 821 de 5519 pp.
10. *Täter Helfer Trittbrettfahrer: NS-Belastete aus dem östlichen Württemberg* vol. 3, «Der Apotheker Dr. Victor Capesius und die Selektionen in Auschwitz-Birkenau», Dr. Werner Renz, Reutlingen, Wolfgang Proske Verlag, 2014, p. 67.
11. Rapahel Gross, Werner Renz, Sybille Steinbacher, Devin O. Pendas and Johannes Schmidt, *Der Frankfurter Auschwitz-Prozess (1963-1965): kommentierte Quellenedition*, Frankfurt, Campus Verlag, 2013.
12. Raphael Gross, *et al.*, *Der Frankfurter Auschwitz-Prozess*; testimonio de Pajor citado en Naumann, *Auschwitz*, p. 301.
13. Krausz citada en Schlesak, *The Druggist of Auschwitz*, edición en Kindle, p. 600 de 5519 pp.
14. Testimonio de Sarah Nebel citado en Naumann, *Auschwitz*, p. 263.
15. Véase el testimonio de Sarah Nebel en «Veredicto sobre Auschwitz, *El juicio Fráncfort Auschwitz, 1963-1965*», documental de Rolf Bickell y Dietrich Wagner, First Run Films, 1963; testimonio de Sarah Nebel citado en Naumann, *Auschwitz*, p. 263.
16. Testimonio de Lajos Schlinger 4Ks 2/63, Hessisches Staatsarchiv y citado en Naumann, *Auschwitz*, p. 243.
17. Testimonio de Lajos Schlinger, citado en Naumann, *Auschwitz*, pp. 242-243.
18. *Ibid.*, p. 243; véase también Peter Weiss, *The Investigation: Oratorio in 11 Cantos*. Londres, Marion Boyars, 1996, pp. 18-19.
19. Raphael Gross, Werner Renz, Sybille Steinbacher, Devin O. Pendas y Johannes Schmidt, *Der Frankfurter Auschwitz Prozess (1963-1965): Kommentierte Quellenediton*. Frankfurt, Campus Verlag, 2013, p. 475.
20. *Ibid.*, pp. 475-476.
21. *Ibid.*, pp. 476.
22. Jan Sikorski citado en «Auschwitz Druggist Tagged as Jekyll-Hyde Character», *Nevada State Journal*, Reno, NV, 21 de junio de 1964, p. 13; véase también Sikorski citado en «"Jekyll-and-Hyde" Described», *Tucson Daily Gazette*, Tucson, AZ, 19 de junio de 1964, p. 12.
23. *Ibid.*, pp. 579 y 610 de 5519 pp.
24. Para la época en la que testificó ante el juicio de Auschwitz, Ella Böhm se había casado y aparece en dichos registros como Ella Salomon.

25. Salomon (de soltera Böhm) en Schlesak, *The Druggist of Auschwitz*, edición en Kindle, p. 717 de 5519 pp.
26. Testimonio de Josef Glück 4Ks 2/63, Hessisches Staatsarchiv, y citado en Naumann, *Auschwitz*, pp. 217-218.
27. Testimonio de Josef Glück citado en Naumann, *Auschwitz*, p. 218; Ota Kraus y Erich Kulka, «Tovarna na smrt» (Fábrica de la muerte). Praga, Nase vojsko, 1957, p. 200.
28. Testimonio de Josef Glück 4Ks 2/63, Hessisches Staatsarchiv, y citado en Naumann, *Auschwitz*, p. 217; véase también la carta de Glück a Langbein, citada en Schlesak, *The Druggist of Auschwitz*, edición en Kindle, pp. 2255-2266 de 5519 pp.
29. Testimonio de Martha Szabó citado en Naumann, *Auschwitz*, p. 222.
30. «Survivor Of Auschwitz Labels Capesius "Devil"», *The Lincoln Star*, Lincoln, NE, 25 agosto de 1964, p. 19; «Death Camp Defendant Was "Devil"», *The Troy Record*, Troy, NY, 25 agosto de 1964, p. 17; testimonio de Martha Szabó citado de Naumann, *Auschwitz*, p. 223.
31. «Nazi Called Self The Devil, Witness Says», *Democrat and Chronicle*, Rochester, NY, 25 de agosto de 1964, p. 9; testimonio de Martha Szabó citado en Naumann, *Auschwitz*, p. 223.

Capítulo 8. «El veneno de Bayer»

1. Hoven citado en «Auschwitz: 60 Anniversary. The Role of IG Farben-Bayer», Alianza para la Protección de la Investigación Humana, 27 de enero de 2005.
2. Para detalles sobre los experimentos dirigidos por Farben véase DuBois, Jr., *The Devil's Chemist*, pp. 207-227.
3. Jeffreys, *Hell's Cartel*, p. 327.
4. DuBois, Jr., *The Devil's Chemist*, pp. 125-126.
5. Jeffreys, *Hell's Cartel*, p. 327.
6. Jeffreys, *Hell's Cartel*, edición en Kindle, p. 5252 de 9525 pp.
7. Capesius entrevistado en Schlesak, *The Druggist of Auschwitz*, edición impresa, p. 22.
8. Presentación del caso contra los acusados por el fiscal Joachim Kügler, Juicio Fráncfort Auschwitz, «Caso criminal contra Mulka *et al.*», 4 Ks 2/63, Landgericht Frankfurt am Main, 13 de mayo de 1965.
9. Robert Lifton, *The Nazi Doctors: Medical Killing and the Psychology of Genocide*. Nueva York, Basic Books, 1986.
10. Testimonio de Victor Capesius en la Transcripción de la Audiencia Judicial, Corte de Distrito, Fráncfort, Viktor Capesius en persona frente al Magistrado Examinador Juez Heinz Düx, 15 páginas, 4 Js 444/59, 10 de enero de 1962, cortesía del Instituto Fritz Bauer, pp. 13-14.
11. Phil Miller, «Scots Holocaust Victim in Fight for Compensation», *Sunday Times*, Londres, 30 de diciembre de 2001, Sección Noticias Nacionales; Tom Martin, «Nazi Scientist Stripped Me of Motherhood and I Still Need an Apology», *Sunday Express*, Reino Unido, 17 de agosto de 2003, p. 49.

Capítulo 9. «Un olor ambiguo»

1. Rudolf Höss, *Commandant of Auschwitz*. Nueva York, World Publishing Co., 1960, pp. 175-176; Gerald L. Posner y John Ware, *Mengele: The Complete Story*, edición en Kindle. Nueva York, Cooper Square Press, p. 6328.
2. Höss citada en Allan Hall, «My Beautiful Auschwitz Childhood», *The Daily Mail*, 16 de junio de 2015.
3. Posner y Ware, *Mengele*, edición en Kindle, pp. 726-733.
4. *Ibid.*, p. 714.
5. Roland Albert entrevistado en Schlesak, *The Druggist of Auschwitz*, edición impresa, p. 236.
6. Posner y Ware, *Mengele*, edición en Kindle, pp. 822-823.
7. Böhm citada en Schlesak, *The Druggist of Auschwitz*, edición impresa, p. 275.
8. Posner y Ware, *op. cit.*, p. 1322.
9. Naumann, *Auschwitz*, p. 334.
10. A Fabritius no le gustaba su nuevo hogar en las montañas Beskides y lo consideraba un «exilio forzado» de su nativa Rumania. Overview of The Foreign Organization of the Nazi Party, «The Nazi Foreign Organization and the German Minorities ("Ethnic Groups")», capítulo IV, publicación de las Naciones Unidas, sin fechar, p. 8485; véase también Schlesak, *The Druggist of Auschwitz*, edición en Kindle, p. 2435 de 5519 pp.
11. Dr. Fritz Klein, testimonio en el Juicio Bergen Belsen, 1945, transcripción de los archivos de Yad Vashem.
12. Dampf-Kraft-Wagen era un fabricante de autos y motocicletas que con el tiempo fue absorbido por Audi. Testimonio de Hans Stoffel citado en Naumann, *Auschwitz*, p. 334.
13. Albert entrevistado en Schlesak, *The Druggist of Auschwitz*, edición impresa, p. 65.
14. Capesius en Schlesak, *The Druggist of Auschwitz*, edición en Kindle, pp. 1497-1498 de 5519 pp.
15. Testimonio de Zdzislaw Mikolajski 4Ks 2/63, Hessisches Staatsarchiv, y en Naumann, *Auschwitz*, p. 252.
16. Testimonio de Hans Stoffel en 4Ks, 2/63, Hessisches Staatsarchiv y citado en Naumann, *Auschwitz*, p. 334; y parte del diario de Capesius como se menciona en Schlesak, *The Druggist of Auschwitz*, edición en Kindle, pp. 2021-2034.
17. Hildegard Stoffel en Schlesak, *The Druggist of Auschwitz*, edición en Kindle, p. 2488 de 5519 pp., y testimonio citado en Naumann, *Auschwitz*, p. 335.
18. Testimonio de Hans Stoffel en 4Ks 2/63, Hessisches Staatsarchiv citado en Naumann, *Auschwitz*, p. 334.
19. Schlesak, *The Druggist of Auschwitz*, edición en Kindle, pp. 2043, 2463 de 5519 pp.
20. Naumann, *Auschwitz*, p. 334.

21. Una traducción de «Dorna-Watra», *Geschichte der Juden in der Bukowina* (Historia de los judíos en Bucovina), editado por el doctor Hugo Gold, escrito por el profesor doctor H. Sternberg. Tel Aviv, 1962; Vladimir Solonari, «The Treatment of the Jews of Bukovina by the Soviet and Romanian Administrations in 1940-1944», *Holocaust and Modernity*, núm. 2 (8), 2010, pp. 152-158; véase Vladimir Solonari, *Purifying the Nation: Population Exchange and Ethnic Cleansing in Nazi-Allied Romania*. Baltimore, MD, Johns Hopkins University Press, 2009.
22. Capesius en Schlesak, *The Druggist of Auschwitz*, edición en Kindle, p. 1696 de 5519 pp.
23. Sternberg, *Geschichte der Juden in der Bukowina*.
24. Notas de Capesius citadas en Schlesak, *The Druggist of Auschwitz*, edición en Kindle, p. 2048.

Capítulo 10. Los judíos húngaros

1. Museo Estatal de Auschwitz-Birkenau, Oswiecim «Diario de Paul Kremer».
2. Libuša Breder citada en «Auschwitz: en el interior del Estado nazi. Corrupción», episodio 4, PBS, 2005.
3. Gröning citado en «Auschwitz: en el interior del Estado nazi. Corrupción» Episodio 4, PBS, 2005.
4. Declaración jurada y testimonio de Konrad Morgen en el Juicio de Auschwitz, Corte de Distrito, Fráncfort del Meno, 1964.
5. Testimonio de Gerhard Wiebeck, Juicio Fráncfort Auschwitz, «Caso criminal contra Mulka *et al.*», 4 Ks 2/63, Landgericht Frankfurt am Main, 1964.
6. Nyiszli, *I Was Doctor Mengele's Assistant*.
7. Schlesak, *The Druggist of Auschwitz*, edición en Kindle, p. 785 de 5519 pp.
8. Roland entrevistado en Schlesak, *The Druggist of Auschwitz*, edición impresa, p. 178.
9. Schlesak, *The Druggist of Auschwitz*, edición en Kindle, p. 591 de 5519 pp.
10. Testimonio de Prokop citado en Schlesak, *The Druggist of Auschwitz*, edición en Kindle, pp. 1543-1544 de 5519 pp.
11. Capesius en Schlesak, *The Druggist of Auschwitz*, edición en Kindle, p. 1466 de 5519 pp.
12. Testimonio de Hermann Langbein, Juicio Fráncfort Auschwitz, «Caso criminal contra Mulka *et al.*», 4Ks 2/63, Landgericht Frankfurt am Main, 3 de junio de 1964, p. 62, referencia 4Ks 2/63, Hessisches Staatsarchiv.
13. Carta de Grosz a Langbein, 21 de noviembre de 1962, presentada como prueba en el Juicio Fráncfort Auschwitz, «Caso criminal contra Mulka *et al.*», 4 Ks 2/63, Landgericht Frankfurt am Main.
14. Wörl citado en Schlesak, *The Druggist of Auschwitz*, edición impresa, p. 174.

15. Testimonio de Tadeusz Szewczyk citado en Naumann, *Auschwitz*, p. 225; también Tadeusz Szewczyk citado en «Mass Killer Also Accused of Theft», *Tucson Daily Gazette*, Tucson, AZ, 27 de agosto de 1964, p. 36; véase Langbein, *People in Auschwitz*, que cita el testimonio de Szewczyk, pp. 348-349.
16. Langbein, *People in Auschwitz*, pp. 350-351.
17. Testimonio de Prokop citado en 4Ks 2/63, Hessisches Staatsarchiv, citado en Schlesak, *The Druggist of Auschwitz*, edición en Kindle, pp. 1544-1550 de 5519 pp.
18. Testimonio de Wilhelm Prokop en 4Ks 2/63, Hessisches Staatsarchiv citado en Naumann, *Auschwitz*, p. 190.

Capítulo 11. Oro dental

1. Jeffreys, *Hell's Cartel: IG Farben and the Making of Hitler's War Machine*, p. 339.
2. Véase Richard H. Levy, *The Bombing of Auschwitz Revisited: A Critical Analysis.* Nueva York, St. Martins Press, 2000; William D. Rubinstein, *The Myth of Rescue.* Londres, Routledge, 1997.
3. Después de la guerra, Capesius alegó que tenía un permiso de cuatro semanas, pero lo más probable es que fueran como máximo tres. Tenía un incentivo para exagerar el tiempo que estuvo lejos del campo, puesto que eso reducía el número de informes sobre sus acciones de parte de testigos sobrevivientes. Transcripción de la Audiencia Judicial, Corte de Distrito, Viktor Capesius en persona ante el Juez Instructor Juez Heinz Düx, 8 páginas, 4 Js 444/59, 24 de enero de 1962, cortesía del Instituto Fritz Bauer, pp. 5-6.
4. Hans Nogly, "Die Mörder sind wie du und ich", *Stern*, núm. 10, 1965, p. 64; carta de Victor Capesius, 12 de mayo de 1947, relativa al Spruchkammer des Interniertenlagers 74, Artículo/Caso 895/J/74/1213, en referencia a Klageschrift del 2 de mayo de 1947, 2 páginas, Landesarchiv Baden-Württemberg, p. 2.
5. Schlesak, *The Druggist of Auschwitz,* edición en Kindle, p. 4506 de 5519 pp.
6. Capesius citado en Schlesak, *The Druggist of Auschwitz,* edición impresa, p. 31; véase Robert Karl Ludwig, *Mulka and Others Before the Court at Frankfurt.*
7. Albert entrevistado en Schlesak, *The Druggist of Auschwitz,* edición en Kindle, p. 4491 de 5519 pp.
8. Capesius a Stoffel, citado en Schlesak, *The Druggist of Auschwitz,* edición impresa, pp. 136-138.
9. Langbein, *People in Auschwitz*, pp. 409-411; Schlesak, *The Druggist of Auschwitz,* edición impresa, p. 97.
10. Declaración de Capesius en la Transcripción de la Audiencia Judicial, Corte de Distrito, Fráncfort, Viktor Capesius en persona frente al juez de instrucción Heinz Düx, 8 páginas, 4 Js 444/59, 24 de enero de 1962, cortesía de Instituto Fritz Bauer, pp. 5, 7-8.

11. Carta de Roosevelt citada en Higham, *Trading with the Enemy*, p. 211.
12. De acuerdo con el testigo presencial Miklós Nyiszli, en Nyiszli, *I Was Doctor Mengele's Assistant.*
13. Posner, *God's Bankers*, p. 131.
14. Yakoov Gabai en Schlesak, *The Druggist of Auschwitz*, edición en Kindle, p. 1498 de 5519 pp.
15. Tadeusz Iwaszko, *Hefte von Auschwitz 16*. Auschwitz. Verlag Staatliches Museo de Auschwitz, 1978, p. 71.
16. Testimonio de Zdzislaw Mikolajski citado en Naumann, *Auschwitz*, p. 252.
17. Capesius en Schlesak, *The Druggist of Auschwitz*, edición en Kindle, p. 1488 de 5519 pp.
18. Declaración de Capesius en la Transcripción de la Audiencia Judicial, Corte de Distrito, Fráncfort, Viktor Capesius en persona frente al juez de instrucción Heinz Düx, 15 páginas, 4 Js 444/59, 10 de enero de 1962, cortesía de Instituto Fritz Bauer, pp. 9-10.
19. Capesius en Schlesak, *The Druggist of Auschwitz*, edición en Kindle, p. 1466 de 5519 pp; Prokop en Schlesak, *The Druggist of Auschwitz,* edición en Kindle, p. 1498 de 5519 pp.
20. Wilhelm Prokop citado en «Chemist "Stored Gold Teeth"». *Sydney Morning Herald*, Sydney, Nueva Gales del Sur, Australia, 20 de junio de 1964, p. 3, y testimonio de Prokop citado en Schlesak, *The Druggist of Auschwitz,* edición en Kindle, pp. 1550-1552 de 5519 pp.
21. Declaración bajo juramento y testimonio de Jan Sikorski en el Juicio de Auschwitz, Corte de Distrito, Fráncfort del Meno, 19 de junio de 1964, y en Schlesak, *The Druggist of Auschwitz,* edición en Kindle, p. 1498 de 5519 pp.
22. *Ibid.*
23. Wilhelm Prokop, testimonio citado en Naumann, *Auschwitz*, pp. 190-191, y en Langbein, *People in Auschwitz*, pp. 349-351; Wilhelm Prokop citado en «Chemist "Stored Gold Teeth"», *Sydney Morning Herald*, Sydney, Nueva Gales del Sur, Australia, 20 de junio de 1964, p. 3; también Prokop «Horror Loot of a Nazi Camp Told», *Independent*, Long Beach, CA, 19 de junio de 1964, p. 15; Prokop en Schlesak, *The Druggist of Auschwitz*, edición en Kindle, p, 1515 de 5519 pp.
24. Daniel Bard citado en «Eichmann Accused Anew at Nazi Crimes Trials», *The Cincinnati Enquirer,* Cincinnati, OH, 18 de agosto de 1954, p. 17.

Capítulo 12. Un final inminente

1. Juicios de Criminales de Guerra ante los Tribunales Militares de Núremberg bajo la Ley del Consejo de Control núm. 10. Washington, DC, Imprenta del Gobierno de EU, 1949, vol. 5, p. 445.
2. Puzyna citada en Posner y Ware, *Mengele*, p. 58.
3. Sikorski citado en «Auschwitz Druggist Tagged as Jekyll-Hyde Character», *Nevada State Journal*, Reno, Nevada, 21 de junio de 1964, p. 13.

4. Sikorski citado en *The Druggist of Auschwitz*, edición en Kindle, p. 1507 de 5519 pp.
5. Capesius escribe en tercera persona como los Stoffel, en una carta dirigida a ellos desde la cárcel, citado en Schlesak, *The Druggist of Auschwitz,* p. 139.
6. Staatsanwaltschaftliche Vernehmung, p. 3.
7. *Ibid.*; véase también Transcripción de la Audiencia Judicial, Corte de Distrito, Fráncfort, Viktor Capesius en persona frente al juez de instrucción Heinz Düx, 8 páginas, 4 Js 444/59, 24 de enero de 1962, cortesía del Instituto Fritz Bauer, pp. 5-6.
8. Declaración por escrito de Victor Capesius, 22 de agosto de 1946, incluida en «War Crimes Central Suspect and Witness Enclosure», Headquarters, Civilian Internment Enclosure, APO 205, Ejército de Estados Unidos, p. 9, 20 de diciembre de 1946, conservado en Dossier 76950, 17 de mayo de 1951, Asunto, «Capesius, Victor Ernst», desclasificada el 1 de abril de 2016 a petición de la autora, NARA.
9. Schlesak, *The Druggist of Auschwitz,* edición en Kindle, p. 4976 de 5519 pp.
10. Jeffreys, *Hell's Cartel,* edición en Kindle, p. 5455 de 9525.
11. *Ibid.*, p. 342.
12. El Tercer Ejército de Estados Unidos estableció sus operaciones centrales en la sede principal de Farben.
13. Jeffreys, *Hell's Cartel*, p. 355.
14. *Ibid.*, pp. 350-351.
15. Declaración escrita de Victor Capesius, 22 de agosto de 1946, incluida en «War Crimes Central Suspect and Witness Enclosure», Headquarters, Civilian Internment Enclosure, APO 205, Ejército de Estados Unidos, p. 9, 20 de diciembre de 1946, conservado en Dossier 76950, 17 de mayo de 1951, Asunto «Capesius, Victor Ernst», desclasificado el 1 de abril de 2016 a solicitud de la autora, NARA.
16. Capesius citado en Schlesak, *The Druggist of Auschwitz*, edición impresa, p. 352.

Capítulo 13. Bajo arresto automático

1. La información sobre Capesius y su detención por parte de los británicos procede de las respuestas que proporcionó en unos cuestionarios detallados a las autoridades alemanas y estadounidenses durante los procesos de desnazificación en 1946 y 1947, así como de información del juicio de 1946 Fráncfort Auschwitz, y por último, de algunas entrevistas que Capesius dio después de la guerra. En un esfuerzo por descubrir posibles documentos del gobierno británico y militares sobre su detención, la autora emprendió una búsqueda en el Centro de Archivos Nacionales y Registros, en Kew, Inglaterra. Se investigaron los siguientes grupos de registros sin que se hallaran referencias a Capesius: Home Office (HO) 215, Reclusión, en GB y en el exterior, condiciones, etc., y liberación y en algunos casos repatriación; HO 214, Archivos de casos

personales, específicamente sobre la división B3, sobre extranjeros enemigos que fueron internados en WW2; Foreign Office (FO) 1039/874, Comisión de Control (elemento británico) WE, Schleswig-Holstein 1946; FO 1006/309, Condiciones en Schleswig-Holstein; FO 1039/930, Reportes mensuales, Schleswig-Holstein, 1946-47; FO 1051/6755, Reportes sobre inspección, Schleswig-Holstein; FO 208/4661, MOD, sección Auschwitz Prisioneros de Guerra – Interrogatorios por la London District Cage de enemigos prisioneros de guerra, junio de 1945-octubre de 1946; FO 939/32, Administración de prisioneros de guerra alemanes 1946-1947; FO 1024/75, Comisión de control de registros personales de los prisionero 1946-1954; FO 938/78 Denuncias de inanición en los campos de internamiento; FO 939/444, Correspondencia de la Comisión de Control en Alemania 1945-1947; FO 939/23, Criminales de guerra – 1945-1947; CO 537/132 Repatriación de prisioneros de guerra alemanes, y FO 945/453 Repatriación de prisioneros de guerra alemanes en manos británicas fuera del Reino Unido 1946-1947.

2. Simon Rees, «German POWs and the Art of Survival», *Military History,* julio de 2007.
3. «Un prisionero alemán recuerda», Museo de Distrito Epping Forest, contribuyó el 5 de diciembre de 2005, Artículo ID A7564548.
4. *Handbook for the Military Government in Germany: Prior to Defeat or Surrender,* Cuartel General, Fuerza Expedicionaria Aliada, Oficina del Jefe del Estado Mayor, 385 pp., Instituto de Historia Militar del Ejército de EU, p. 90.
5. Véase en general Merrit, Richard L. *Democracy Imposed: U. S. Occupation Policy and the German Public, 1945-1949.* Yale University Press, 1995.
6. Hans Nogly, «Die Mörder sind wie du und ich», *Stern*, núm. 10, 1965, p. 66.
7. *Ibid.*, p. 64.
8. Anotaciones hechas por Capesius mientras estaba detenido en espera de su juicio en Fráncfort en 1964, citado en Schlesak, *The Druggist of Auschwitz,* edición en Kindle, p. 2332 de 5519 pp.
9. Revisión de la autora de la copia del archivo de la acusación en el caso Bergen-Belsen, Juicio de Crímenes de Guerra, vol. II, Evidencia de Kraft.
10. Capesius citado en Schlesak, *The Druggist of Auschwitz*, edición en Kindle, p. 2332 de 5519 pp.
11. Presentación del caso contra los acusados del fiscal Joachim Kügler, Jucio Fráncfort Auschwitz, «Caso criminal contra Mulka *et al.*», 4 Ks 2/63, Landgericht Frankfurt am Main, 13 de mayo de 1965; véase también Schlesak, *The Druggist of Auschwitz*, edición en Kindle pp. 1377, 2557 de 5519 pp., que cita la fecha de liberación por los británicos como el 23 de mayo, en lugar del 20 de mayo, como establece más adelante el fiscal de Fráncfort. El mismo Capesius dio una fecha más genérica de junio de 1946 en Staatsanwaltschaftliche Vernehmung, 4. De hecho, los documentos que se presentaron en el juicio de desnazificación de Capesius en 1947 confirman como fecha de liberación el 25 de mayo.

12. Declaración escrita de Victor Capesius, 22 de agosto de 1946, incluida en «War Crimes Central Suspect and Witness Enclosure», Headquarters, Civilian Internment Enclosure, APO 205, Ejército de Estados Unidos, p. 9, 20 de diciembre de 1946, conservado en Dossier 76950, 17 de mayo de 1951, Asunto «Capesius, Victor Ernst», desclasificado el 1 de abril de 2016 a solicitud de la autora, NARA.
13. *Ibid.*
14. La autora obtuvo por primera vez el expediente de 112 páginas del caso en la corte de Cluj-Napoca de los Archivos Nacionales, Ministerio del Interior, Bucarest. La corte escuchó las declaraciones de testigos en contra de los acusados, la mayoría de los cuales no estaban presentes. No se presentó defensa de Capesius.
15. Declaración de Marianne Adam (de soltera Willner), 16 de noviembre de 1964, 4 Ks 2/63, Hessisches Staatsarchiv.
16. Hans Nogly, «Die Mörder sind wie du und ich», *Stern*, núm. 10, 1965, p. 66.
17. Friederike Capesius citada en Schlesak, *The Druggist of Auschwitz,* edición impresa, p. 343.
18. Staatsanwaltschaftliche Vernehmung, p. 4. Véase la presentación del caso contra los acusados por el fiscal Joachim Kügler, Juicio Fráncfort Auschwitz, «Caso criminal contra Mulka *et al.*», 4 Ks 2/63, Landgericht Frankfurt am Main, 13 de mayo de 1965.
19. Meldebogen, Stuttgart, 4 de junio de 1946, 2 páginas, de Landesarchiv Baden-Württemberg.
20. *Ibid.*
21. Véanse, por ejemplo, varias cartas de apoyo a Victor Capesius en su solicitud de desnazificación, pp. 30-39 de Spruchkammer, 37/40644, en Sachen, «Capesius, Viktor», Landesarchiv Baden-Württemberg.
22. Capesius escribe en tercera persona como los Stoffel, en una carta dirigida a ellos desde la cárcel, citado en Schlesak, *The Druggist of Auschwitz,* p. 139.
23. Presentación del caso contra los acusados por el fiscal Joachim Kügler, Juicio Fráncfort Auschwitz, «Caso criminal contra Mulka *et al.*», 4 Ks 2/63, Landgericht Frankfurt am Main, 13 de mayo de 1965.
24. «War Crimes Central Suspect and Witness Enclosure», Headquarters, Civilian Internment Enclosure, APO 205, Ejército de Estados Unidos, 20 de diciembre de 1946, conservado en Dossier 76950, 17 de mayo de 1951, Asunto: «Capesius, Victor Ernst», desclasificado el 1 de abril de 2016 a petición de la autora, NARA.
25. El Juicio de Auschwitz. Grabaciones, protocolos y documentos en DVD-ROM de la colección del Instituto Fritz Bauer, Direct Media Publishing GmbH, segunda edición revisada, Berlín 2005, S. 3535.
26. «War Crimes Central Suspect and Witness Enclosure», Headquarters, Civilian Internment Enclosure, APO 205, Ejército de Estados Unidos, 20 de diciembre de 1946, conservado en Dossier 76950, 17 de mayo de 1951, Asunto, «Capesius, Victor Ernst», desclasificado el 1 de abril de 2016 a petición de la autora, NARA.

27. CI Arrest Report, «War Crimes Central Suspect and Witness Enclosure», Headquarters, Civilian Internment Enclosure, APO 205, Ejército de Estados Unidos, p. 9, 20 de diciembre de 1946, conservado en Dossier 76950, 17 de mayo de 1951, Asunto: «Capesius, Victor Ernst», p. 8, desclasificado el 1 de abril de 2016 a petición de la autora, NARA.
28. Declaración escrita de Victor Capesius, 22 de agosto de 1946, incluida en «War Crimes Central Suspect and Witness Enclosure», Headquarters, Civilian Internment Enclosure, APO 205, Ejército de Estados Unidos, p. 9, 20 de diciembre de 1946, conservada en Dossier 76950, 17 de mayo de 1951, Asunto: «Capesius, Victor Ernst», desclasificada el 1 de abril de 2016 a petición de la autora, NARA.

Capítulo 14. «¿Qué crimen he cometido?»

1. Carta de Wirths citada en Schlesak, *The Druggist of Auschwitz,* edición impresa, p. 353.
2. Capesius entrevistado en Schlesak, *The Druggist of Auschwitz,* edición impresa, p. 260.
3. Roland Albert entrevistado en Schlesak, *The Druggist of Auschwitz,* edición impresa, pp. 238-239.
4. Jeffreys, *Hell's Cartel*, p. 350.
5. Posner, *God's Bankers*. Simon & Schuster, edición en Kindle, pp. 592-593.
6. Carta de Capesius a los Stoffel citada en Schlesak, *The Druggist of Auschwitz,* p. 139.
7. El número del caso era el 31G-6632-452. «War Crimes Central Suspect and Witness Enclosure», Headquarters, Civilian Internment Enclosure, APO 205, Ejército de Estados Unidos, 20 de diciembre de 1946, conservado en Dossier 76950, 17 de mayo de 1951, Asunto, «Capesius, Victor Ernst», desclasificado el 1 de abril de 2016 a petición de la autora, NARA.
8. «Hoja de Trabajo 3-3», en «War Crimes Central Suspect and Witness Enclosure», Headquarters, Civilian Internment Enclosure, APO 205, Ejército de Estados Unidos, página 9, 20 de diciembre de 1946, conservada en Dossier 76950, 17 de mayo de 1951, Asunto: «Capesius, Victor Ernst», p. 17, desclasificado el 1 de abril de 2016 a petición de la autora, NARA.
9. Reporte de arresto, «War Crimes Central Suspect and Witness Enclosure», Headquarters, Civilian Internment Enclosure, APO 205, Ejército de Estados Unidos, página 9, 20 de diciembre de 1946, conservado en Dossier 76950, 17 de mayo de 1951, Asunto: «Capesius, Victor Ernst», desclasificado el 1 de abril de 2016 a petición de la autora, NARA.
10. Gobierno Militar de Alemania, *Fragebogen*, «War Crimes Central Suspect and Witness Enclosure», Headquarters, Civilian Internment Enclosure, APO 205, Ejército de Estados Unidos, página 9, 20 de diciembre de 1946, conservado en Dossier 76950, 17 de mayo de 1951, Asunto: «Capesius, Victor Ernst», pp. 2-3, desclasificado el 1 de abril de 2016 a petición de la autora, NARA.

11. *Ibid.*
12. *Ibid.*, pp. 5-6.
13. Carta de Capesius a los Stoffel citada en Schlesak, *The Druggist of Auschwitz*, p. 139.
14. Meldebogen, Stuttgart, 24 de diciembre de 1946, 2 páginas, de Landesarchiv Baden-Württemberg.
15. *Fragebogen* de Victor Capesius, 27 de diciembre de 1946, Parte D, Pregunta 29, Landesarchiv Baden-Württemberg.
16. Todas las referencias a las cartas de Capesius son a su carta manuscrita de cuatro páginas al fiscal, Ludwigsburg, 3 de enero de 1947, Landesarchiv Baden-Württemberg.
17. Véanse, por ejemplo, diversas cartas en apoyo de la solicitud de desnazificación de Victor Capesius, pp. 30-39 de Spruchkammer, 37/40644, en Sachen, «Capesius, Viktor», Landesarchiv Baden-Württemberg.
18. Carta de Karl Heinz Schuleri, 17 de diciembre de 1946, 1 página, y carta de Mentzel y Braun, 11 de febrero de 1947, 1 página, de Landesarchiv Baden-Württemberg.
19. Klageschrift, Spruchkammer, Interniertenlager 74, 2 de mayo de 1947, Ludwigsberg-Ossweil, 2 páginas, del Landesarchiv Baden-Württemberg.
20. *Ibid.*
21. La base de este argumento parece ser que el acuerdo entre los gobiernos de Rumania y Alemania fue considerar a todos los alemanes de origen como ciudadanos rumanos. Ese solo hecho le hubiera impedido pertenecer a los elementos de élite de las SS. Véase el volante «Al pueblo alemán», 17 de noviembre de 1943, Landesarchiv Baden-Württemberg.
22. Carta de Victor Capesius, 12 de mayo de 1947, relativa a los Spruchkammer des Interniertenlagers 74, Artículo/Caso 895/J/74/1213, en referencia a Klageschrift del 2 de mayo de 1947, 2 páginas, Landesarchiv Baden-Württemberg, pp. 1-4.
23. *Ibid.*
24. Koch citó al doctor Alexander Bardeanu como el director judío que tenía muy buena relación con Capesius. Eidesstattliche Erklarung, 12 de mayo de 1947, del Dr. H. Koch, 1 página, Landesarchiv Baden-Württemberg.
25. Protokoll, Lager 74, 895/J/74/1213, Viktor Ernst Capesius, 22 de mayo de 1947, jueces doctores Hoffman, Klein, Krieg, Bächtle y Müller, 3 páginas, Landesarchiv Baden-Württemberg.
26. Spruch, Lager 74, 895/J/74/1213, 22 de mayo de 1947, jueces doctores Hoffman, Klein, Krieg, Bächtle y Müller, 3 páginas, Landesarchiv Baden-Württemberg.
27. Acuse de recibo del Spruch, cuestionado y comprobado, 30 de junio de 1947, John D. Austin, capitán, 1 página, Landesarchiv Baden-Württemberg.
28. Entlassungsschein (Certificado de liberación), Ministerio de Liberación Política en Württemberg-Baden, Lager 74, 1 página, Landesarchiv Baden-Württemberg; véase también Staatsanwaltschaftliche Vernehmung, p. 4.

29. Ray Salvatore Jennings, «The Road Ahead: Lessons in Nation Building from Japan, Germany and Afghanistan for Postwar Iraq», United States Institute of Peace, Washington, DC, 14 de abril de 2003, p. 14.
30. Anordnung, Ministerium für politische Befreiung Württemberg-Baden, Int. Lager 74, Ludwigsburg-Ossweil, In dem Verharen gegen Viktor Ernst Capesius, 1 de agosto de 1947, Landesarchiv Baden-Württemberg, p. 1.

Capítulo 15. Nadie sabía nada

1. Una transcripción completa, en inglés, del vol. VII del Tribunal Militar de Núremberg está disponible en línea en https://web.archive.org/web/20130601070552/http://www.mazal.org/archive/nmt/07/NMT07-C001.htm
2. Kevin Jon Heller, *The Nuremberg Military Tribunals and the Origins of International Criminal Law*. Oxford, Reino Unido, Oxford University Press, 2011 p. 35.
3. Rankin citado en las Actas del Congreso, 28 de noviembre de 1947, 10938; Heller, *The Nuremberg Military Tribunals and the Origins of International Criminal Law*, p. 35.
4. Taylor citado en Jeffreys, *Hell's Cartel*, p. 194.
5. Borkin, *The Crime and Punishment of I.G. Farben*, p. 137. El día que empezó el juicio en la sala solo se encontraban 23, ya que Max Brüggermann, el consejero legal en jefe de Farben, fue rechazado por motivos de salud. Véase *The IG Farben Trial*.
6. The United States of America *vs.* Carl Krauch *et. al.*, *US Military Tribunal Nuremberg, Judgment of 30 July, 1948*, http://werle.rewi.hu-berlin.de/IGFarbenCase.pdf.

   Los jueces fueron Grover Shake, anterior juez de la Suprema Corte de Justicia de Indiana; James Morris, juez de la Suprema Corte de Justicia de Dakota del Norte, y Paul Herbert, decano de la Escuela de Leyes de la Louisiana State University. Clarence Merrell, un destacado abogado de Indiana, fue elegido como sustituto en caso de que alguno de los tres jueces no pudiera terminar el proceso por alguna razón.
7. Taylor citado en Scott Christianson, *Fatal Airs: The Deadly History and Apocalyptic Future of Lethal Gases*. Nueva York, Praeger Press, 2010, p. 70.
8. Minskoff citado en Borkin, *The Crime and Punishment of I.G. Farben*, p. 141.
9. Morris citado en DuBois, *The Devil's Chemist*, p. 82.
10. Testimonio del doctor Hans Braus sobre Ambros en DuBois, *The Devil's Chemist*, p. 169.
11. Fritz ter Meer, citado en DuBois, *The Devil's Chemist*, p. 156.
12. *Ibid.*, p. 157.
13. Christian Schneider citado en DuBois, *The Devil's Chemist*, p. 162.
14. DuBois, *The Devil's Chemist*, p. 163.
15. Testimonio de Bütefisch citado en DuBois, *The Devil's Chemist*, pp. 164-166.
16. Borkin, *The Crime and Punishment of I.G. Farben*, pp. 145-146.

17. *Ibid.*, p. 148.

18 DuBois, *The Devil's Chemist,* p. 219.

19. Strafprozeß-Vollmacht (poder notarial), Capesius a Rudolf Pander, Seidenstrasse 36, Stuttgart, 8 de septiembre de 1947, Landesarchiv Baden-Württemberg.

20. Rudolf Pander, reporte de interrogatorio, 7 de diciembre de 1945, Centro de Inteligencia Militar USFET, CI-IIR/35, RG 165, Partida (P) 179C, Caja 738 (Ubicación: 390: 35/15/01), pp. 5-6, NARA.

21. Presentación del caso de Vicktor Capesius por el doctor Rudolf Pander, Aktenzeichen 37/40644, 3 páginas, 7 de octubre de 1947, Landesarchiv Baden-Württemberg.

22. Protokoll, Aktenzeichen 37/40644, Viktor Ernst Capesius, 9 de octubre de 1947, jueces Palmer, Reuss, Schlipf, Zaiss, Entenmann, 3 páginas, Landesarchiv Baden-Württemberg.

23. Spruch, Aktenzeichen 37/40644, Viktor Ernst Capesius, 9 de octubre de 1947, jueces Palmer, Reuss, Schlipf, Zaiss, Entenmann, 3 páginas, Landesarchiv Baden-Württemberg.

24. Staatsanwaltschaftliche Vernehmung, p. 4.

25. *Ibid.*, p. 5.

26. Cinco meses después de que la corte dictó su veredicto, el juez P.M. Herbert generó una amarga discrepancia de la mayoría en su fallo sobre trabajo esclavo y asesinato en masa. Él habría declarado culpable a gran parte de los acusados a ese respecto. Véase «The IG Farben Trial. The United States of America *vs.* Carl Krauch *et al.*», *US Military Tribunal Nuremberg, Judgment of 30 July, 1948*, p. 168, http://werle.rewi.hu-berlin.de/IGFarbenCase.pdf. También, Borkin, *The Crime and Punishment of I.G. Farben,* p. 155.

27. Juicios de Criminales de Guerra ante los Tribunales Militares de Núremberg, con arreglo a la Resolución 10, vol. VIII, pp. 1134-1136, 1153-1167, 1186-1187.

28. DuBois citado en Kevin Jon Heller y Gerry Simpson, *The Hidden Histories of War Crimes Trials.* Oxford, Oxford University Press, 2013, p. 186.

Capítulo 16. Un nuevo comienzo

1. Enumeración del patrimonio personal de Capesius bajo la Sección H, Ingresos y Bienes en el *Fragebogen* (Cuestionario) del Gobierno Militar de Alemania, 27 de diciembre de 1946, 6 páginas, Landesarchiv Baden-Württemberg.
2. Capesius citado en Schlesak, *The Druggist of Auschwitz,* edición en Kindle, p. 1961 de 5519 pp.
3. En 1948 el *Reichsmark* había sido reemplazado por el *Deutschemark.*
4. Staatsanwaltschftliche Vernehmug, p. 5.
5. Ladislas Farago, *Aftermath: Martin Bormann and the Fourth Reich.* Nueva York, Simon & Schuster, 1974, pp. 20-21.
6. Fritz ter Meer citado en Farago, *Aftermath*, p. 20.

7. Véase en general Jeffreys, *Hell's Cartel,* pp. 407-408.
8. Borkin, *The Crime and Punishment of I.G. Farben*, pp. 157-161.
9. También nueve compañías más pequeñas se dividieron, incluyendo a Agfa, Kalle, Cassella y Huels.
10. Véase en general Jeffreys, *Hell's Cartel*, pp. 407-408.
11. DuBois, *The Devil's Chemist*, p. 359.
12. Peter Schneider, «Der Anwalt Des Bösen; Fritz Steinacker Hat Sein Leben Lang Die Schlimmsten Nazi-Verbrecher Verteidigt. Ist Er Stolz Auf Seine Erfolge?», *Die Zeit*, 29 de octubre de 2009, pp. 26-33; Wolfgang Messner, «Man hat nichts getan, man hat nichts gewusst; Zwei Reporter erinnern sich an den Auschwitz-Prozess, vierzig Jahre nach der Urteilsverkündung», *Stuttgarter Zeitung*, 15 de agosto de 205, p. 3.
13. Hans Nogly, «Die Mörder sind wie du und ich», *Stern*, núm. 10, 1965, p. 66.
14. Helge Krempels, «Kreisgruppe Ludwigsburg: In Erinnerung an Melitta Capesius», *Siebenbürgische Zeitung*, 3 de diciembre de 2013.
15. Hans Nogly, «Die Mörder sind wie du und ich», *Stern*, núm. 10, 1965, p. 66. Inmediatamente después de su arresto, Capesius afirmó que solo tenía 12 empleados; véase Staatsanwaltschaftliche Vernehmung, p. 5.
16. Devin O. Pendas, *The Frankfurt Auschwitz Trial, 1963-1965; Genocide, History and the Limits of the Law.* Cambridge, Cambridge University Press, 2006, pp. 11-12.
17. Ingo Müller, *Furchtbare Juristen*. Múnich, 1987, p. 242.
18. Karl Heinz Seifert y Dieter Hömig, eds. *Grundgesetz für die Bundesrepublik Deutschland: Tachenkommentar,* 4ª. edición, Baden-Baden, Nomos Verlag, 1991, pp. 200-202, 464-468.
19. Oberländer renunció en 1960, después de que Alemania Oriental lo sentenció a muerte por sus crímenes durante la Segunda Guerra Mundial.
20. Pendas, *The Frankfurt Auschwitz Trial*, p. 15.
21. «Entre 1950 y 1962, los alemanes occidentales investigaron a 30,000 antiguos nazis, imputaron a 12,846, juzgaron a 5,426 y absolvieron a 4,027... De los sentenciados, solo 155 fueron acusados de asesinato». Rebecca Wittmann, *Beyond Justice: The Auschwitz Trial.* Cambridge, MA, Harvard University Press, 2005, edición en Kindle, p. 178 de 3837 pp.
22. Pendas, *The Frankfurt Auschwitz Trial*, p. 52, n. 121.
23. Lilje citado en Farago, *Aftermath*, p. 317.
24. Farago, *Aftermath*, p. 318; *Ofer Aderet, Secret Life of the German Judge Who Brought the Mossad to Eichmann.* Hareetz, 18 de octubre de 2014.
25. Farago, *Aftermath,* p. 319.
26. Wittmann, *Beyond Justice,* edición en Kindle, p. 354 de 3837 pp.

Capítulo 17. «Inocente frente a Dios»

1, Wittmann, *Beyond Justice*, edición en Kindle, p. 639 de 3837 pp.; Pendas, *The Frankfurt Auschwitz Trial*, pp. 26-27.
2. Wittmann, *Beyond Justice*, edición en Kindle, p. 482 de 3837 pp.

3. Ambos Boger citados en «Verdict on Auschwitz, *The Frankfurt Auschwitz Trial, 1963-1965*», filme documental de Rolf Bickell y Dietrich Wagner, First Run Films, 1993.
4. Posner y Ware, *Mengele*, edición en Kindle, p. 2601 de 7525 pp.
5. «Holocaust: Der Judenmord bewegt die Deutschen», *Der Spiegel*, mayo de 1979.
6. Wittmann, *Beyond Justice*, edición en Kindle, pp. 791-793 de 3837 pp.
7. Observaciones preliminares sobre el caso criminal contra Mulka *et al.*, 4 Ks 2/63, DVD-ROM «Los procesos de Auschwitz: grabaciones, protocolos y documentos», cortesía del Instituto Fritz Bauer, Fráncfort, y del Museo Estatal Auschwitz-Birkenau, *The First Frankfurt Auschwitz Trial*, p. 995.
8. Transcripción de la Audiencia Judicial, Corte de Distrito, Göppingen, Viktor Capesius en persona frente al Magistrado Superior Dr. Trukenmüller, 5 páginas, Registro Gc. 385/59, 4 de diciembre de 1959, cortesía del Instituto Fritz Bauer.
9. Schlesak, *The Druggist of Auschwitz*, edición en Kindle, p. 2557 de 5519 pp.
10. Capesius entrevistado en Schlesak, *The Druggist of Auschwitz,* edición impresa, p. 85.
11. Carta de Grosz a Langbein, 21 de noviembre de 1962, presentada como prueba en el juicio Fráncfort Auschwitz, «Caso criminal contra Mulka, *et al.*», 4Ks 2/63, Landgericht Frankfurt am Main.
12. *Ibid.*
13. Carta de Ferdinand Grosz a Hermann Langbein, 21 de noviembre de 1962, reproducida en Schlesak, *The Druggist of Auschwitz*, edición en Kindle, pp. 1413 de 5519 pp.
14. Testimonio de los Stoffel citado en Schlesak, *The Druggist of Auschwitz,* edición impresa, pp. 167-168.
15. Observaciones preliminares sobre el caso criminal contra Mulka *et al.*, 4 Ks 2/63, DVD-ROM «Los procesos de Auschwitz: grabaciones, protocolos y documentos», cortesía del Instituto Fritz Bauer, Fráncfort, y del Museo Estatal Auschwitz-Birkenau, *The First Frankfurt Auschwitz Trial*, p. 51.
16. Staatsanwaltschaftliche Vernehmung, pp. 1-2.
17. *Ibid.*, pp. 3, 5.
18. *Ibid.*, p. 7.
19. *Ibid.*, p. 8.
20. *Ibid.*, p. 7.
21. *Ibid.*, p. 8, que cita el libro de la doctora Gisella Perl, *I Was a Doctor in Auschwitz.* Nueva York, International Universities Press, 1948, pp. 13-17.
22. Perl, *I Was a Doctor in Auschwitz*, pp. 16-17.
23. Capesius entrevistado en Schlesak, *The Druggist of Auschwitz*, edición impresa, p. 371.
24. Nadine Brozan, «Out of Death, A Zest for Life», *New York Times*, 15 de noviembre de 1982.

25. Staatsanwaltschaftliche Vernehmung, p. 9.
26. *Ibid.*
27. *Ibid.*, p. 10.
28. *Ibid.*, p. 8.
29. *Ibid.*, p. 12.
30. *Ibid.*, p. 11.
31. *Ibid.*, p. 14.
32. Antes de 1965, los interrogatorios preliminares en Alemania no se transcribían textualmente, sino que eran resumidos por los funcionarios judiciales y después eran firmados por los testigos. Rebecca Elizabeth Wittmann, «Holocaust on Trial? *The Frankfurt Auschwitz Trial* in Historical Perspective», tesis para obtener el Doctorado en Filosofía, Facultad de Historia, Universidad de Toronto, 2001, p. 49.
33. Cartas privadas de Capesius citadas en Schlesak, *The Druggist of Auschwitz,* edición impresa, pp. 157-158.
34. Transcripción de la audiencia judicial, Corte de Distrito, Göppingen, Viktor Capesius en persona ante el juez superior, doctor Trukenmüller, 5 páginas con cobertura adicional de la audiencia del 7 de diciembre de 1959 en la Corte de Distrito, secretario del juzgado Leonhardt, Registro Gs. 385/59, 4 de diciembre de 1959, p. 3, cortesía del Instituto Fritz Bauer.
35. *Ibid.*, pp. 1-2
36. Ebd., Bd. 48, BI. 8.61 O sowie Bd. 60, BI, 11.115 y DVD-ROM, S. 3.566.
37. Transcripción de la audiencia judicial, Corte de Distrito, Göppingen, Viktor Capesius en persona ante el juez superior, doctor Trukenmüller, 5 páginas con cobertura adicional de la audiencia del 7 de diciembre de 1959 en la Corte de Distrito, secretario del juzgado Leonhardt, Registro Gs. 385/59, 4 de diciembre de 1959, p. 3 , cortesía del Instituto Fritz Bauer.
38. *Ibid.* p. 3.
39. *Ibid.*, p. 4.
40. Capesius citado en Schlesak, *The Druggist of Auschwitz,* edición impresa, p. 170.
41. Carta de Capesius a Eisler citada en Schlesak, *The Druggist of Auschwitz,* edición en Kindle, p. 2008 de 5519 pp.

Capítulo 18. «La banalidad del mal»

1. *Täter Helfer Trittbrettfahrer. NS-Belastete aus dem östlichen Württemberg,* vol. 3, «Der Apotheker Dr. Victor Capesius und die Selektionen in Auschwitz-Birkenau», Dr. Werner Rens, Reutlingen, Wolfgang Proske Verlag, 2014, pp. 65-66.
2. Posner y Ware, *Mengele*, edición impresa, p. 140.
3. Isser Harel entrevistado por Gerald Posner y John Ware, agosto de 1985, citado en Posner y Ware, *Mengele*, edición en Kindle, p. 2750 de 7525 pp.

4. Posner y Ware, *Mengele*, edición en Kindle, pp. 2757-2761, 2761-2769, 2791-2794 de 7525 pp. Ofer Aderet, *Secret Life of the German Judge Who Brought the Mossad to Eichmann*, Hareetz, 18 de octubre de 2014.
5. «The Judiciary and Nazi Crimes in Postwar Germany», por Henry Friedlander, Museo de la Tolerancia del Centro de Aprendizaje Wiesenthal, Anuario I, capítulo 2.
6. *Völkermord als Strafsache,* Werner Renz, http://www.fritz-bauerinstitut.de/texte/essay/0800_renz.htm
7. Carta de Victor Capesius a Gerhard Gerber, junio de 1960, exhibida como prueba en el Juicio Fráncfort Auschwitz, en la presentación de la acusación contra Robert Mulka, 4 Ks 2/63, Corte de Distrito en Fráncfort del Meno.
8. Véase Ernst Klee, *Auschwitz. Täter, Gehilfen und Opfer und was aus ihnen wurde. Ein Personenlexikon*. S. Fischer Verlag, Frankfurt, 2013.
9. Pendas, *The Frankfurt Auschwitz Trial,* p. 265.
10. Vermerk, Kügler, 21 de diciembre de 1960, FFSTA HA 4 Ks 2/63, Bd. 4, BI, pp. 659-663, citado en Pendas, *The Frankfurt Auschwitz Trial*, p. 48, n. 105.
11. Wittmann, «Holocaust on Trial?», p. 111.
12. Hannah Arendt, *Eichmann in Jerusalem: A Report on the Banality of Evil.* Nueva York, Viking, 1964.
13. Transcripción de la Audiencia Judicial, Corte de Distrito, Fráncfort, Viktor Capesius en persona frente al juez superior Opper, 3 páginas, Registro 931 Gs. 2240/61, 13 de abril de 1961, p. 2, cortesía del Instituto Fritz Bauer.
14. *Ibid.*, pp. 1-2.
15. *Ibid.*, pp. 2-3.
16. *Op. cit.*, Staatsanwaltschftliche Vernehmung, p. 12.
17. La oficina de Bauer había presentado su primera moción para que se abriera una instrucción judicial preliminar el 12 de julio de 1961. La segunda fase formal de la investigación sobre Auschwitz empezó el 9 de agosto de 1961, cuando la corte oficialmente inició su investigación. Wittmann, *Beyond Justice,* edición en Kindle, p. 503 de 3837 pp.
18. Christa Piotroski, «Die Unfähigkeit zur Sühne: Vor 25 Jahren Urteilsverkündung im "Auschwitz" Prozeß" in Frankfurt», *Weltspiegel*, 19 de agosto de 1990; Wittmann, *Beyond Justice*, edición en Kindle, p. 492 de 3837 pp.
19. Düx citado en Guy Walters, *Hunting Evil: The Nazi War Criminals Who Escaped and the Quest to Bring Them to Justice.* Nueva York, Broadway Books, 2010, p. 313.
20. Walters, *Hunting Evil,* pp. 313-314.
21. Posner y Ware, *Mengele: The Complete Story,* edición en Kindle, pp. 3086-3090.

Capítulo 19. «No tenía el poder para cambiarlo»

1. En el documento en el que se relata este incidente, la fecha que se señala para el careo es el 11 de enero de 1962, durante el sumario del proceso, pero la firma del secretario claramente refleja que la fecha en la que esto se discutió en el juzgado fue, en realidad, el 10 de enero. Vermerk UR IV, Düx, 4 Js 444/59, 11129, Nota, 2 páginas, cortesía del Instituto Fritz Bauer.
2. Vermerk UR IV, Düx, 4 JS 444/59, 11129, Nota, 2 páginas, cortesía del Instituto Fritz Bauer.
3. Transcripción de la Audiencia Judicial, Corte de Distrito, Fráncfort, Viktor Capesius en persona frente al juez de instrucción Juez Heinz Düx, 15 páginas, 4 Js 444/59, 10 de enero de 1962, cortesía del Instituto Fritz Bauer, pp. 1, 4.
4. *Ibid.*, pp. 8-10.
5. *Ibid.*, p. 4.
6. *Ibid.*, p. 3.
7. Capesius citado en Schlesak, *The Druggist of Auschwitz,* edición impresa, p. 154.
8. Staatsanwaltschftliche Vernehmung, p. 10.
9. Transcripción de la Audiencia Judicial, Corte de Distrito, Fráncfort, Viktor Capesius en persona frente al juez de instrucción Heinz Düx, 15 páginas, 4 Js 444/59, 10 de enero de 1962, p. 6.
10. Capesius entrevistado en Schlesak, *The Druggist of Auschwitz,* edición impresa, p. 155.
11. Transcripción de la Audiencia Judicial, Corte de Distrito, Fráncfort, Viktor Capesius en persona frente al juez de instrucción Heinz Düx, 15 páginas, 4 Js 444/59, 10 de enero de 1962, p. 5.
12. *Ibid.*, p. 11.
13. *Ibid.*, p. 14.
14. Declaración de Capesius en la Transcripción de la Audiencia Judicial, Corte de Distrito, Fráncfort, Viktor Capesius en persona frente al juez de instrucción Heinz Düx, 8 páginas, 4 Js 444/59, 24 de enero de 1962, cortesía del Instituto Fritz Bauer, pp. 5, 1.
15. *Ibid.*, pp. 5, 3. Capesius citado en Schlesak, *The Druggist of Auschwitz,* edición en Kindle, p. 1576 de 5519 pp.
16. Declaración de Capesius en la Transcripción de la Audiencia Judicial, Corte de Distrito, Fráncfort, Viktor Capesius en persona frente al juez de instrucción Heinz Düx, 8 páginas, 4 Js 444/59, 24 de enero de 1962, cortesía del Instituto Fritz Bauer, pp. 5, 4.
17. Observaciones preliminares sobre el caso criminal contra Mulka *et al.*, 4 Ks 2/63, DVD-ROM «Los procesos de Auschwitz: grabaciones, protocolos y documentos», cortesía del Instituto Fritz Bauer, Fráncfort, y del Museo Estatal Auschwitz-Birkenau, *The First Frankfurt Auschwitz Trial*, p. 1001.

18. Cartas de Capesius citadas en Schlesak, *The Druggist of Auschwitz,* edición impresa, p. 158.
19. Transcripción de la Audiencia Judicial, Corte de Distrito, Fráncfort, Viktor Capesius en persona frente al juez de instrucción Heinz Düx, 8 páginas, 4 Js 444/59, 24 de enero de 1962, pp. 5, 7.
20. Vermerk, Kügler, 27 de junio de 1962, FFStA HA 4Ks 2/63 Bd. 8, Bl. 1547.
21. Capesius a Eisler, citado en Schlesak, *The Druggist of Auschwitz,* edición impresa, p. 133.
22. Capesius a Stoffel, citado en Schlesak, *The Druggist of Auschwitz,* edición impresa, p. 136.
23. Véanse declaraciones de los Stoffel, 7 de enero de 1965, parte del registro del caso criminal contra Mulka *et al.*, 4 Ks 2/63, Landgericht Frankfurt am Main.

Capítulo 20. «Perpetradores culpables de asesinato»

1. Wittmann, *Beyond Justice*, edición en Kindle, pp. 569-621 de 3837 pp.
2. Acklageschrift, FFStA 4 Ks 2/63, pp. 273-274, Bundesarchiv.
3. Herbert Ernst Müller citado en Pendas, *The Frankfurt Auschwitz Trial,* p. 117.
4. Acklageschrift, FFStA 4 Ks 2/63, p. 35, Bundesarchiv.
5. Pendas, *The Frankfurt Auschwitz Trial,* p. 49.
6. Sección 47 del Militärstrafgesetzbuch, citada en Pendas, *The Frankfurt Auschwitz Trial,* p. 119.
7. Los cargos contra Breitwieser, Frank, Hantl, Höckler, Lucas, Mulka, Schatz, Scherpe, Schlage, Schoberth y Stark se redujeron.
8. Acklageschrift, FFStA 4 Ks 2/63, pp. 46-48, Bundesarchiv.
9. Bauer citado en Wittmann, *Beyond Justice,* edición en Kindle, p. 763 de 3837 pp.
10. De los 22 acusados, 20 fueron enjuiciados. Además de la muerte en junio de Baer, Nierzwicki fue liberado debido a mala salud.

Capítulo 21. Burócratas sin inspiración

1. Pendas, *The Frankfurt Auschwitz Trial,* pp. 229-230, 270.
2. «Prozeß gegen SS-Henker von Auschwitz», *Neues Deutschland*, 21 de diciembre de 1963, pp. 1, 10.
3. Pendas, Devin O., 2000 «"I didn't know what Auschwitz was". The Frankfurt Auschwitz Trial and the German Press, 1963-1965», *Yale Journal of Law & the Humanities,* vol. 12, I, 2, artículo 4, p. 425.
4. Pendas, *The Frankfurt Auschwitz Trial*, p. 86.
5. *Ibid.*, pp. 123-130.
6. «21 on Trial for Murder of Millions», *The Bridgeport Post,* Bridgeport, CT, 20 de diciembre de 1963, p. 60.
7. Arthur Miller, «Facing Up to Murder of Millions», *St. Louis Post-Dispatch,* St. Louis, Missouri, 22 de marzo de 1964, p. 80.

8. Rebecca Wittmann, «Legitimizing the Criminal State: Former Nazi Judges and the Distortion of Justice at the Frankfurt Auschwitz Trial, 1963-1965», Diefendorf, ed., *Lessons and Legacies,* VI, pp. 352-372; véase también Pendas, *The Frankfurt Auschwitz Trial*, pp. 123-130.

Capítulo 22. «No es motivo de risa»

1. La fiscalía empleó a diez historiadores como expertos testigos, cuatro de los cuales fueron los principales especialistas: Helmut Krausnick, Hans-Adolf Jacobsen, Hans Buchheim y Martin Broszat. Posteriormente, la información de esos cuatro especialistas sirvió de base para un libro editado en 1968, *Anatomy of the SS State*, el primer estudio histórico riguroso de las SS con base en sus propios registros. Véase Observaciones preliminares en el caso criminal contra Mulka *et al.*, 4 Ks 2/63. DVD-ROM «Los procesos de Auschwitz: grabaciones, protocolos y documentos», cortesía del Instituto Fritz Bauer.
2. El episodio completo de Langbein y la corte se narra en «Nazis Rage in Dramatic Confrontation», *Democrat and Chronicle,* Rochester, NY, 7 de marzo de 1964, p. 1; véase también «Points Out His Auschwitz Captors», *The Kansas City Times*, 7 de marzo de 1964, p. 1.
3. Wittmann, *Beyond Justice,* edición en Kindle, p. 2167 de 3837 pp.
4. Pendas, *The Frankfurt Auschwitz Trial*, p. 216.
5. Véase el ejemplo de Laternser acusando al testigo Erwin Olszówka de ser comunista y de coordinar su testimonio con Langbein. Pendas, *The Frankfurt Auschwitz Trial*, pp. 164, 188-190.
6. Observaciones preliminares en el caso criminal contra Mulka *et al.*, 4 Ks 2/63. DVD-ROM ««Los procesos de Auschwitz: grabaciones, protocolos y documentos», cortesía del Instituto Fritz Bauer.
7. Ella Salomon (de soltera Böhm) citada en Schlesak, *The Druggist of Auschwitz,* edición impresa, p. 8.
8. Ella Salomon (de soltera Böhm) en 4 Ks 2/63, Hessisches Staatsarchiv y también citada en Schlesak, *The Druggist of Auschwitz*, edición impresa, pp. 8-9.
9. «Defendant at Auschwitz Trial Displays Indifference to Murder Charges», *Jewish Telegraphic Agency*, 12 de mayo de 1964.
10. Henry Ormond, «Plädoyer im Auschwitz-Prozeß», *Sonderreihe aus Gestern und Heute 7*, 1965, p. 41.
11. Véase el testimonio de Capesius citado en Naumann, *Auschwitz*, p. 72; Mulka *et al.*, 4 Ks 2/63 DVD-ROM «Los procesos de Auschwitz: grabaciones, protocolos y documentos», cortesía del Instituto Fritz Bauer, Fráncfort, y del Museo Estatal Auschwitz-Birkenau, *The First Frankfurt Auschwitz Trial,* p. 963.
12. Mulka *et al.*, 4 Ks 2/63. DVD-ROM «Los procesos de Auschwitz: grabaciones, protocolos y documentos», cortesía del Instituto Fritz Bauer, Fráncfort, y del Museo Estatal Auschwitz-Birkenau, *The First Frankfurt Auschwitz Trial*, vol. VII y vol. VIII, p. 1095.

13. Declaración de Joachim Kügler en el día 162 del proceso del Juicio de Auschwitz, 24 de mayo de 1965, 4 Ks 2/63 Hessisches Staatsarchiv.
14. Testimonio de Kulka 4Ks 2/63, Hessisches Staatsarchiv y citado en Naumann, *Auschwitz*, p. 125.
15. Testimonio de Prokop y admonición de Hofmeyer en 4 Ks 2/63, Hessisches Staatsarchiv y citado en Naumann, *Auschwitz*, p. 190.
16. Testimonio de Kaduk 4 Ks 2/63, Hessisches Staatsarchiv y citado en Naumann, *Auschwitz*, pp. 201-202.
17. Wittmann, «Holocaust on Trial?», p. 11.
18. Ludwig Wörl citado en «Bribe Allegations At Auschwitz Trial», *The Sydney Morning Herald,* Sydney, Nueva Gales del Sur, Australia, 8 de abril de 1964, p. 3.
19. «Auschwitz Druggist Tagged as Jekyll-Hyde Character», Associated Press, *Nevada State Journal*, Reno, 21 de junio de 1964, p. 13.
20. «Chemist "Stored" Gold Teeth», *Sydney Morning Herald,* Sydney, Nueva Gales del Sur, 20 de junio de 1964, p. 3; «Horror Loot of a Nazi Camp Told», *Independent*, Long Beach, CA, 19 de junio de 1964, p. 15.
21. «Auschwitz Story Written in Blood», *Detroit Free Press,* 27 de agosto de 1964, p. 14.
22. «Doctor Testifies Nazi He Aided Killed Family», servicio de cables de UPI, *The Fresno Bee,* Fresno, CA, 18 de agosto de 1964, p. 31.
23. «Nazi Called Self The Devil, Witness Says», *Democrat and Chronicle,* Rochester, NY, 25 de agosto de 1964, p. 9; testimonio de Martha Szabó citado en Naumann, *Auschwitz*, p. 223.
24. «Nazi Called Self The Devil, Witness Says», Associated Press, *Democrat and Chronicle*, Rochester, NY, 25 de agosto de 1964, p. 9.
25. Hofmeyer 4Ks 2/63, Hessisches Staatsarchiv, y en Naumann, *Auschwitz*, p. 224.
26. Mulka *et al.*, 4 Ks 2/63. DVD-ROM «Los procesos de Auschwitz: grabaciones, protocolos y documentos», cortesía del Instituto Fritz Bauer, pp. 1145-1154.
27. Capesius, Pajor y Hofmeyer en Naumann, *Auschwitz*, pp. 300-301.
28. Ormond citado en Naumann, *Auschwitz*, p. 73.
29. Dra. Ella Lingens, Mulka *et al.*, 4 Ks 2/63. DVD-ROM «Los procesos de Auschwitz: grabaciones, protocolos y documentos», cortesía del Instituto Fritz Bauer, p. 2743.
30. Testimonio de Viktoria Ley en 4 Ks 2/63. Hessisches Staatsarchiv y citado en Naumann, *Auschwitz*, pp. 344-346.
31. Testimonio de Capesius citado en Naumann, *Auschwitz*, p. 73.
32. Pendas, T*he Frankfurt Auschwitz Trial,* p. 2162; «"Auschwitz Trial" Enters Sixth Week; Says Archbishop Said to Obey Orders», *The Wisconsin Jewish Chronicle,* Milwaukee, WI, enero 31 de 1964, p. 1.

33. Argumento de apertura. Observaciones preliminares sobre el caso criminal contra Mulka *et al.*, 4 Ks 2/63. DVD-ROM «Los procesos de Auschwitz: grabaciones, protocolos y documentos», cortesía del Instituto Fritz Bauer, p. 1243; 4 Ks 2/63, Hessiches Staatsarchiv.
34. Respecto a Capesius riéndose y después dejándolo de hacer, véase «Horror Loot of a Nazi Camp Told», *Independent*, Long Beach, CA, 19 de junio de 1964, p. 15; testimonio en Mulka *et al.*, 4 Ks 2/63. DVD-ROM «Los procesos de Auschwitz: grabaciones, protocolos y documentos», cortesía del Instituto Fritz Bauer, p. 1321.
35. Notas de Capesius, 20 de mayo de 1964, citado en Schlesak, *The Druggist of Auschwitz,* edición impresa, p. 187.
36. Notas de Capesius, sin fecha, citado en Schlesak, *The Druggist of Auschwitz,* edición impresa, p. 251.

Capítulo 23. El veredicto

1. Wittmann, *Beyond Justice*, edición en Kindle, pp. 754-759 de 3837 pp.
2. Naumann, *Auschwitz*, p. 388.
3. Pendas, *The Frankfurt Auschwitz Trial*, p. 216.
4. Mulka *et al.*, 4 Ks 2/63. DVD-ROM «Los procesos de Auschwitz: grabaciones, protocolos y documentos», cortesía del Instituto Fritz Bauer, p. 1601.
5. Declaración de Capesius en Naumann, *Auschwitz*, pp. 409-410.
6. 1964 Encuesta de DIVO-Institute, citada en Pendas, *The Frankfurt Auschwitz Trial,* p. 216.
7. Las primeras 80 páginas eran un resumen de la historia de Auschwitz, una versión más corta de las 195 páginas que los fiscales habían expuesto en su acusación original. Veredicto en Mulka *et al.*, 4 Ks 2/63. DVD-ROM «Los procesos de Auschwitz: grabaciones, protocolos y documentos», cortesía del Instituto Fritz Bauer.

   Para citas completas la referencia es: 4 Ks 2/63, «Das Urteil im Frankfurter Auschwitz-Prozess» (Sentencia en el Juicio de Auschwitz). Landgericht Frankfurt am Main, agosto de 1965.
8. 4 Ks 2/63 «Das Urteil im Frankfurter Auschwitz-Prozess», agosto de 1965; 19 de agosto de 1965, 182 sesión, en Verdict in Mulka *et al.*, 4 Ks 2/63. DVD-ROM «Los procesos de Auschwitz: grabaciones, protocolos y documentos», cortesía del Instituto Fritz Bauer ; declaración de Hofmeyer en Naumann, *Auschwitz*, pp. 414-415.
9. Veredicto en Mulka *et al.*, 4 Ks 2/63. DVD-ROM «Los procesos de Auschwitz: grabaciones, protocolos y documentos», cortesía del Instituto Fritz Bauer; véase 4 Ks 2/63, «Das Urteil im Frankfurter Auschwitz-Prozess», agosto de 1965.
10. Rückerl, *Investigation of Nazi Crimes*, pp. 64-66.
11. Mulka *et al.*, 4 Ks 2/63. DVD-ROM «Los procesos de Auschwitz: grabaciones, protocolos y documentos», cortesía del Instituto Fritz Bauer; véase también Naumann, *Auschwitz*, p. 424.

12. Véase en general Schlesak, *The Druggist of Auschwitz*.
13. «Former Guards at Auschwitz Get Life Terms», *St. Louis Post-Dispatch*, St. Louis, MO, 19 de agosto de 1965, p. 24.
14. Resumen de Hofmeyer en 4 Ks 2/63, «Das Urteil im Frankfurter Auschwitz-Prozess», agosto de 1965, y citado en Naumann, *Auschwitz*, p. 425.
15. Fritz Bauer, «Im Namen des Volkes: Die strafrechtliche Bewaltigung der Vergangenheit», en Helmut Hammerschmidt, ed. *Zwanzig Jahre danach: Eine Deutsche Bilanz, 1945-1965*. Múnich, Desch Verlag, 1965, pp. 301-302, 307.
16. *Ibid.*, pp. 307-308.
17. «Prosecutors Ask for New Trial of 8 in Nazi Death Camp Trial», *The Bridgeport Post*, Bridgeport, CT, 25 de agosto de 1965.
18. Bulletin du Comité International des Camps, núm. 10, 15 de septiembre de 1965, p. 4.
19. Wittmann, *Beyond Justice*, edición en Kindle, pp. 3020-3036 de 3837 pp.
20. Dr. K. «Das Urteil von Frankfurt», *Neues Deutschland*, 20 de agosto de 1965.
21. Capesius citado en Schlesak, *The Druggist of Auschwitz*, edición en Kindle, p. 2832 de 5519 pp.
22. Sybille Bedford, «Auschwitz. Did a Nation Learn From the Millions of Deaths?», *The Courier-Journal*, Lexington, KY, 14 de marzo de 1965, sSección 1, p. 8.

Capítulo 24. «Todo fue una pesadilla»

1. Carta «Attention: Nazi Criminal Victor Capesius Auschwitz», de E. Brand, Archivo 0.33, página 8; Carta, Dr. Y. Martin a Mr. Braner, Yad Vashem, ref. Victor Capesius, 11 de julio de 1965; Carta, Mr. Brand a A. L. Kobobi, ref. Victor Capesius, 11 de agosto de 1965, redactada el 21.11.65; Carta, Emmanuel Brand, ref. Langbein y Embajador de Austria, 19 de noviembre de 1965; Colección de Documentos de Archivo sobre Victor Capesius, Yad Vashem.
2. «Nazi Convicted of Auschwitz Murders, Released After Three Years of Prison», *Jewish Telegraph Agency*, 25 de enero de 1968; «Nazi Free on Appeal», *The Kansas City Times*, Kansas City, MO, 24 de enero de 1968, p. 70.
3. Karen Schnebek, «Neue Ausstellung zum 25-Jahr-Jubiläum; Jüdisches Museum in Göppingen», *Stuttgarter Zeitung*, 28 de abril de 2016, p. 22.
4. Capesius entrevistado por Schlesak, *The Druggist of Auschwitz*, edición impresa, p. 23.
5. *Ibid.*, p. 123.
6. Friederike Capesius entrevistada en Schlesak, *The Druggist of Auschwitz*, edición en Kindle, p. 2832 de 5519 pp.
7. *Ibid.*, p. 143.
8. Henry Ormond citado en Schlesak, *The Druggist of Auschwitz*, edición impresa, pp. 227-228.

Epílogo

1. Pendas y Wittmann, *The Frankfurt Auschwitz Trial.*
2. Melissa Eddy, «Chasing Death Camp Guards With New Tools», *The New York Times,* 5 de mayo de 2014.
3. Kharunya Paramaguru, «70 Years Later, German Prosecutors to Hold Nazi Death-Camp Guards on Account», *TIME*, 16 de abril de 2013.
4. Melissa Eddy, «German Sends 30 Death Camp Cases to Local Prosecutors», *The New York Times,* 3 de septiembre de 2013.
5. *Ibid.*
6. Eliza Gray, «The Last Nazi Trials», *TIME*.
7. *Ibid.*
8. Philip Oltermann, «Ex-Auschwitz Guard Talks of Shame During Trial Over Mass Killings», *The Guardian,* 26 de abril de 2016.
9. Melanie Hall, «Former Auschwitz Guard Convicted in one of Germany's Last Holocaust Trials», *The Telegraph*, 17 de junio de 2016.